노년이란 무엇인가

노년이란 무엇인가
늙음을 혐오하는 사회에 맞서다

ⓒ 박홍규 2025

초판 1쇄	2025년 10월 2일
초판 2쇄	2025년 11월 24일

지은이	박홍규

출판책임	박성규	펴낸이	이정원
편집주간	선우미정	펴낸곳	도서출판 들녘
기획이사	이지윤	등록일자	1987년 12월 12일
편집진행	이수연	등록번호	10-156
편집	이동하·김혜민	주소	경기도 파주시 회동길 198
디자인	조예진	전화	031-955-7374 (대표)
경영지원	나수정		031-955-7389 (편집)
제작관리	구법모	팩스	031-955-7393
물류관리	엄철용	이메일	dulnyouk@dulnyouk.co.kr

ISBN 979-11-5925-968-5 (03100)

값은 뒤표지에 있습니다. 파본은 구입하신 곳에서 바꿔드립니다.

노년이란 무엇인가

박홍규의 사상사 2

**늙음을 혐오하는
사회에 맞서다**

박홍규 지음

들녘

머리말

올해 73세인 나를 노년이자 노인이라고 부릅니다. 그러나 그런 말을 듣기 싫습니다. 노년이니 노인이니 하는 말뿐만이 아닙니다. 사실 나는 남들이 나를 어떤 식으로 규정하는 것 자체가 싫습니다. 위로하듯 '순수한 모습이 꼭 소년 같다' '청년이나 장년처럼 정정하다' '오십 대나 육십 대처럼 보인다' 하는 의례적인 인사말도 듣기 싫습니다. 반대로 신체 나이가 팔십 세라는 병원의 지적질도 물론 듣기 싫습니다. 65세에 퇴직을 당하고 지하철을 무료로 타거나 열차를 이용할 때 할인 혜택을 받게 되었습니다만, 대중교통에서 "여기 앉으세요" 하며 자리를 양보해주는 말도 듣고 싶지 않고, 양보받아 앉지도 않습니다. 퇴직은 오로지 젊은이들에게 자리를 양보한다는 이유에서 받아들였지만, 나이로 인해 특별 대우를 받거나 업신여김을 당하고 싶지는 않습니다.

나이와 무관하게 모두가 서로의 존엄과 가치를 인정하고 자유롭고 평등하게 사는 것이 옳지 않겠습니까? 나이는 물론 성별, 인종, 성적 취향 등 그 무엇으로도 차별해서는 안 됩니다. 아이든, 어른이든, 노인이든 모두 똑같이 인권의 주체입니다. 사실 나는 노인이 되기 전이나 후나 변한 것이 없습니다. 그렇다면 '노년이란 무엇인가'라고 물을 필요가 없습니다. 나이에 따라 외면은 변했지만, 내면은 조금도 변하지 않았기 때문입니다. 문제는 내가 아니라 세상입니다. 나에게 퇴직하라고 명령하고, 불쌍하니 지하철 차비는 받지 않겠다고 하며 대단한 은혜라도 베푸는 양 구는 세상 말입니다. 그래서 독립성을 상실하고 식민지 지배를 당하는 꼴이 되었습니다. 이것이 내가 '노년이란 무엇인가'라고 따져 묻지 않을 수 없는 이유입니다. 노인은 해방되어야 합니다. 광복을 맞아야 합니다. 그래서 이 책을 쓰는 것입니다. 노인의 해방을 위해서. 노인의 광복을 위해서.

이 세상 누구도 나에게 명령하거나 강제할 수 없습니다. 돌아보면 내 삶은 강제로 살았던 군대 시절까지와 그 후로 나뉘는 것 같습니다. 나는 군대에 끌려가는 것이 죽기보다 싫었지만 결혼하기 위해 장교가 되어야 했고, 사 년 반이라는 지옥 같은 군 시절을 아내 덕분에 겨우 이겨냈습니다. 그리고 도시 아파트에서 18년을 살다가 20세기가 끝나는 1999년에 아이들이 집을 떠날 때 시골로 와서 자급자족을 위해 유기 농사를 짓기 시작했습니다. 그로부터 26년이 지났습니다. 우리는 작은 집 한 채와 밭을 가지고 남들처럼 평범하게 살고 있습니다. 아직은 대체로 건강하지만 조만간 건강에 문제가 생길지도 모릅니다. 앞으로 얼마나 더 살지는 모르지만, 오래 살고 싶다는 생각은 전혀 없습니다. 서로에게는 물론 다른 누구에게도 폐 끼치지 않고 조용히 살다가 죽고 싶습니다. '님아, 그 강을 건너지 마오'가 아니라 '님아, 그 강을 조용히 건넙시다'랄까요? 앞으로 우리가 할 일은 그렇게 그 강을 조용히 건너기 위해 함께 노력하는 것뿐이라고 생각합니다.

그런데 우리 부부와 같은 65세 이상 노인들이 별안간 많아져 2025년에는 인구 다섯 명 중 한 명 꼴이 되었습니다. '초고령화' 사회에 접어든 것이지요. 문제는 모두 우리 부부 정도로 보통의 삶을 영위할 수 있으면 좋을 텐데, 언제부터인가 노인의 절반 이상이 빈곤해져 세계 최고의 노인 빈곤율과 자살률을 기록하고 있다는 것입니다. 그 수와 비율도 갈수록 더 높아지고 있습니다. 이때 사회보장제도는 최저의 공적 대처입니다. 우리나라에 사회보장제도가 전혀 없는 것은 아니지만, 말 그대로 세계 최저 수준입니다. '사회주의'라는 말에 대한 거부감 때문인지 '사회'라는 말이 들어가면 무조건 최악이거나 최저가 되고 마는 듯합니다. 사실 우리에게 '사회'라는 것이 있는지조차 의문입니다. 함께 사는 '사회'가 없으니 그 구성원으로서의 '개인'도 없는 것입니다. 오로지 '각자도생(各自圖生)'의 '각자'가 있을 뿐이지요. 남이야 어떻든 오로지 각자 저 살기만을 꾀합니다. 1584년 임진왜란 당시에 나온 이 말이 오늘날 대한민국에서 삶의 기본 격언처럼 자리 잡고 있습니다. 어쩌면 한반도는 아직도 임진왜란 중인지 모르겠습니다.

선진국처럼 사회보장제도가 제대로 기능한다면 노인의 빈곤율이나 자살률이 이리 심각할 리 없습니다. 그러니 우리가 아무리 잘 살고 있다 해도 여전히 대한민국은 선진국이 아닌 것입니다. 따라서 사회보장제도 확충이 무엇보다도 시급하다 하겠습니다. 그러나 노인이 많아질수록 그러기가 더욱 어려워집니다. 게다가 한국은 출생률도 세계 최저입니다. 태어나지도 않고 죽지도 않는 나라, 곧 망할 판이지요. 어느 영화 제목처럼 '노인을 위한 나라는 없다' 지만, 곧 이 땅에 '노인만의 나라'가 세계 최초로 들어설 수도 있다는 것입니다. 물론 저출생과 고령화는 범세계적인 문제이지만, 동아시아, 그중에서도 한국이 가장 심각합니다. '노년이란 무엇인가?'라고 따져 묻지 않을 수 없는 이유입니다.

이 책은 노년에 대한 사상을 1, 2부로 나누어 각각 근대 이전과 이후의 시대순으로 살펴보면서 도연명과 정약용, 레프 톨스토이와 어니스트 헤밍웨이의 노년을 동서양 노년의 표상으로서 검토할 것입니다. 그들은 노년에 새로운 창조적 혁명을 꿈꾸었습니다. 그들이 우리에게 훌륭한 표상이 될 수 있는 것은 위대한 시인이거나 사상가, 소설가여서가 아니라, 노년이 되어 새로운 자각을 하고 새로운 삶을 창조하기 위해 노력했기 때문입니다. 내가 말하고자 하는 바는 그들처럼 살자는 것이 아니라, 우리 삶에 참고로 삼자는 것입니다. 진 코헨은 노인이 되면 상상력과 호기심을 관장하는 우뇌가 작동하여 창조성을 자극하고, 창조적 활동이 정신 건강과 신체 건강 모두를 향상한다고 했습니다. 이 책이 모든 노년이 창조적으로 살아가기 위한 안내서, 적어도 노년에 대한 독서 안내서 정도는 되기를 바랍니다.

2025년 10월 2일
노인의 광복을 기원하며
박홍규

〈일러두기〉

이 책에서 자주 인용하거나 참조하는 책을 표시하는 방법은 다음과 같습니다.

- **고미숙 외**: 고미숙 외, 『나이듦 수업』, 서해문집, 2016.
- **김미영 외**: 김미영 외, 『노년의 풍경』, 글항아리, 2014.
- **김훈**: 김훈 외, 『화장 외』, 문학사상사, 2004.
- **누스바움**: 마사 C. 누스바움·솔 레브모어, 안진이 옮김, 『지혜롭게 나이 드는 것』, 어크로스, 2018.
- **로스**: 필립 로스, 정영목 옮김, 『죽어가는 짐승』, 문학동네, 2015.
- **모루아**: 앙드레 모루아, 정소성 옮김, 『앙드레 모루아의 나이 드는 기술』, 나무생각, 2002.
- **모리아크**: 프랑수아 모리아크, 최율리 옮김, 『독을 품은 뱀』, 펭귄클래식코리아, 2011.
- **미누아**: 조르주 미누아, 박규현·김소라 옮김, 『노년의 역사』, 아모르문디, 2010.
- **밀러**: 윌이엄 이안 밀러, 신예용 옮김, 『잃어 가는 것들에 대하여』, 레디셋고, 2013.
- **박석무**: 박석무, 『다산 정약용 평전』, 민음사, 2014.
- **박완서**: 박완서, 『너무도 쓸쓸한 당신』, 창비, 1998.
- **베네치아**: 토마스 만, 박종대 옮김, 『토마스 만』, 현대문학, 2013.
- **보마르셰**: 보마르셰, 이경의 옮김, 『세비리아의 이발사, 피가로의 결혼, 죄지은 어머니』, 경북대학교출판부, 2018.
- **보부아르**: 시몬 드 보부아르, 홍상희·박혜영 옮김, 『노년』, 책세상, 1994.
- **브뤼크네르**: 파스칼 브뤼크네르, 이세진 옮김, 『아직 오지 않은 날들을 위하여』, 인플루엔셜, 2021.
- **세풀베다**: 루이스 세풀베다, 정창 옮김, 『연애 소설 읽는 노인』, 열린책들, 2001.
- **운라트**: 하인리히 만, 모명숙 옮김, 『운라트 선생 또는 어느 폭군의 종말』, 지식을만드는지식, 2012.
- **위고**: 빅토르 위고, 이형식 옮김, 『레미제라블 5』, 펭귄클래식코리아, 2010.
- **장웨이**: 장웨이, 조성환 옮김, 『도연명의 유산』, 파람북, 2021.
- **카잔차키스**: 카잔차키스, 유재원 옮김, 『그리스인 조르바』, 문학과지성사, 2018.
- **코르네유**: 피에르 코르네유, 박무호 외 옮김, 『코르네유 희곡선』, 이화여자대학교출판문화원, 2006.
- **테인**: 슐람미스 샤하르, 팻 테인 엮음, 안병직 옮김, 『노년의 역사』, 글항아리, 2012.
- **톨스토이**: 레프 니콜라예비치 톨스토이, 이항재 옮김, 『톨스토이의 비밀일기』, 인디북, 2005.
- **피시먼**: 테드 C. 피시먼, 안세민 옮김, 『회색 쇼크』, 반비, 2011.
- **하루프**: 켄트 하루프, 김재성 옮김, 『밤에 우리 영혼은』, 뮤진트리, 2016.
- **헤밍웨이**: 어니스트 헤밍웨이, 김욱동 옮김, 『노인과 바다』, 민음사, 2012.

차례

머리말   4

제1부   근대 이전의 노년

1. 노년이란 무엇인가?   12
2. 고대의 노년   40
3. 고대 동아시아의 노년   61
4. 고대 그리스의 노년   87
5. 고대 로마의 노년   115
6. 기독교의 노년   132
7. 도연명의 노년   143
8. 중세 동아시아의 노년   161

제2부   근대 이후의 노년

9. 르네상스의 노년   182
10. 바로크의 노년   212
11. 근대 동아시아의 노년   232
12. 정약용의 노년   241
13. 19세기의 노년   262
14. 레프 톨스토이의 노년   283
15. 20세기의 노년   303
16. 어니스트 헤밍웨이의 노년   323
17. 현대 한국의 노년   350

맺음말   364

제1부
근대 이전의 노년

1
노년이란 무엇인가?

'쇼펜하우어 200쇄'라는 기적

얼마 전 거의 이백 년 전 쓰인 독일 철학서를 번역한 책이 한국에서 200쇄를 찍었다고 해서 깜짝 놀랐습니다. 지금 한국에 남의 나라 옛날 철학책을 좋아하는 독자가 그렇게 많다니, 독서하지 않기로 세계에 유명한 한국인의 일원인 나로서는 오랜만의 '독서 기적'에 기절할 정도로 환호하지 않을 수 없었습니다. 언젠가 하버드대학교의 어느 교수가 쓴 책이 미국에서보다 더 많이, 그것도 몇 배나 많이 수백만 부나 팔리며 '독서 기적'이 일어난 적도 있지만, 이번에는 좀 다른 느낌이었습니다. 그래도 그 미국인의 책은 정의에 대한 책이었습니다. 정의롭지 못한 세상에 사는 사람들이 정의에 굶주려 찾아 읽었겠구나, 짐작했지요. 게다가 한국인이 죽고 못 산다는 '하버드대' 교수가 쓴 책이 아닙니까? 그러나 이번에는 걱정 어린 짐작이 들었습니다.

200쇄는커녕 2쇄를 찍어본 경험도 드문 저자 신세라서 앞서 말한 두 차례의 독서 기적이 부러웠던 것도 사실입니다. 그래서 다음에 할 이야기도 질투에서 나온 것이라 오해하실 수도 있겠습니다만, 그런 오해를 무릅쓰고라도 말하지 않을 수가 없습니다. 지난번 하버드대 교수의 베스트셀러와 달리 이번 책은 허무주의·염세주의·비관주의를 대표하는 19세기 독일 철학자 아르투어 쇼펜하우어(Arthur Schopenhauer, 1788~1860)의 책입니다. 쇼펜하우어는 인류의 유일한 희망은 살려는 의지를 끊고 자녀도 낳지 않으며* 완전한 무(無)로 가는 것이라고 했습니다. 그래서 어쩌면 자살주의자**나 비혼주의자들이 더 많아지는 것은 아닌가 하는 기우라면 기우일 불안이 들었던 것입니다. 특히 지금도 세계 최고라는 자살률이 더 높아지는 것은 아닌지 걱정되었습니다.

사실 '삶은 본질적으로 비극이며 그것을 극복하려는 모든 시도는 헛된 것'이라고 한 쇼펜하우어는 그의 철학적 제자인 니체와 함께 나의 사춘기를 염세로 몰아간 철학자입니다. 시골에서 자라다가 중학교에 입학해 별안간 도시의 빈민굴에 처박힌 나는 그 두 사람의 철학과 함께 자코메티의 조각과 뭉크의 그림 등에 빠져 살면서 자살까지 시도한 적이 있습니다. 어린 시절에 그렇게 끔찍한 경험을 했기 때문에 쇼펜하우어 유행을 특별히 걱정합니다. 쇼펜하우어가 자살을 권한 것은 아니고, 부단한 자기 극복을 통한 행복

---

*   생식을 비판하는 철학적 견해를 반출산주의(反出産主義, antinatalism)라고 합니다. 반출산주의자는 인간의 삶에는 심각한 고통이 존재하므로 출생은 태어나는 사람에게 심각한 해악이라고 주장하고, 출산은 타자를 심각한 해악에 강제로 노출시키는 부도덕한 행위로 간주하여 반대합니다. 위키피디아와 레딧의 반출산주의 항목에서는 쇼펜하우어가 반출산주의자라고 주장합니다.

** '자살주의자'는 죽고 싶다는 말을 입에 달고 사는 사람들을 그렇게 부를 수 있겠다고 생각해서 내가 만든 조어입니다. 그것이 사실은 반대로 죽고 싶지 않다는 표현이라고도 하지만, 반드시 그렇다고 할 수는 없습니다.

추구를 말한 것이 사실이지만, 사춘기에는 그런 말보다도 인생은 허무하다는 데카당적 사고가 더욱 강렬했습니다. 그래서 나의 별명이 데카당이었습니다. 그것을 극복하는 데에 많은 시간과 노력이 필요했습니다. 쇼펜하우어를 읽지 않았더라면 좀 더 밝고 씩씩한 사춘기를 보냈을지 모릅니다. 쇼펜하우어의 여성혐오, 특히 어머니 혐오에도 영향을 받았습니다.

쇼펜하우어에 의하면 '결혼이란 남자의 권리를 반으로 나누고 의무를 두 배로 늘리는 것'이어서 병역 의무를 포함하여 남성이 여성보다 훨씬 많은 의무를 진다고 생각하는 일부 한국 '여혐(女嫌)' 남성들에게도 쇼펜하우어는 대단히 호소력 있을지 모릅니다. 특히 이삼십 대가 그렇다지요. 쇼펜하우어는 여성은 종족 번식만을 위한 존재라느니, 여자는 속이는 여자와 속는 여자뿐이라느니, 여자는 남성의 명성과 지위와 성공과 권력에 끌릴 뿐이라느니, 일부다처제가 옳고 그래야 매춘이 없어진다느니* 하며 여성을 극도로 혐오하였습니다. 여자보다 개가 더 좋다고 하면서 평생 개 한 마리와 살았던 점이 지금 우리의 삶과도 전혀 무관하지는 않을지도 모릅니다. 지금 한국에도 여자를 혐오하여 결혼과 출산도 거부하고 반려견을 키우는 사람들이 많다고 하니 말입니다.** 그들이 쇼펜

---

* 쇼펜하우어에 의하면 일부일처제하에서는 결혼할 수 있는 여성의 수가 한정되므로 부양받을 수 없는 여성들이 많이 생긴다고 합니다. 그들 중 상류사회에 속한 이들은 아무 데도 쓸 수 없는 노처녀가 되어 밥을 축내고, 하류사회에 속한 이들은 감당할 수 없는 중노동에 종사하거나 창녀로 살게 된다는 것입니다.

** 남자들이 여자를 혐오해서 결혼하지 않는 것인지, 여자들이 자신을 혐오하는 남자들이나 세상이 싫어서 결혼은 물론 출산도 하지 않는 것인지, 그 비율이 어느 정도인지는 알 수 없습니다. 매일처럼 여론조사라는 것이 발표되곤 하는 세

하우어를 그렇게나 좋아한단 말인가요? 개를 안고 쇼펜하우어 책을 읽는 사람들의 모습이 눈이 아프도록 선합니다.

쇼펜하우어의 스승 격인 플라톤이나 아리스토텔레스, 그리고 제자 격인 니체가 인기를 끄는 것도 여성, 이성애, 출산에 대한 혐오와 관련 있을지 모릅니다. 플라톤은 정신과 이성이 육체와 감각보다 우월하다고 주장했습니다. 그리고 전자를 남성, 후자를 여성과 각각 동일시하며 여성을 경멸했습니다. 플라톤의 제자인 아리스토텔레스는 여성은 남성과 달리 머리가 벗어지지 않고 치아 수도 더 적으므로 남성보다 열등하다고 하면서 이것이 여성혐오의 과학적인 증거라고 주장했습니다. 그런 아리스토텔레스를 서양과학의 아버지라고 예찬한다니 기가 찰 노릇이지요.

한편 니체는 플라톤과 아리스토텔레스를 무진장 싫어했지만, "여자는 매력을 상실하는 것과 비례해서 증오를 배운다" "여자는 본질적으로 앙칼지다" "공부하는 여자들은 성적 결함이 있다" "여성이 학문을 한다면 어딘가 심각한 문제가 있는 것이다" 등등 여성혐오적 주장을 끝도 없이 내놓았습니다. 적어도 여성을 혐오한다는 점에서는 플라톤이나 아리스토텔레스 등과 다를 바가 없다고 말할 수 있겠습니다. 니체가 성적 측면이 전면 부정당한 수호자 여성을 인정한 플라톤과 같이 여성 초인을 인정했는지는 알 수 없지만 말입니다.

상에 왜 그런 여론조사는 없는지 모르겠습니다. 하지만 나는 여성을 혐오하고 차별하는 경향이 고쳐지지 않는 한 그들이 결혼이나 출산을 하지 않을 것이라고 생각합니다. 저출생 문제에 대한 이런저런 담론이나 정책이 있지만, 남녀평등이 실질적으로 확보되지 않는 한 이 문제는 해결될 수 없습니다.

한때 일부 철학자들은 플라톤의 노인 철인정치가가 바로 박정희라고 찬양하면서 43세에 쿠데타를 일으킨 그가 '한강의 기적'을 이루었다느니, 남들이 수백 년 걸려 할 일을 수십 년 만에 이룩한 자랑스러운 민족의 영도자라느니 하며 매일같이 흥분했습니다. 그러더니 별안간 노인이 많아지고 아기가 많이 태어나지 않으니 곧 나라가 망한다고들 야단법석입니다. 박정희 예찬자들에게 묻고 싶습니다. 저출생과 고령화는 박정희와 무관한가요? 대부분 보수적인 의사들은 저출생과 고령화도 박정희 근대화의 자랑스러운 결과라고 말하며 스스로 박정희교의 최고 신도라 자부할지도 모르겠습니다.

내가 정년퇴직한 2018년에는 65세 이상 인구가 전체의 14.3퍼센트를 차지하며 고령사회에 접어들었습니다. 그런데 이 책이 나올 2025년에는 20.6퍼센트가 되어 초고령사회가 된다고 합니다. 반면 출생률은 2018년에 0.98로 1 미만으로 떨어졌으며, 2025년에는 0.7 이하가 될지도 모른다는 말까지 나왔습니다. 아기들의 울음소리가 사라진 곳에 노인들만 버글거리는, 참으로 징그러운 세상이 왔습니다. 그중 반 이상이 공원이나 지하철역을 헤매거나 무료 급식소에 다니는 빈곤한 노인들입니다. 이런 현상도 소위 선진국이라는 나라에서는 옛날에 이미 볼 수 있었던 것이라고 하지만, 우리는 그마저도 초고속으로 이룩하는 기적을 낳았네요.*

이제 이 땅에서는 단지 오래 산다는 이유만으로 죄인이 되는 것

---

* 고령사회로 가기까지 프랑스는 115년, 스페인은 85년, 일본은 24년이 걸렸는데, 우리는 불과 19년 만에 그렇게 되었습니다.

같습니다. 고령화가 저출생과 함께 가지만 않는다면 그래도 조금이나마 죄의식을 덜 수 있을 것 같습니다. 하지만 고령화가 퇴직연금이나 의료보험과 같은 사회보장 비용 증가를 유발하여 세금 인상을 비롯한 온갖 부담을 초래하고 저출생의 요인 중 하나가 된다면, 빨리 죽지 않고 늙어 오래 사는 것이 참으로 미안하고 '비애국적인 일'이 될 수도 있습니다. 하지만 그런 죄의식보다도 더 중요한 문제는 아기가 태어나지 않는데 노인은 죽지 않고 살아 유사 이래 최초로 곧 나라가 망할지도 모른다는 비극적인 미래에 대한 불안감입니다. 아무리 '헬조선'이니 뭐니 해도 망국만큼 완벽하게 비극적인 결말이 또 어디 있겠습니까?

이 책을 쓰는 이유

아직은 이 책을 쓸 기운이라도 남아 있지만 조만간 그마저도 없어지고 이른바 노망이라는 상태가 나에게도 곧 올지 모릅니다. 그렇게 되면 제발 스스로 죽을 수 있기를 희망하지만, 그것도 내 마음대로 할 수 없을지도 모른다고 생각하면 불안감에 사로잡힙니다. '그렇다면 이제부터 어떻게 해야 하나?'라고 고민하다가 이 책을 쓰게 되었습니다. 인류 역사에서 노년이란 무엇이었을까요? 각 시대마다 노년에 대한 사람들의 생각은 어떠했을까요? 물론 그런 것을 정확히 알 수 있는 자료들이 충분하지는 않습니다. 남아 있는 것은 주로 철학자니 뭐니 하는 자들이 남긴 몇 안 되는 자료에 불과합니다. 대부분의 가난한 노인들은 살기에도 바빠 그런 자료를 남기지 못했을 것입니다. 그래도 남아 있는 자료들이라도 보면 역사상 노년에 대한 사상이 어떠했을지를 어느 정도 알 수 있으리라고 생각하며 이 책을 씁니다. 특히 우리의 문제가 어쩌면 비단 수십 년이라는 단기간에 기적적으로 이룩한 불행만은 아닐지도 모른다는 생각, 수백 년 역사를 들여다보면 혹시나 우리의 문제에 대한 해답을 찾을 수 있을지도 모른다는 기대로 이 책을 씁니다.

물론 최근처럼 급격한 고령화와 저출생은 인류 역사상 처음이니만큼 그런 역사적 고찰이 무슨 도움이 되겠느냐 생각하실 수도 있습니다. 어쩌면 역사라는 것 자체가 아무런 도움이 되지 않을 수도 있습니다. 내 인생 역시 세월이 지나도 나아지는 것 없이 그놈이 그놈이고, 그 나라가 그 나라구나, 라고 실망하면서 산 칠십여 년입니다. 누가 역사를 과거와 현재의 대화라고 했습니까? 현재는 그저 과거의 반복이 아닐까요? 역사는 진보한다고요? 아닙니다. 어쩌면 역사는 퇴보하기도 하고 기껏 정체되는 것에 불과한지도 모릅니다.

특히 사상사라는 것은 더해서, 들여다보면 들여다볼수록 '기껏 평생 노동하지 않고 놀고먹어도 되는 상팔자를 타고난 자들이 심심해서 지껄인 말장난에 지나지 않는다'는 생각을 지울 수가 없습니다. 그러니 이 책에서 성현의 말씀이 도움이 된다느니 하는 헛소리를 할 생각은 전혀 없습니다. 솔직히 말해 속는 셈 치고 옛 고전들을 힘겹게 뒤졌다고 해도 과언이 아닙니다. 이것도 너무 오래 살게 된 탓인지도 모르지요. 그래도 지금 나로서 할 수 있는 가장 의미 있는 일이라고 생각해 이 책을 썼습니다. 물론 의미가 있을지 아닐지는 독자들이 판단하실 문제입니다.

소위 '한강의 기적'이 있을 수 있었던 것은 플라톤의 철인정치가와 같은 영도자와 우리의 전통 유교 사상 때문이라는 주장이 나온

적 있습니다. 그 이전에 한국이 거의 세계 최하 수준으로 가난한 것은 유교 때문이라는 주장이 있었습니다. 그리고 전자는 후자를 멋지게 뒤엎는 듯 보였습니다. 그러나 한국을 비롯한 아시아의 경제성장은 소위 인구 보너스(demographic bonus), 즉 한 사회의 인구 변천 과정 중에서 생산 가능 인구(15~64세)의 비중이 일시적으로 증가하여 노동력과 소비가 늘면서 얻을 수 있는 추가적인 경제성장 잠재력에 의한 것이라는 설명도 있습니다. 인구 보너스의 핵심 주체였던 생산 가능 인구가 노년기로 접어듦으로써 생산 가능 인구의 비중이 줄어들어 경제성장이 지체되는 현상을 인구 오너스(demographic onus)라고 하는데, 지금 우리가 맞고 있는 고령화 현상이 바로 그것입니다. 결국 문제는 사상이 아니라 인구라는 것입니다.

앞서 쇼펜하우어와 그의 철학을 언급했습니다. 그가 여성을 혐오해 평생 개하고 살았다는 점도 이야기했지만, 그런 걸 두고 옳으니 그르니 하며 시비할 생각은 추호도 없습니다. 마찬가지로 독신으로 개나 고양이와 함께 사는 사람들에 대해 시비할 생각도 전혀 없습니다. 각자의 취향 문제니까요. 플라톤이나 니체에 대해서도 마찬가지입니다. 그러나 그들의 전혀 근거 없는 혐오의 말들이 오늘날에 와서 심오한 진리라도 포함한 것처럼 오해되는 일만은 이제라도 거부해야 합니다. 그것들은 지금은 물론, 백 년 전, 이백 년 전 하물며 이천 년 전에도 나와서는 안 되는 망언들이기 때문입니다. 특히 쇼펜하우어가 인생은 허무하니 자살하는 것이 좋다는 식으로 말하지는 않았다고 해도, 자살을 긍정한 반면 삶을 부정한 점은 사실입니다. 나는 그런 쇼펜하우어가 싫습니다. 플라톤이나 아리스토텔레스, 니체도 싫습니다. 그런데 의외로 그들과 같은 철학자나 예술가가 많습니다. 그들의 사상이 개인적인 취향이나 선택의 차원에 그치면 더 말할 것이 없겠으나, 의외로 그들을 신주처럼 모시는 자들이 많다는 점이 문제입니다. 이제 우리는 그런 사람들이 만든 사상사를 비판적으로 바라보아야 합니다. 앞서 말한 쇼펜하우어에 대해서도 마찬가지여야 하겠지요. 쇼펜하우어의 인생론을 번역하거나 소개하는 책이나 글들 중 그를 비판하는 내용은 거의 본 적이 없어서 하는 말입니다. 특히 감수성이 강한 십 대에 그런 책들을 읽고 자살을 생각하는 아이들이 없어야 합니다. 나는 평생 그 시절에 쇼펜하우어와 니체의 책을 읽고 허무주의에 젖었던 것을 후회하기 때문입니다.

이 책은 무엇을 말하는가?

평생 하루 한 편 이상 예술영화를 볼 정도로 영화를 좋아하는 영화광이, 나이 들어가면서 자기와 비슷한 나이의 주인공들이 나오는 영화를 더 좋아하게 되는 것은 어쩌면 자연스러운 변화인지도 모릅니다. 책이나 그림, 음악도 영화만큼 좋아하는데, 그것들에 대한 취향은 반드시 나이와 관련되지는 않는 것 같습니다. 영화 취향만이 나이 듦과 발맞추어 간다는 것이 이상하다는 생각도 듭니다. 아마도 삶이 나와 비슷해서겠지요. (물론 주인공이 젊더라도 좋은 예술영화라면 당연히 봅니다. 늙은이가 나오는 영화만 보는 것은 아닙니다.)

그런데 한국에서는 젊은이들만 예술영화를 보는 듯합니다. 특히 학생 시절에 영화제에 몰려다니다가(부산국제영화제를 비롯하여 각종 영화제에 갈 때마다 항상 느끼는 점인데, 이는 다른 나라 영화제에서는 보기 드문 한국 특유의 현상입니다. 학생들이 없다면 한국의 영화제는 대부분 실패할지도 모릅니다) 나이 들면서 상업영화, 그것도 소위 천만 관객을 돌파하는 인기 상업영화가 있는 것이 아니면 영화관에 거의 가지 않게 되는 경향이 있는 듯합니다. 게다가 노인들은 예술영화는 아예 보지도 않는 것 같습니다. 외국에서는 예술영화 관객들이 반드시 젊지만은 않고, 특히 노인들이 주인공인 영화의 관객은 노인들이 많은데 말입니다.

내가 사는 대구는 인구 240만 명이 넘는 대도시이지만, 예술영화를 상영하는 극장은 단 하나뿐입니다. 그마저도 하루 한 번씩 며칠만 상영하는데도 관객은 항상 두세 명뿐입니다. 인구 백만분의 일이 볼까 말까, 라는 것입니다. 또 상영하지 않는 작품도 있어 영화를 보기 위해 부산이나 서울, 심지어 외국으로 가야 하는 경우도 있습니다. 하지만 관객 수가 적기로는 서울 등도 마찬가지입니다. 그래서 나이 들수록 세상이 삭막해진다는 느낌이 듭니다. 본래부터 삭막했는데 못 느끼다가 나이 들어 깨닫게 된 것인지는 모르겠습니다. 이제는 즐겨 찾아갈 서점이나 영화관도 거의 없습니다. 소위 실버산업이 발전하고 있다는데도 그렇습니다.

이 책은 늙은 주인공들이 나오는 영화처럼, 늙음에 대한 늙은이들의 철학적 담론들을 모아 나름대로 분석한 책입니다. 소위 '노익장'이라 뽐내는 늙은 권력자나 부자가 좋아할 만한 동서양의 고전이라고 평가받는 노인 철학은 비판하고, 대신 수많은 가난한 노년들이 인간으로서의 존엄과 가치를 인정받는 세상을 만들 수 있는 노년의 철학과 예술을 사상의 차원에서 고민해보고자 합니다. 많은 노년이 함께 생각해보기를 바라 쉽게 쓰려고 노력했지만, 예술

영화관에서처럼 노인 독자, 특히 가난한 노인 독자가 많지 않을 것 같아 걱정입니다.

사십여 년 전 처음 노동자들에게 노동법을 강의할 때에, 틈틈이 철학, 문학, 미술과 음악에 대한 이야기들을 끼워 넣었습니다. 그것이 법 이야기 이상으로 중요하다고 생각했기 때문입니다. 저녁에 퇴근하고 집에 돌아온 노동자들이 자녀들과 베토벤을 듣고 반고흐 화집을 넘기며 예술영화를 보기를 바랐습니다. 노동자들이 읽기를 바라며 그런 이야기를 모아 책으로 내기도 했지만, 그리 많이 읽힌 것 같지는 않습니다. 이제는 퇴직한 노동자 출신 노인들이 그런 저녁을 보낼 수 있기를 바라며 이 책을 씁니다. 이제 내 나이도 일흔이 넘었으니 어쩌면 마지막 책이 될지도 모른다고 생각하며 씁니다.

정말이지, 내 간절한 소원은 노인들이 도시의 공원이나 지하철에 죽치고 앉아 있거나 폐지를 주워 판다고 짐차를 끌고 다니지 말고, 시골에서 농사짓고 책 읽으며 여가를 즐기는 모습을 보는 것입니다. 지금 시골은 집이나 땅이 남아돌아 폐가가 되고 폐농지가 되어 문제라는데, 왜 노인들은 자신들의 고향을 버려두고 서울에서 아등바등하는가요? 대부분 서울이 아니라 시골에서 태어난 세대가 아닙니까? 누구나 고향에 대한 향수가 있습니다. 야채와 과일을 가꾸고 닭을 키우며 자급자족하는 삶, 맑은 하늘과 달, 별을 올려다보며 시골을 산책하는 삶. 그것이 내가 지난 사반세기 동안 살아온 방식입니다. 앞으로도 그렇게 살고자 합니다. 많은 노인 동지에게도 이렇게 살자고 권합니다. 뒤에서 소개하는 도연명처럼 피폐해가는 농촌을 살리기 위해서라도 귀농할 필요가 있습니다. 더욱이 도연명 시대와 달리 어쩌면 지금의 노년은 농촌을 살릴 마지막 세대일지 모릅니다. 그 앞의 세대와 달리 농촌에서 태어나 자란 마지막 세대이기 때문입니다.

그렇게 잘살 필요는 없습니다. 꼭 고기를 먹을 필요도 없습니다. 야채와 과일, 계란만으로도 충분히 잘 먹고 잘살 수 있습니다. 하루 한두 시간 일하고 시골길을 걷는 것만으로 운동은 충분합니다. 나머지 시간은 책을 읽거나 그림을 그리거나 음악을 들으며 채울 수 있습니다. 그처럼 소박하게 살면 큰돈 들이지 않고 건강과 활기를 지킬 수 있습니다. 땀 흘려 일하면서 계절의 변화를 느끼면 삶이 보람차고 나날이 즐겁습니다. 소박하고 검소하게 살고 몸 움직여 일하며 지성이 팔팔하게 살아 숨 쉬는 삶을 찾아야 합니다. 사는 데 필요한 것은 모두 다 땅에서 나옵니다! 우리 모두 시골 출신 아닙니까? 그러니 우리 모두 흙으로 돌아가야 옳지 않겠습니까!

노년은 자유다!

나는 2018년 2월 말 65세로 정년퇴직을 했습니다. 그때도 스스로 노년이나 노인이 되었다는 생각이나 느낌은 전혀 없었습니다. 지하철을 무료로 이용하고, 좋아하는 영화를 반액으로 관람할 수 있게 되었다는 것 외에는 바뀐 점도 거의 없었습니다. 정년 전까지 하던 일을 할 수 없게 되었다고 생각해본 적도 없습니다. 그저 직장에서 그만두라고 했고, 나 스스로도 젊은 세대에게 자리를 양보하는 것이 옳다고 여겼기에 퇴직했을 뿐입니다. 사실 오래전부터 그만두고 싶었지만, 나름대로 직장 내 몇 안 되는 진보파라는 자부심에 그러지 못했습니다. 내가 그만두면 대다수 보수판이 된다는 우려가 있었습니다. 여하튼 퇴직 전이나 후나 나는 전혀 변하지 않았습니다. 퇴직으로 우울증에 걸리는 사례도 있다는데, 나와는 무관한 일이었습니다. 직장을 그만두었을 때 내가 느꼈던 것은 해방감이었습니다. 자유를 찾은 듯했지요. 그건 그로부터 칠 년이 지난 지금도 마찬가지입니다. 그래서 처음에는 이 책의 제목을 '노년은 자유다' 또는 '노년은 해방이다'라고 지을까도 생각했습니다.

소년, 청년, 장년, 노년 등 나이에 따른 모든 구분은 실상 무의미하거나 실제와 전혀 다른 말장난 같은 것이라고 생각합니다. '인생의 시기'*에 대한 담론은 서양에서 중세에 와서야 번성하기 시작했지만, 그것은 "실제적인 구분을 전혀 포함하지 않는 추상적 설명이자 지적 유희일 뿐(미누아, 40쪽)"이었습니다. 동양에서는 공자가 나이별로 15세를 지학(志學), 30세를 이립(而立), 40세를 불혹(不惑), 50세를 지천명(知天命), 60세를 이순(耳順), 70세를 종심(從心)이라고 한 것**을 대단한 진리처럼 숭상하는 경향이 있지만, 그것도 실제적인 구분을 전혀 포함하지 않는 추상적 설명이자 지적 유희일 뿐이기는 마찬가지입니다.

그렇습니다. 일흔에 '마음을 따른다'는 말을 아무리 따져보아도

---

*   이를 life circle이라고 하며 자본주의의 산물이라 보는 견해(고미숙 외)가 있습니다만, 정말 그런지 의문입니다. 뒤에서 보듯이 공자도 그런 이야기를 하는데 공자의 유교를 자본주의의 산물이라고 할 수는 없습니다. 니체도 그런 인생 이야기를 하는데, 자본주의를 극도로 싫어한 니체의 철학을 자본주의의 산물이라고 볼 수는 없습니다.

**   이는 공자가 칠십 넘어 한 말이라고 하는데, 자신의 경우 그러했다고 한 것인지 아니면 모두가 일정 나이에 이르면 그러해야 한다고 말한 것인지는 분명하지 않습니다.

지금의 나와는 맞지 않고, 그 앞의 말들도 마찬가지입니다. 공자가 학문에 뜻을 두었다는 열다섯 살에 나는 입시지옥이 싫어서 공부에서 멀어져 있었습니다. 서른에는 직장 초년생으로 정신없이 허덕였으니 '섰다'는 말과는 무관했습니다. 마흔에 미혹되지 않기는커녕 출세나 축재, 미색 등을 비롯한 갖가지 유혹에 미칠 지경이었고, 오십에는 '천명'은커녕 아무것도 모르고 땅 위에서의 하루하루에 지쳐 내일이 오는 것이 두려웠습니다. 예순 이후는 '귀가 막히는' 세월이었습니다. 비단 나뿐만이 아니라 내가 아는 다른 사람들 중에도 공자의 말과 맞게 사는 경우를 본 적이 없습니다.

그럼에도 불구하고 그 말을 대단한 진리인 양 신주처럼 모시는 동양은 아직도 현실과 거리가 멀어 보입니다. 설령 공자의 일생이 정말 그러했다고 해도 나와는 아무 상관 없는 남의 이야기일 뿐입니다. 정말로 공자처럼 산 사람이 있다고 해도 극소수일 것이고요. 도대체 어떻게 삶이 나이에 따라 정해질 수 있습니까? 정말 사람은 나이가 들수록 더 현명해집니까? 적어도 나 자신은 그렇지 않은 것 같습니다. 내 주변을 보아도 마찬가지입니다. 도리어 더 바보 같아지고, 더 악질이 되고, 더 탐욕스러워지는 자들이 많습니다.

동서양을 막론하고 소년, 청년, 장년, 노년 등의 구분이 실제로 널리 사용된 것은 비교적 최근의 일입니다. 그전까지 아이는 나이 어린 성인이고, 노인은 나이 든 성인이었습니다. 그리고 결혼한 이후에는 모두 '어른'이 되었지요. 한반도에서도 마찬가지였습니다. 오늘날 성인은 2013년 이후 법적으로 만 19세 이상을 가리키지만, 조혼이 성행한 과거에는 19세보다 훨씬 이른 나이에 어른이 되었습니다. 그 마지막인 노년이라는 개념은 과거부터 있었으나, 나이를 기준으로 하기 시작한 것은 오늘날 의학의 발전으로 수명이 연장되며 정년퇴직 등을 시키기 위해 정한 바에 불과합니다.

따라서 정년퇴직이나 은퇴라는 제도도 최근에 생겨난 것입니다. 본래 인간은 대부분 능력이 있는 한 죽을 때까지 일했습니다. 능력이 없으면 병자나 노망자로 여겨졌지요. 따라서 노년이나 노인이라는 개념은 사실상 무의미했고, 노동 능력이 있느냐 없느냐가 중요했지요. 늙어 노동하는 사람들 중 대다수는 가난한 농민이나 노동자였습니다. 늙어서도 부유한 권력자는 소수였지요. 따라서 앞서 공자가 지학이니, 이립이니, 불혹이니, 지천명이니 했던 말은 소위 군자에게나 해당하지, 농민이나 노동자(노예)를 위한 말은 아니었습니다. 21세기를 사는 대부분의 사람들과도 무관합니다.

노년에 대한 사상가들의 이야기는 앞의 공자의 말처럼 대부분 늙고 부유한 사람들을 위한 공소한 것들입니다. 나는 그것을 비판하고 뒤집어야 늙고 가난한 사람들을 위한 책이 쓰일 수 있다고 봅니다. 뒤에서 보겠지만, 늙고 가난한 사람들이 사상사에 등장하는 것은 19세기 이후입니다. 나는 늙고 가난한 사람들을 위해 이 책을 씁니다.

주름살이 아름답다

이 책의 제목을 '주름살이 아름답다'라고 할까, 하고 며칠 고민한 적이 있습니다. 주름살을 없애기 위해 몸부림치는 시대를 살면서 '주름살이 아름답다'는 책을 쓰는 것이 참신하다고 생각했거든요.

그 생각을 아내에게 말했더니 너무나도 진부한 표현이라고 하기에 바로 포기했습니다.

물론 아름답지 않은 주름살도 있음을 부정할 생각은 없습니다. 나의 주름살이 아름답다고 강변할 생각은 더더욱 없습니다. 그저 나는 주름살에 대해 부정적인 생각이 전혀 없음을 말하고 싶을 뿐입니다. 무슨 이유에서인지 나는 어려서부터 주름살이 좋았습니다. 젊고 활기찬 사람보다 늙고 힘없는 노인이 좋았습니다. 그래서 어려서부터 노인처럼 살려고 했는데 어느새 정말 노인이 되고 주름살이 많아졌습니다. 그래서 나는 지금이 좋습니다. 여전히 주름살이 좋습니다.

'주름살이 아름답다'라는 말은 사실 '작은 것이 아름답다'는 말에서 형식을 빌린 것입니다. 에른스트 프리드리히 슈마허(Ernst Friedrich Schumacher, 1911~1977)의 책 제목이기도 한 그 말은 환경과 인간성을 파괴하는 경제성장이 아니라, 인간이 스스로 조절할 수 있을 정도로 작은 경제가 환경과 인간성을 지켜준다는 취지입니다. 반면 내가 '주름살이 아름답다'고 함은 주름살 없는 얼굴을 부정적으로 보는 것이 아닙니다. 그저 주름살이 있어도 아름답다는 말에 불과하지요. 자신의 얼굴이나 몸을 혐오하는 것만큼 바보 같은 짓이 없는데, 문제는 그렇게 혐오하게 만드는 사고나 습관입니다. 각종 미디어가 조작하는 얼굴이나 몸의 신화, 각종 성형수술과 온갖 노화 방지 시술의 성행이 그 사회의 수준을 말해준다고 생각합니다.

'주름살이 아름답다'에 앞서 '늙음은 자유다'라고 제목을 붙이려 했다고도 말했습니다. 그러나 책을 쓰면서 모든 사람에게 늙음이 반드시 모든 굴레에서 벗어나는 자유는 아니라는 생각이 들어 포기했습니다. 젊어서 구속되었던 노동에서 벗어났어도 온전한 자유를 누리지 못하는 사람이 대부분이기 때문입니다. 마찬가지로 노동의 사상사를 집대성하는 책을 쓰며 제목을 '노동은 자유다'라고 지으려다가 '게으름이 아름답다'라고 바꾸었습니다. 그러나 노년이나 노동이나 자유여야 한다는 생각을 포기한 것은 아닙니다.

'주름살이 아름답다'라는 제목은 포기했지만, 노년 그대로의 모습이 아름답고 자유로운 것이라는 생각에는 변함이 없습니다. 물론 성형수술이나 화장으로 얼굴을 꾸미거나 멋진 옷을 입고 장식하는 것을 자기표현으로서 인정합니다. 그래도 나는 노년이든 청년이든 어린이든 꾸미지 않은 본래의 자연스러운 모습이 가장 아름답다고 생각합니다.

이 책은 그처럼 자연스러운 노년을 지키는 방법에 대해 고민합니다. 나는 자유로운 개인이 모여 자치하며 자연 속에서 사는 삶을 추구해왔고, 또 그렇게 살아왔습니다. 가령 수염을 어떻게 관리하느냐는 질문을 자주 받습니다. 하지만 나는 그저 평소에 면도하지 않고 있다가 한 달에 한 번 정도 바리캉으로 밀어줄 뿐입니다. 유기농 농사를 어떻게 관리하느냐고 종종 묻는데, 나는 항상 그냥 내버려두다가 가끔 바리캉으로 수염을 밀듯 삽질을 한다고 대답합니다.

마찬가지로 나는 나의 노년을 그냥 내버려두다가 아주 가끔 '관리'할 생각입니다. 이 책은 그런 이야기를 담고 있습니다. 이 사실을 미리 밝혀 여러분이 이 책을 계속 읽을지 말지 선택하는 데에 도움을 드리고자 합니다. 나는 처음부터 끝까지 모호하여 다 읽은 뒤 집어던져버리게 되는 책들을 가장 싫어합니다. 소위 인문학이니 예술이니 하는 분야에 그런 책들이 많습니다. 젊었을 때는 그런 책도 열심히 읽었지만, 이제는 살날이 그리 많이 남지 않은 노년이라 그런 책을 읽기에는 시간이 아깝습니다. 읽기 쉽고 내용이 분명한 책이 아름답지 않습니까?

보부아르의 『노년』

이 책을 쓰면서 참고한 책 중 『나이듦 수업』이 있습니다. '나이 드는 것에 대한 수업'이라니 무슨 내용일지 궁금했습니다. 부제가 '중년 이후, 존엄한 인생 2막을 위하여'이기에 중년과 그 이후의 나이 듦에 대한 책인가 했는데, 내용을 보니 중년이 아니라 노년에 대한 책이었습니다. 노년이라는 주제를 다루는 다른 책들도 비슷한 경향이 있었습니다. 왜 책의 제목이나 부제에 노인이나 노년, 늙음이나 노화라는 말을 쓰지 않고 '나이듦'이라는 사전에도 없는 말을 쓰는 것일까요? 그런 것들은 사람들이 기피하는 단어이기 때문일까요?

20세기 프랑스 철학자 시몬 드 보부아르(Simone de Beauvoir, 1908~1986)는 저서 『노년 La Vieillesse』의 서론 처음에서 서양에도 그런 경향이 있다고 말합니다. 늙음을 수치스러운 비밀처럼 여기고, 그런 걸 입에 담는 자체가 예의에 어긋난다고 생각한다는 겁니다. 이 책은 우리나라에서 '노년'이라는 제목으로 번역되었으나, 그보다는 일본에서처럼 '늙음(老い)'이라고 번역하는 것이 더 적합하지 않을까 생각합니다.* 보부아르는 '늙음에 대해 침묵하려는 음

---

* 영국에서는 'Old Age'로, 미국에서는 'The Coming of Age'(1972)로 번역되었습니다.

모'를 깨버리고 노인을 천민 취급하는 세상을 바꾸기 위해 그 책을 썼습니다. 보부아르는 초고령사회를 말하는 현재에도 노인에 대한 우리의 시각은 고대의 사람들과 별로 달라지지 않았음을 날카롭게 지적합니다.

> 노인들은 청년의 연장이며, 그렇기에 예전에 그가 가졌던 인간의 자질과 결점들을 고스란히 가지고 있다. 바로 이 점을 여론은 모른 체하고 싶어 하는 것이다. 젊은이들과 똑같은 욕망, 감정, 요구 등을 표명하는 노인은 사람들의 빈축을 사게 된다. 노인들의 사랑과 질투는 추하거나 우스꽝스럽고, 성행위는 혐오스러우며, 폭력은 가소로운 것으로 여겨진다. 노인들은 모든 미덕의 본보기를 보여주어야 한다. 무엇보다 먼저 사람들은 그들에게 평정함을 요구한다. 그리고 그들이 평정함을 지니고 있다고 단정한다. 이러한 사고방식 때문에 노인들의 불행에 무관심해지는 것이다. 사람들이 노인들에게 요구하는 그들 자신의 승화된 이미지, 그것은 백발의 후광에 싸인 경험이 풍부하고 존경할 만한 인간, 인간 조건을 저 높은 곳에서 굽어보는 현자이다. 그런 이미지에서 조금이라도 멀어지게 되면 노인들은 형편없이 밑바닥으로 굴러떨어진다. 그리하여 첫 번째 이미지에 대립되는 이미지가 부여된다. 그것은 노망이 들어 같은 소리를 되풀이하거나 엉뚱한 생각을 해서 어린애들의 놀림감이 되는 실성한 노인이다.
>
> (보부아르, 11쪽)

이 책은 본래 프랑스에서 1970년에 출간되었습니다.* 주로 늙음에 대한 서양의 인식을 다루지만, 중국의 인식에 대해서도 간단히 언급합니다. 그 부분의 서술은 한국에도 적용될 수 있으니 간단히 살펴보겠습니다. 보부아르에 의하면 중국은 농업사회로 계급제도가 철저하여 정부는 물론 집안에서도 가장 나이 많은 사람들이 지배자였고, 젊은이들은 체념이나 절망으로 노인들의 권위를 받아들여야 했습니다. 공자는 늙음을 지혜와 동일시하여 노인의 권위를 정당화했지요(보부아르, 123~125쪽). 이를 헤겔의 동양관과 같은 오리엔탈리즘이라고 비판하는 견해가 있을 수 있겠으나, 서양에서는 보기 드문(고대에는 스파르타가 유일합니다) 장유유서(長幼有序)라는 노인 우월관이 소위 오륜의 하나로 동양 전통에 있었고, 그것이 지금도 강고함을 부정할 수는 없습니다.

나는 칠십 년 전 어렸을 때나 나이 칠십이 넘은 지금이나 한국에는 여전히 그런 관념이 있다고 생각합니다. 사람을 만나면 나이부터 묻고, 단 한 살만 차이가 나도 바로 말을 놓아버리기도 합니다. 나는 이를 한국 특유의 '인정'이니 '미풍양속'이니 하면서 미화하는 사람들을 도저히 이해할 수 없고, 그런 것이 하루빨리 없어지기

---

* 1940년대에 삼십 대의 보부아르는 여성으로서 '타자'임을 느껴 1949년 41세에 『제2의 성』을 냈습니다. 그리고 오십 대가 된 1960년대에는 노년으로서 '타자'임을 느껴 1970년 62세에 『노년』을 냈습니다. 이 두 책은 각각 이십여 년이 지난 1973년(첫 완역본이 정식으로 출간된 것은 2021년입니다)과 1994년에 우리말로 번역되었습니다. 그러나 『제2의 성』이 소개된 지 반세기가 지난 지금 우리나라에는 페미니즘이 확산되기는커녕 반페미니즘이 기승을 부리고 있고, 『노년』이 소개된 지 삼십 년이 지났어도 노년에 대한 국가와 사회의 태도는 반노년적이라고 할 정도로 형편없습니다.

를 바라며 이 책을 씁니다. 아니 저절로 조만간 없어질 것입니다. 도대체 나이에 무슨 의미가 있단 말입니까? 나이로 계급과 예절이 정해진다니 이 무슨 야만인가요? '장유유서'라는 말은 적어도 모든 사람의 자유와 평등을 전제로 하는 민주주의와는 맞지 않습니다. '노인 공경'도 약자의 인권을 보장하기 위해 불우한 노인을 보호하는 차원 외에는 사용할 수 없고, '인간 존중'에 포함시키면 됩니다.

보부아르의 『노년』보다 반세기 정도 뒤인 2016년 한국에서 나온 『나이듦 수업』의 첫 수업은 전통사회 '선조들의 성숙한 늙음 인식'을 찬양하고 '청춘과 몸을 찬양하는 자본주의'가 그것을 망쳤다고 비판하면서, 노인이 '지도자이고 현자인 어른이었던 과거처럼 살아갈 권리를 주장하자'고 합니다. 그러나 전통사회의 대부분이었던 노동자, 농민이나 노비들이 과연 지도자이자 현자인 어른이었을까요? 지금의 노인들이 문제가 되는 것이 청춘과 몸을 찬양하는 자본주의에 세뇌되었기 때문일까요? 자본주의 이전의 과거나 지금이나 노인 대다수는 최하 천민 계급으로 힘겹게 살았고, 지금도 그렇게 살아갑니다. 그런 그들을 두고 "청춘에 대한 허황된 이미지로부터 벗어나, 주로 성적 쾌락으로 구성된 소비문화와 몸의 '탐진치'로부터 해방되어야 하고" 그러면 "새로운 노년문화가 꽃"핀다고(고미숙 외, 46쪽) 말하는 것이 과연 옳을지, 도리어 그들을 모독하는 말은 아닐지 생각해볼 일입니다.

『나이듦 수업』은 "노년이 됐다는 것은 젊은 날의 충동과 나를 지배하는 야성적인 질풍노도에서 벗어났다는 것"이라는 키케로(Marcus Tullius Cicero, 기원전 106~43)의 말을 인용하면서 '철학과 함께하는 우정'을 새로운 노인의 길로 제시하는데(고미숙 외, 43쪽), 이는 키케로가 『노년에 관하여De Senectute』에서 "학문을 닦고 미덕을 실천하는 것이 노년에 관한 최선의 무기"라고 한 말을 연상시킵니다(3.9).* 텔레비전을 비롯한 미디어에 자주 나와서 자신의 지혜를 자랑하는 105세 철학자는 철학을 해서 장수하는지 모르지만 (그의 철학이란 매우 보수적인 것이어서 장수하는지도 모릅니다), 대부분의 철학자는 그렇게 장수하지 못했습니다. 가령 '빨치산이 된 철학자' 박치우(朴致祐)는 1909년에 태어나 1949년에 죽었으니 105년의 반도 안 되는 사십 년밖에 못 살았고, 게다가 '철저하게 잊힌 학자'입니다.

보부아르는 말합니다.

비록 노년이 우리를 정열에서 해방시켰다고 해도, 생존에 필요한 것들을 채우지 못하는 무력감에 의해 가난은 더욱 가중될 것이다. 즉 노인들은 배고프고, 춥고, 그로 인해 죽게 된다. 그래서 단지 죽음만이 그들의 육체를 '해방'시킨다. 죽음 이전에 그들의 육체는 채워지지 않는 욕구와 고통으로서 잔인하게 존재한다. 그 어떤 주체에게서도 우리가 물려받은 문화의 파렴치함이 이토록 완전히 드러나지는 않는다. (보부아르, 385쪽)

그래서 키케로를 비롯한 근현대의 철학자들은 생산력이 없는

---

* 3.9는 제3장 9번에 나오는 글이라는 표시입니다. 이하 같은 방식으로 인용하겠습니다.

지배계급에 속한 소수였고, 착취당한 대다수 노동자 노인들은 침묵 속에 파묻혀버렸다고 봅니다.

보부아르는 노인의 상황에서 가장 절망적인 점은 그 상황을 변화시킬 수 없다는 점이라고 말합니다. 노인들이 사회변화와 최악을 두려워하고 보수파 후보들에게 투표하는 경향은 1960년대의 프랑스나 21세기의 한국이나 똑같습니다. 그들은 나약하고 억눌렸으며, 무력한 자들일 뿐입니다(보부아르, 387쪽). 그런 노인들은 보부아르의 『노년』을 읽기는커녕 '나이듦 수업'도 듣지 않습니다. 그래서 나이듦 수업의 강사는 수업에 젊은이들만 득실거린다고 불만이고요. 앞서 늙음에 대한 영화를 상영하는 관에 노인은 없고 젊은이들만 약간 있을 뿐이라고 말했던 것처럼요. 그렇게 노인들은 소외되어 있습니다. 노동의 소외만이 문제가 아닙니다. 늙음의 소외도 문제입니다.

누스바움의 보부아르 비판

보부아르의 『노년』은 어둡고 침울하며 절망적입니다. 소위 노익장이니 하는 것들과는 다른 '노년론'이라고 볼 수 있지요. 미국의 법철학자 마사 누스바움(Martha Nussbaum, 1947~)[*]은 보부아르의 책

---

[*] 누스바움은 시카고로스쿨의 교수입니다. 미국에는 고대 그리스·로마 철학, 정치철학, 실존주의, 페미니즘, 윤리학(동물 권리 포함) 등을 연구하고 강의하는 누스바움 같은 법학자가 드물지 않지만, 한국의 로스쿨에서는 극히 보기 어렵습니다. 학부에서 연극과 고전을, 대학원에서 철학을 공부한 누스바움의 이력도 한국의 로스쿨 교수 중에는 찾아보기 힘듭니다. 한국에서 2008년 미국의 로스쿨과 같은 법학전문대학원을 시작한 이유 중 하나는 종래와 같은 사법시험 대비 학원으로 만들기 위해서가 아니라 누스바움 같은 법학자로 하여금 교양

에 대한 불만을 노골적으로 드러냈습니다. 누스바움은 『지혜롭게 나이 든다는 것 Aging Thoughtfully』에서 보부아르의 "책을 높이 평가하지 않는다(누스바움, 458쪽, 주14)"고 한 뒤에 "내가 접해온 유명한데 엉터리인 철학 서적들 가운데서 가장 엉터리다" "이 책은 다양성을 함부로 짓밟고, 부분적이고 모욕적인 전형들을 합리화하며, 노인들에게서 주체성을 박탈한다(누스바움, 213쪽)"라고 혹평합니다. 그 이유가 무엇일까요? 그것은 놀랍게도 "왜 내가 내 현재 나이(69세)보다 일곱 살이나 어린 어느 프랑스 철학자에게 21세기의 철학자인 내 삶의 의미를 알려달라고 해야 하는가?(누스바움, 214쪽)"라는 것입니다. 아무도 그렇게 하라고 말하지 않았는데 말이죠. 동양인도 아닌 서양인이 나이가 어리다는 이유로 배울 것이 없다고 말하는 경우는 처음 보았습니다. 나는 누스바움보다 세 살이나 더 많은 72세인데, 그 책을 읽으면서 그런 느낌을 받은 적은 전혀 없습니다. 도리어 "내가 접해온 유명한데 엉터리인 철학 서적들 가운데서 가장 엉터리"라는 평을 누스바움의 책에 돌려주고 싶습니다.

누스바움의 비판은 요컨대 노인의 모습은 다양하고, 특히 자신은 보부아르가 말한 노인의 모습과는 전혀 달리 "건강하고 활기차다고 느끼고(누스바움, 214쪽)" 있는데 보부아르는 모든 노인이 불행하다며 '일반화의 오류'를 저질렀다는 것입니다. 물론 보부아르가 『노년』을 쓴 곳은 1970년 프랑스이고, 누스바움이 『지혜롭게 나이

있는 법률가를 기르게 하기 위해서였습니다만, 지금 한국의 로스쿨은 종래의 사법시험 대비 학원보다 더 못한 수험학원으로 타락했습니다.

든다는 것』을 쓴 곳은 2017년 미국이니 분명 시공간의 차이가 있긴 합니다. 하지만 보부아르가 그 책을 썼을 당시 프랑스에서도 스스로 "건강하고 활기차다고 느끼"는 노인은 많았을 텐데, 누스바움과 같이 반론하는 사람은 본 적이 없습니다.

도리어 보부아르의 주장은 조르주 미누아(Georges Minois)와 같은 역사학자들에 의해 역사적으로도 타당한 것으로 확인되었습니다. 그는 고대사회에 대한 보부아르의 주장이 맞다고 하면서 "개별적인 다양성을 훨씬 뛰어넘어, 노년에 대한 지배적인 일반적인 인상은 비관주의와 적대감이다(미누아, 537쪽)"라고 했습니다. 게다가 보부아르가 모든 노인이 그렇게 불행하다고 한 것도 아닙니다. 도리어 '늙음'을 단순히 부정적으로만 평가하는 사회적 무관심을 비판하고, 노인의 가치를 인정하는 것을 토대로 해결책을 모색해야 한다고 주장했지요. 나는 그러한 보부아르의 노년론이 지금 미국을 비롯한 전 세계에 타당하다고 생각합니다. 따라서 '자신은 건강하고 활기차다'고 느낀다 해서 보부아르의 주장을 일반화의 오류라 비판할 수는 없고, 오히려 보부아르의 주장을 진지하게 검토할 필요가 있습니다.

보부아르와 누스바움은 여러 면에서 다릅니다. 가령 키케로에 대한 평가에서 그렇습니다. 보부아르는 키케로에 비판적이지만, 누스바움은 그를 찬양합니다. 보부아르가 보기에 키케로가 노년을 "건강하고 활기차다고 느끼"는 것은 원로원의 권위를 강화하기 위함입니다. 그러나 누스바움은 그런 점에는 무관심하고 키케로의 노년론을 서양철학사에서 유일무이한 '훌륭한 철학서'라고 찬양합니다(누스바움, 45쪽). 교양 있고 건강하고 유명하며 존경받는 부자이자 권력자인 노년을 말하는 키케로의 책은 누스바움 같은 "현명한 노인들과 늙은 은퇴자들을 평온하게 해주었을 것"입니다. 하지만 나를 비롯한 대다수의 사람들은 "전혀 감동받지 못했을 것"이고, "작가 자신도 그다지 확신에 차 있지 않"은 듯합니다(미누아, 217쪽). 뒤에서 보겠지만 키케로의 노년론은 플라톤의 노년론을 복사한 것입니다. 동굴에서 벗어나 이데아를 보라고 한 플라톤이 『국가』에서 말하듯이 노인들이 신음하는 현실의 '동굴'에서 벗어나 이데아라는 진리를 찾기는커녕, 도리어 사유의 '동굴'에 숨은 채로 '동굴' 밖에 나왔다고 착각해서는 안 됩니다.

노년의 사상사

노년이란 '나이가 들어 늙은 때. 또는 늙은 나이'를 뜻하는 말입니다. 삶을 나이에 따라 소년, 청년, 중년(장년), 노년 등으로 나누는 경우의 마지막을 말하지만, 언제부터 노년이라고 하는지에 대한 객관적 기준은 없습니다. 관습이나 법률로 일정한 나이를 노년이라 정하기도 하지만 그것도 반드시 일률적이지는 않습니다. 개인차도 있을 것입니다. 같은 나이라도 누군가는 자신을 노년이라 인식하는 반면, 누군가는 그렇게 생각하지 않을 수도 있으니까요.

이 책은 '늙은 나이'에 대한 사상사가 아니라 '늙음'에 대한 사상사를 다루므로 '노년의 사상사'보다는 '늙음의 사상사'라고 함이 보다 정확하겠지만, 노년을 늙음과 같은 뜻으로 사용하도록 하겠습니다. '늙음'을 '나이 듦'이라고 하는 사람도 있지만, 나이 든다는 것을 곧 늙는다는 것으로 동일시하기는 어렵습니다. 늙음과 유사한 말로 노화(老化)가 있으나, 이는 '나이 들어가면서 발생하는 정상적인 변화'를 뜻합니다.

 이 책을 쓰면서 노년론을 쓴 여러 사상가들을 연구한 전문가들의 논저를 참조했습니다. 그런데 그들은 항상 그런 노년론이 쓰인 사상적 배경을 고려하지 않고, 노년론 텍스트를 분석하는 데만 집중한다는 점이 의문스러웠습니다. 특히 동양의 노년론에서 그런 경향이 두드러집니다. 동양의 노년론은 전통적으로 노년은 존중받았으나 근대 이후 그런 전통이 깨져 노인이 존중받지 못하게 되었다고 하면서 전통을 되살려야 한다고 주장합니다. 그러나 거듭 말하듯 존중받은 노년은 기껏해야 소수 양반 계층에 한정되고, 절대다수인 나머지 농민이나 노비는 해당하지 않았습니다. 서양에서도 그런 경향이 있었지만 최근에는 그것을 반성하는 추세입니다. 즉 근대 이전에도 노인들이 반드시 존중받지는 않았다는 것이지요.

 앞서 『나이듦 수업』의 첫 수업은 늙음에 대한 동양 전통사회 선조들의 성숙한 인식을 찬양하고, 청춘과 몸을 찬양하는 서양 자본주의가 그것을 망쳤다고 비판하면서 노인이 지도자이고 현자인 어른이었던 동양의 과거처럼 살아갈 권리를 주장한다고 보았습니다. 탈현대에 의해 노인들은 노동에서 해방되어 창조적 일탈이 가능하게 되는데, 그러한 전환을 위해 동양 전통사상인 통일체적 세계관이 필요하다는 것입니다. 그런 세계관을 익힌 노인들이 혁명을 일으킨다는 노인혁명론도 있지요.*

 이러한 논의에서 기본적인 문제점은 서양은 물질과 육체 및 욕

---

* 홍승표, 『노인혁명』, 예문서원, 2007.

망을 중시한 반면, 동양은 정신과 심령, 도덕을 중시한다는 이분법입니다. 그러나 정신적 측면을 강조하기는 서양의 종교와 철학도 마찬가지였습니다. 또 동양 사회든 서양 사회든 마냥 정신적 측면만을 강조할 수는 없었습니다. 대부분 서민들은 먹고사는 물질 문제가 앞섰으니까요. 생존을 위한 물질이 충족되어야 정신이 올바를 수 있습니다.

    탈현대를 통해 노동에서 해방된다거나 창조적 일탈이 가능해진다는 것도 적어도 현재의 한국에서는 픽션에 불과합니다. 대부분의 노인은 노동에서 해방된 것이 아니라 노동에서 추방되었습니다. 그들의 삶은 대부분 비참하기에 창조적 일탈 따위는 불가능합니다. 게다가 동양의 통일체적 세계관이라고 하는 것은 봉건사회의 이데올로기로서 현대에는 전체주의 이데올로기로 악용되었습니다.

2
고대의 노년

선사시대의 노년

보부아르는 『노년』 제2장에서 '인종학적 자료들'이라는 소제목하에 64쪽이나 되는 분량을 할애하여 선사시대의 노년을 다룹니다. 그러나 테인은 『노년의 역사』에서 그 부분을 완전히 생략하고, 미누아도 『노년의 역사』에서 10쪽 정도 할애하여 간단히 설명할 뿐입니다. 왜 이런 차이가 나는 것일까요?

보부아르는 선사시대나 역사시대나 노년에 대한 해결책은 다양하고 유사했음을 밝히기 위해 여러 민족의 경우를 설명했습니다. 가령 구약성경 창세기에 의하면 아담은 930세까지 살았다고 합니다(5.5). 아담뿐 아닙니다. 구약성경 속 노인들은 다들 엄청나게 오래 살았다고 합니다. 그러나 선사시대 사람들의 평균수명은 "사냥, 전쟁, 기근, 식량 부족, 질병(미누아, 45쪽)"으로 인해 매우 짧았습니다. 약 320만 년 전의 인류 화석 루시(Lucy)는 최초의 인류라 여겨지는데, 20~30세 사이에 죽은 것으로 추정됩니다. 그러나 당시 그는 노령이 아닌 젊은 성인이었으며, 높은 나무에서 떨어져 사망했을 것이라는 주장도 있습니다.

여하튼 대체로 평균수명이 상당히 짧았을 것으로 추정되는 원시시대에 장수는 존중의 대상이었습니다. 아담 등이 장수했다고 하는 것도 그런 존중에서 나오는 과장이었을 것입니다. 특히 노년은 이승과 저승을 연결한다는 식으로 신비화되었지요. 실제로 무당이나 성직자는 나이 든 사람들이었습니다. 노인은 지혜와 경험으로 판단을 내리고 젊은 세대를 교육하며 종족의 우두머리가 되었습니다. 그러나 양식이 부족하여 노인을 부양할 수 없을 때에는 추방되거나 죽임당하기도 했습니다. 이처럼 노인들의 운명은 공동체의 경제에 의해 결정되었습니다. 따라서 노년에 이르면 대체로 무시당했지요.

보부아르는 여러 원시 부족의 노인에 대해 소개합니다. 한국인의 조상이라는 설이 있는 시베리아 동북부의 반(半)유목민 야쿠트족(Yakuts)의 노인에 대해서는 다음과 같이 설명하지요.

그들은 가축을 키우고, 얼어붙은 겨울과 찌는 듯한 여름을 감내했으며, 대부분은 일생 동안 허기를 참으며 살아야 했다. 이런 풍요롭지 않은 문화 속에서 지식이나 경험은 아무 소용이 없었으며, 종교도 겨우 미미하게 존재할 뿐이었다. 거기서는 마법이 한 역할을 했다. 그래서 샤머니즘이 발달했다. 샤먼인 계시와 입문은 일반적으로 나이가 들었을 때에 일어난다. 그리고 이미 얻은 힘은 시간이 지나도 줄어들지 않는다. 노인들 가운데서도 늙은 샤먼들만 존경받았다. 가정은 족장제였다. 아버지가 가족들을 소유하여 아이들에게 절대적인 권위를 행사했으며 아이들을 팔거나 죽일 수도 있었다. 그들은 흔히 딸들을 쫓아냈다. 아들이 아버지를 무시하거나 아버지에게

복종하지 않을 경우 아버지는 아들의 상속권을 박탈했으며, 원기 왕성한 아버지는 폭정을 했다. 아버지가 노쇠해지면 아들들은 곧 자기 재산을 챙겼고 그가 죽게 방치했다. 어린 시절에 학대받은 그들은 늙은 양친에게 일말의 동정심도 없다. (보부아르, 63~64쪽)

일본 북해도의 원주민 아이누족에게도 유사한 경향을 볼 수 있었습니다.* 나아가 원시사회 전체에서 일반적이었다고 보부아르는 말합니다. 한반도에도 아비를 죽이는 살아비, 아비를 떠밀어 죽이는 민애비 바위, 병든 노인을 관에 버려두었다가 죽은 뒤 장사 지내는 고려장, 죽기 전에 외딴집에 유기하는 피막(避幕) 습속 등이 있었습니다.** 원시인들은 노인을 "죽이거나, 굶어 죽도록 내버려두거나, 최소한의 생명만을 유지하도록 하거나, 안락한 종말을 맞도록 해주거나, 혹은 그들을 존경하거나 혹은 극진하게 대접"했다고 보부아르는 말합니다. 그리고 그런 경향은 문명화된 국가들에서도 마찬가지라고 결론 내립니다(보부아르, 118쪽). 보부아르처럼 나도 지금 한국의 노인들이 원시시대의 노인들과 크게 다르지 않

---

* 부모 살해에 대한 자료로 영화 〈나라야마부시코楢山節考〉의 원작자 후카자와 시치로(深沢七郎, 1914~1987)의 동명 소설(1956)이 있습니다. 일본의 산간벽지에는 아들들이 부모의 나이가 칠십을 넘으면 그들을 등에 업고 나라야마라는 산의 꼭대기에 올라서 그대로 버려두고 와야 하는 무서운 전통이 있었습니다.
** 카스피해 연안에 살았던 인도게르만족 중에도 70세 이상 노인에게 음식을 주지 않아 죽게 하고 사체를 유기하여 사막의 야수에게 먹이로 주는 경우가 있었습니다. 페르시아와 아르메니아에서는 신체장애가 있는 노인을 유기하고, 인도에서는 빈사의 노인을 갠지스강에 데려가 익사시키고 물속에 잠기게 했다는 기록이 남아 있습니다.

다고 생각합니다. 심지어 서양과 달리 동양, 특히 한국에서는 샤머니즘이나 가부장제가 여전합니다. 물론 그 샤머니즘이란 지극히 부정적인 것이고, 가부장제도 노인이 되면 권위를 잃는 허구적인 것입니다.

고대 이집트의 노년

이집트를 비롯한 모든 고대 민족 사회의 의학은 마술과 혼동되었지만, 이집트에서는 미라를 만들고 암을 치료할 정도로 의학이 발달했습니다. 그러나 이집트 사람들은 심장의 팽창이 노화의 근원이라고 보았을 뿐, 더 이상 탐구하지는 않았습니다.

노인으로서 스스로 노년에 대해 말한 최초의 사람은 4500년 전에 살았던 이집트 법학자이자 제5왕조 파라오 이세시의 재상이었던 프타호텝(Ptahhotep)입니다. 그는 역사상 최초의 책인 『프타호텝의 잠언』에서 부부생활부터 시작하여 관료들의 처신, 진리에 대한 탐구 등 광범위한 주제에 대해 썼습니다. 그 책의 처음에서 프타호텝은 다음과 같이 말합니다.

> **오 왕이시여, 나의 주여!**
> **나이가 들었습니다. 노년이 왔습니다.**
> **나약함이 오고, 허약함이 자라나고,**
> **아이처럼 하루 종일 잠을 잡니다.**
> **눈은 침침하고 귀는 먹먹합니다.**
> **피로로 힘이 약해지고**
> **입은 침묵하고 말하지 않으며**

마음은 공허하고 과거를 기억하지 못하며
뼈가 다 아픕니다.
선은 악으로 변하고, 모든 미각은 사라졌습니다.
나이가 사람들에게 하는 일은 모든 것에서 악입니다.
코가 막혀 숨을 쉬지 못하고
아파서 서 있다가 앉았다가 합니다.

노년의 신체적 괴로움은 동서고금을 불문하고 동일합니다. 따라서 이와 유사한 발언을 수없이 찾아볼 수 있습니다. 앞의 글에 이어 프타호텝은 자신이 110세까지 살았다고 합니다.

내가 세상에서 행한 일이 적지 아니하여
내가 백십 년을 살았으니
왕의 선물이요
조상들보다 더 영광이요
왕을 위하여 정의를 행하였기 때문입니다.
숭배의 상태까지!*

장수를 곧 정의의 보상으로 여기는 것은 당시 근동에서 일반적

---

* Ancient Egyptian Literature, Volume I: The Old and Middle Kingdoms Ancient Egyptian Literature, by Miriam Lichtheim, https://www.goodreads.com/quotes/9701977-the-instruction-of-ptahhotep-instruction-of-the-mayor-of-the(2024. 6. 22 검색) 이 번역은 미누아 56쪽의 번역과는 다른데, 영어 번역이 다르기 때문입니다.

인 사고였습니다. 노인들의 정치적 역할도 중시되었습니다. 프타호텝은 "아들이 아버지가 말하는 것을 받아들이면 그의 모든 계획은 성공할 것"이라면서 효도를 권장합니다. 이는 당시에도 세대 갈등이 있었으며, 동시에 노인을 공경하는 풍조도 있었음을 보여줍니다.

헤로도토스(Herodotus, 기원전 484경~425경)의 『역사 Historiae』에 의하면 고대 이집트에서는 부모를 부양할 의무가 딸에게 있었습니다. "아들은 스스로 원하지 않으면 부모를 반드시 부양할 필요가 없지만, 딸은 스스로 원하지 않아도 반드시 부모를 부양해야 했"습니다(2.35).* 이집트에서는 여자는 서서, 남자는 앉아서 소변을 보았습니다. 짐을 나를 때도 남자는 머리에 이고 여자는 어깨 위에 얹었지요. 헤로도토스는 딸이 부모를 모시는 것 또한 이집트에서만 볼 수 있는 특유한 것이지 다른 곳에서는 다르다고 말하므로 일반화할 수 있는 것은 아닙니다.

프타호텝이 110세에 죽음을 느낀 것은 그 나이가 고대 왕국의 이상적인 수명이었음을 말해주지만, 얼마나 많은 사람들이 그런 장수를 경험했는지는 알 수 없습니다. 기원후 1세기가 되면 60세까지 사는 경우가 드물어지고 그것을 행복하게 생각하게 되었다고 합니다. 그 사이 이천여 년은 침략과 파괴, 죽음의 시대였기에 노년이라고 해서 존중되었을 것 같지는 않습니다.

---

*   우리말 번역에서는 고대 이집트인을 아이깁토스인이라고 번역합니다(헤로도토스, 김봉철 옮김, 『역사』, 길, 2016, 222쪽).

수메르의 노년

'수메르왕 명부'는 수메르의 도시와 왕, 통치 기간을 나열한 고대 수메르어 문서들입니다. 기원전 2000년 전후에 남부 메소포타미아의 다양한 도시국가와 왕국의 권력 주장을 합법화하기 위해 만들어지고 수정되었을 가능성이 높은 이 문서들은 당시의 왕들이 엄청나게 긴 수명을 누렸다고 기록합니다. 가령 엔멘루아나(En-menluana)는 43,200년간 통치했다고 합니다. 구약성경에 나오는 장수보다도 더욱 황당무계한 수치입니다.

『길가메시 서사시 Epic of Gilgamesh』는 호메로스의 서사시보다 1,500년가량 앞선 것으로 평가됩니다. 그 주인공 길가메시는 기원전 28세기경 우루크를 126년 동안 지배한 왕이었다고 수메르왕 명부는 기록합니다. 길가메시의 '길가'는 늙은이, 조상, '메시'는 젊은이, 영웅이라는 뜻입니다. 이는 '늙은이가 젊어지지 못하고 젊은이가 늙은이가 되는 운명'을 암시하는 이름이며, '왕권은 받았으나 불멸은 갖지 못하는 운명'을 뜻한다고 합니다.

길가메시는 수메르의 도시국가 우루크의 역사적인 왕으로 사후에 신격화되었습니다. 기원전 2900~2350년, 우르 제3왕조(기원전 2112~2004경) 동안 수메르 전설의 주요 인물이 되었지요. 그의 이야기는 현전하는 수메르 시 다섯 편에 서술되어 있습니다. 그중 가장 초기의 것은 「길가메시, 엔키두, 네더월드 Gilgamesh, Enkidu, and the Netherworld」입니다. 길가메시가 여신 이난나(Inanna)의 도움을 받아 그녀의 훌루푸나무에 붙은 생물들을 몰아낸다는 내용이지요.

「길가메시와 아가」는 도시국가 키시(Kish)의 군주 아가(Agga)에 대한 길가메시의 전쟁을 묘사합니다. 전쟁을 주장하는 길가메시가 평화를 선호하는 원로회의의 반대에 부딪칩니다. 그러자 길가메시는 그를 지지하는 청년 전사들에게 호소하여 원로회의를 물리치고 전쟁에서 승리합니다. 고대사회의 세대 갈등을 보여주는 대목인데, 참으로 세대 갈등이 없었던 시대는 없는 듯합니다.

우루크를 비롯한 수메르에서는 기원전 4000년대부터 노인들의 원로회의가 보편적인 제도였는데, 이 점도 지금까지 여전합니다. 원로회의는 통치자의 동반자로서 행정을 이끌었습니다. 사법에서도 노인들이 중요한 역할을 했습니다. 함무라비법전에는 노인들이 증언자이자 재판관으로 등장합니다. 당연히 노인들에게 반항하는 청년들도 있었습니다. 하지만 『길가메시 서사시』에서 보듯 세대 갈등에서 승리하는 쪽은 청년들이었습니다. 반면 피지배 서민 사이에서는 세대 갈등이 거의 없었습니다.

길가메시 전설 중에서 가장 완벽한 『길가메시 서사시』에서 길가메시는 3분의 2는 신, 3분의 1은 인간인 존재로 소개됩니다. 그 시의 시작 부분은 길가메시를 강제 노동을 시키고 성적 착취를 일삼는 잔인하고 억압적인 통치자로 묘사합니다. 그런 그를 처벌하기 위해 아누(Anu) 신은 야생인 엔키두(Enkidu)를 창조합니다. 엔키두는 길가메시와 싸움을 벌이지만, 길가메시가 이기고 둘은 친구가 됩니다. 초기 수메르 문헌에서 엔키두는 길가메시의 하인으로 나오지만, 『길가메시 서사시』에서는 동등한 입장의 동료, 친구가 되는 것입니다.

둘은 모험을 떠나 삼나무 숲의 괴물 파수꾼 훔바바를 정벌하고 우루크로 돌아옵니다. 이때 여신 이슈타르(Ishtar)가 길가메시를 유혹하지만, 그는 뿌리칩니다. 이에 이슈타르는 아버지 아누에게 하늘의 황소를 내려 길가메시를 징벌해달라고 합니다. 길가메시는 엔키두와 힘을 합쳐 하늘의 황소를 죽입니다. 그러나 신들은 훔바바와 하늘의 황소를 죽인 데에 분노하여 엔키두를 죽입니다. 길가메시는 친구의 죽음으로 충격을 받고 영생의 비밀을 찾아 나섭니다. 고생 끝에 죽지 않는 유일한 인간이라는 우트나피시팀과 그의 아내를 만나 대홍수에 대해 전해 듣고 영원히 살 수 있는 기회를 두 번 얻지만 모두 실패하고 우루크로 돌아옵니다.

동서양 고대 노년의 비교

여기서 동서양 고대 노년 사상을 비교한다고 할 때, 동양이란 유교 문명이고, 서양은 고대 그리스 문명을 말합니다. 여타 수많은 문화권에 대한 검토는 생략되었습니다. 가령 동양이라 해도 인도권이나 중동권은 다루지 않고, 서양에서도 제외한 지역이 있습니다. 이 책에서는 매우 한정적으로, 한반도가 오랫동안 속했던 동아시아 문화권과 20세기 이후 한반도가 경험한 서구화 내지 근대화, 산업화 또는 민주화의 모델인 서양에 대해서만 간략하게 다루면서 노인에 대한 사고와 제도를 비교해보고자 합니다.

동양의 유교 문명은 그 발생지인 중국은 물론 한반도와 일본을 위시한 동아시아에 강력한 영향을 미쳐 19세기 말까지 다른 모든 사상과 마찬가지로 노년에 관한 기본 사상을 형성해왔습니다. 서양의 고대 그리스 문명도 대체로 마찬가지이지만, 그 영향력은 동양의 그것보다는 약하고, 서양에서는 거의 획일적인 동양에서보다 다양한 사상들이 전개되었습니다.

노화는 인간에게 불가피한 현상이고 시대를 초월한 문제입니다. 따라서 동서고금 어디에서나 사람들은 노화와 노년, 늙음에 대해 자주 숙고했습니다. 노년에 대한 사고는 각 문화의 종교와 국가 조직에 깊은 뿌리를 두고 있으며, 사회질서 차이의 핵심에는 젊은이와 노인 사이의 기본적인 관계가 있습니다. 그런데 노인에 대한 개념과 대우는 중국의 계급주의 사회구조와 그리스의 민주주의 구조의 근본적인 차이로 인해 서로 많이 달랐습니다. 그리스인들은 노년을 쇠퇴의 하향 경사로 향하는 슬픔으로 보았습니다. 반면 고대 중국에서는 노인이 존경과 찬사를 받았습니다. 적어도 지배층에서는 분명히 그러했습니다. 스파르타를 제외하고, 그리스 세계의 폴리스 사람들은 고대 중국인들만큼 노인을 존경하지 않았습니다.

근대 의학 이전에는 인구의 대부분이 일찍 사망했습니다. 하지만 부유한 사람들은 노년까지 살았는데, 특히 여성보다 남성이 더 오래 살았습니다. 그 이유는 왕족이나 귀족이 우수한 식단과 자원으로 인해 노년까지 살 가능성이 더 높았기 때문입니다. 남성의 삶이 기념물이나 문서에 기록될 가능성이 여성의 삶보다 더 높았던 것도 있습니다. 따라서 노인에 대한 고대의 기록은 주로 노인 귀족에 대한 언급입니다. 이러한 노인의 예로는 90세에 〈콜로누스의 오이디푸스 Oedipus at Colonus〉를 쓴 소포클레스(Sophocles, 기원전 497~406)와 80세에 〈바쿠스의 시 Bacchae〉를 쓴 에우리피데스(Euripides, 기원전 480~406)가 있습니다. 그들의 작품에 대해서는 뒤에서 다시 상세히 검토하기로 하겠습니다.

노년은 또한 각 문화권에서 다르게 정의되었습니다. 예를 들어 고대 그리스에서 프레스부테로이(presbuteroi, 원로)라고 불리는 노인들은 다소 임의적으로 30~59세에 속했고, 게론테스(gerontes, 문자 그대로 노인)로 불리는 노인들은 60세를 넘었습니다. 그러나 고대 중국에서 노년은 연령 범주로 정의되지 않았고 주로 인간관계에 따라 정의되었습니다. 예를 들어, 자녀들은 부모를 무조건 존경해야 했습니다. 부모가 오늘날의 고령자 기준에 부합하는가 아닌가는 중요하지 않았습니다. 고대 그리스와 중국에서 나이에 대한 구체적인 인식과 정의는 각각의 의례, 종교, 신념에 따라 서로 달랐습니다.

가령 헤시오도스(Hesiodos, 기원전740경~670경)는 기원전 8세기경에 쓴 『신통기(神統記, Theogony)』*와 『노동과 나날Works and Days』에서 그리스 세계의 역사·계보·우주적 질서를 설명했습니다. 특히 세계의 신화적 시작에 대해 설명한 내용은 고대 그리스인이 세계를 보다 폭넓게 이해하는 기초를 마련해주었습니다. 따라서 이러한 시들에서 분명히 드러나는 '슬픈 노년'이라는 개념은 이 주제에 대한 그리스인의 사상을 형성하는 토대가 되었지요.

밤(닉스)의 아들이자 카오스의 손자인 노년(게라스)의 선천적 권리는 노화를 원래부터 어둡고 불길한 주제로 정의합니다. 또한 노인이 자녀에 의해 폐위된다는 기본 주제가 두드러지게 나타납니다. 예를 들어, 우라노스는 아들 크로노스에게 거세되고, 올림포스의 젊은 세대는 티탄족과의 싸움에서 승리합니다. 헤시오도스가 세계의 신화적 기원에 대해 설명한 내용에서, 고대 신들은 변함없

---

* 『신들의 계보』라고도 합니다. 우주의 탄생과 신들의 기원 및 계통을 다룹니다.

이 사악하고 당연히 패배합니다. 반면 올림포스 신들은 자연의 통치자로서 나이를 먹지 않으며 영원한 젊음을 유지합니다. 헤시오도스의 판도라가 세상에 '질병과 노령'을 포함한 악을 풀어놓는 이야기는 그리스인들이 노령의 추악하고 슬픈 본질과 이상적인 청춘의 상태를 대조적으로 보는 관점을 요약한 것입니다.

신화와 신이 그리스 문화를 구성했던 것처럼 고대 중국의 종교적 신념에 중요한 기초는 조상 숭배였습니다. 중국 역사상 최초의 나라인 상(商)나라*와 뒤이은 주(周)나라**의 시대(기원전 1600~771)에는 여행자들이 방문하는 지역의 영주와 노인에게 제사를 드리는 것이 관례였습니다. 고기와 곡식과 같은 귀중한 물건을 바치는 것을 포함한 상나라의 조상 숭배는 '조상의 힘을 영원히 보존하는' 것으로 여겨졌습니다. 그들은 조상이 의례 과정을 통해 추출할 수 있는 특별한 힘을 가진 의인화된 존재라고 믿었습니다. 이러한 조

---

* 상나라는 중국 역사상 최초의 왕조로 기원전 1600년경부터 기원전 1046년경까지 존속했습니다. 마지막 수도가 은(殷)이기 때문에 은나라라 부르기도 합니다. 전설상 인물인 황제(黃帝)의 후손 탕왕(湯王)이 하나라의 마지막 왕이자 폭군인 걸왕을 무찌르고 상나라를 개국했습니다. 마지막 왕은 무희 달기와 함께 백성을 잔혹하게 다룬 30대 주왕(紂王)이며, 주(周)나라 시조인 서주 무왕(西周 武王)에 의해 멸망했습니다. 19세기 말까지 전설상 왕조로 여겨졌으나 20세기 초 은허(殷墟)가 발굴되고 고고학적 증거가 나타나면서 실재한 왕조로 인정되었습니다.

** 기원전 1046년에 멸망한 상나라를 이어, 기원전 1046년부터 기원전 256년까지 약 팔백여 년 동안 중국 역사상 가장 오래 존속한 고대국가입니다. 주나라 시기에 넓은 영역을 효율적으로 통치하기 위해 처음으로 봉건제의 개념이 등장했습니다. 농업을 장려했고, 농지 개척을 진척했습니다. 농기구는 목재나 석재로 만들었고, 철을 최초로 사용했습니다.

상 숭배는 사람들이 권위에서 벗어나지 않게 하고, 존경받는 연장자 또는 부모로서의 지위가 조상으로 계승되도록 보장했습니다. 조상 숭배에서 입증되는 우주적 질서와 위계를 이해하는 것이 유교 신앙의 근본이라 할 만큼 중요했습니다. 유교 사상에서는 노인들이 생전의 지위를 죽음의 권위적 지위로 옮기는 것처럼 모든 현상에는 정해진 역할이 있다고 주장했습니다. '상위(우월)'와 '하위(열등)'는 자연스러운 순서로 존재하며, 능력이나 경험이 더 높은 사람이 상위, 즉 우월한 존재로 여겨졌습니다.

고대 중국의 영적 신념에 따르면, 나이 많은 사람이 본질적으로 더 우월했습니다. 그래서 고대 중국인들은 혈통과 개인 생활 모두에서 장수하기를 기도했으며, 살아남아 조부모가 되기를 바랐습니다. 그리스인들은 노년이 오기를 바라지 않았지만, 고대 중국인들은 노년이 오기를 바란 것입니다.

동서양 고대 문학의 노년 비교

우리는 문학, 즉 그리스 비극, 희극, 시와 중국 고전 등을 통해 고대에 노년에 대한 개념이 어떠했는지를 알 수 있습니다. 일반적으로 그리스 비극은 고통, 추악함, 사회에 대한 거부라는 주제를 포함했습니다. 소포클레스의 〈콜로누스의 오이디푸스〉에서도 이러한 주제를 볼 수 있습니다. 소포클레스는 90세 때 이 비극을 썼기 때문에 자신의 의견과 노년에 대한 슬프고 부정적인 경험을 분명히 묘사할 수 있었습니다. 이 희곡에서 오이디푸스는 비참한 삶에 절망하며 '장수와 슬픔이 자신에게 각인되어 있다'고 말합니다. 딸 이스메네가 여전히 희망이 있다고 말했을 때에도 그는 '빈약한 보상,

잃어버린 청춘과 보상받은 노년'을 받을 것이라고 말합니다(1780). 또한 에우리피데스는 〈헤라클레스Herakles〉에서 노년의 비애를 다음과 같이 노래합니다.

청춘은 우리가 사랑하는 것이다. 나이는 에트나의 바위보다 더 무거운 짐처럼 우리 머리에 무게를 실어 우리 눈 위로 어둠의 커튼을 친다. (중략) **나이는 비참하고 죽음으로 더럽혀졌다. 없애버려라!**

희극도 노인을 부정적으로 묘사했습니다. 그들을 신체적·정신적으로 쇠퇴한 인물로 희화화하는 식이었습니다. 남성은 아들과 경쟁하는 모습으로, 여성은 맹목적인 모성애를 지녔거나 조롱받는 인물로 묘사되었습니다. 예를 들어, 아리스토파네스(Aristophanes, 기원전 446~385)의 〈구름〉에서 아들은 나이 든 아버지가 신에 대한 '구식 믿음'을 고수하는 것을 비판합니다. 젊은 세대와 노년 세대 사이의 이러한 경쟁은 헤시오도스가 묘사한 신화와 올림포스 신과 티탄 신 사이 권력투쟁의 연장입니다.

또한 여성은 종종 신체적으로 역겹게 묘사됩니다. 〈에클레시아주사에, 또는 권력을 가진 여성Ecclesiazusae, Women in Power〉에서 아리스토파네스는 '오래된 껍질' '오래된 자두' '더럽고 오래된 가방' '식초 찌꺼기' 등 다채로운 표현으로 여성 노인을 모욕합니다. 한 청년은 '노인과의 섹스는 죽음과의 섹스와 같다'고 주장하지요. 이러한 예를 종합해 보면 고대 그리스에서는 노인에 대한 편견과 무시가 일반적이었음을 알 수 있습니다.

한편 고대 그리스의 시는 노년에 대해 더 달콤하면서도 씁쓸한 견해를 보여줍니다. 잃어버린 청춘의 비애에 초점을 맞추는 것이지요. 기원전 612년경에 글을 쓴 레스보스섬의 여성 시인 사포(Sappho, 기원전 630경~570)는 노화에 대해 더 감상적인 견해를 보여줍니다. 그는 독자들에게 노령과 주름으로 덮인 자신을 불쌍히 여기라고 간청합니다. 청춘 시절을 그리워하고 신체의 퇴화를 한탄하며 그는 '늙지 않는 것은 불가능하다'는 사실에 엄숙하게 굴복하고, '하데스에서도 나는 당신을 사랑할 것'이라고 말하며 죽음에 대해 생각합니다.

늙음을 슬프고 추악한 것으로 보았던 그리스와는 대조적으로, 고대 중국 작가들은 그것을 '우아한 것' '인생에서 필요한 단계'로 여겼습니다. 기원전 11세기에서 7세기에 걸쳐 쓰인 중국에서 가장 오래된 시집 『시경』은 공자가 편찬하여 교육받은 사람들이 암기하고 그 내용을 이해하게 한 것인데, 그중 하나인 「격고擊鼓」는 아내를 그리는 한 전사(戰士)의 애달픈 심정을 다음과 같이 읊고 있습니다.

죽거나 살거나 함께 고생하자던
당신과 굳고 굳은 언약 있었지.
섬섬옥수 고운 손 힘주어 잡고
단둘이 오순도순 백년해로하자고.*

이 시에서는 늙어가는 것을 부끄럽게 말하지 않습니다. 오히려

---

*   生死契闊 與子成說 執子之手 與子偕老

노년은 명예로운 남녀가 기대할 수 있는 번영과 존경의 기간으로 나타나지요. 이는 고대 중국에서는 노년의 로맨스가 가능했고, 또 장려되었음을 암시합니다. 중국인은 그리스인처럼 쇠퇴하는 신체에 대한 관심을 밖으로 표현하지 않았습니다.

중국에서는 또한 '지혜로운 노인 은둔자'라는 주제가 흔했습니다. 사마천(司馬遷, 기원전 145~86)의 『사기열전』에는 현명하고 가난하며 겸손하여 산속에 은둔하여 살았던 80세 넘는 네 명의 노인들이 나옵니다. 노인을 정신적으로 쇠퇴한 존재로 보았던 그리스와는 대조적으로, 중국인들은 노인 은둔자를 '현명한 시골 사람'이자 '특별한 미덕의 모범'으로 강조했습니다. 게다가 5대 유교 경전 중 하나인 『예기禮記』는 젊은이들이 '장로로서 가르치고 훈계하는' 의무를 다하기 위해 고전을 배우고 암기해야 한다고 역설합니다. 노인은 가족과 국가의 유산을 보존하고 전수하는 데 적극적인 역할을 했습니다. 그러므로 고대 동양에서는 서양보다 노인을 존중했다고 할 수 있지만, 어디까지나 지배계층에서였고, 가난한 피지배 계층에서는 노인이 그다지 높게 존중되었다 보기 어렵습니다.

동서양의 고대 노인법 비교

고대 중국과 그리스의 법은 노인의 대우에 대해 구체적으로 규정합니다. 두 문화 모두 노인을 돌볼 의무를 인정했지만, 숭국의 경우 그 의무를 다하지 않았을 때 받게 되는 처벌이 더 가혹했습니다. 고대 중국의 주요 도덕인 효도는 노인 가족 구성원을 존중하고 보살펴야 한다고 했습니다. 자녀는 부모 생전에 멀리 여행해서는 안 되었고, 부모의 신체적·정신적 안녕을 책임지고 지켜야 했습니다. 효도는 고대 중국 사회 전체에서 중요했지만, 특히 당나라 시대에 더욱 중요했습니다. 당나라 법은 노인을 살해하거나 구타하거나, 부양하지 않는 행위, 심지어 노인을 고발하는 행위를 사형으로 벌한다고 규정했습니다. 마찬가지로 당나라 법제의 영향을 받은 삼국시대 한반도에서도 노인에 대한 법적 보호가 강화되었습니다.

고대 중국에서 노인은 경제적·정치적 특권도 누렸습니다. 진나라(기원전 221~206) 때에 상앙(商鞅, 기원전 390~338)이 만든 20등작(二十等爵)* 제도를 시작으로 구조적으로 노인을 우대하는 사회 경제적 계급제도가 한나라(기원전 206~기원후 220) 내내 계속 사용되었습니다. 평민은 계급이 높을수록 연회에서 더 나은 자리와 음식을 받았고, 노동을 면제받을 수 있었으며, 범죄에 대한 처벌도 감경되었습니다. 수명이 길어질수록 승진 기회가 더 많아졌지요.

반면 그리스의 법은 사람은 나이가 아니라 행동으로 존경받아야 한다는 생각과 노인의 사회적 지위는 항상 불안정하다는 생각

---

* 정확하게는 18등급의 법품(法品)과 제후의 작위로 여겨지던 관내후와 열후로 구성되는데, 일반적으로 이들을 합쳐 20등작 제도라 부릅니다. 평민들에게 수여되는 하위 8등급을 제외하여 12등작으로 치는 경우도 있습니다. 진나라에서 시작되어 전한과 후한을 거쳐 운용되었습니다. 이는 나라 전체의 각 호(戶)에 20개 등급의 작위나 법품을 할당하는 것으로 법품을 받는 대상은 호적에 호주(戶主)로 등재되었습니다. 반면 호적에 오르지 않은 무적자나 유민, 노비에게는 주어지지 않았습니다. 작위와 법품은 국가에 세운 공적을 뜻했으며, 동시에 사회적 명예이기도 했습니다. 그 등급에 따라 경작지와 주거지가 차등적으로 지급되어, 경제적인 혜택도 분명했습니다. 법을 어기고 죄를 지은 경우 반역이나 살인 같은 중대한 죄는 사형에 처했지만, 대부분의 죄는 법품을 일정 등급 낮추는 것으로 대체할 수 있었습니다.

에 기반을 두었습니다. 노인을 돌보는 게로보스키아(geroboskia)는 신성한 의무였습니다. 민주주의 국가 고대 그리스에서 시민들은 다른 시민들을 돌봐야 했습니다. 아테네의 프리타네움(Prytaneum)에서는 노인들에게 식사를 무료로 제공했습니다(미누아, 45쪽). 지역사회에서 노인에 대한 의무를 다하지 않는 사람은 감옥에 갇히거나 벌금을 내거나 시민의 권리를 박탈당할 수 있었습니다(테인, 20쪽). 기원전 6세기에 솔론이 내린 법령은 부모를 소홀히 하면 참정권을 박탈당할 수 있다고 명시했습니다(미누아, 62쪽). 노인에 대한 아테네의 법이 여러 차례 갱신되었다는 사실은 노인 학대가 지속적으로 심각한 문제로 간주되었음을 시사합니다.

그러나 노인이 중국에서처럼 존중받지는 못했습니다. 영웅과 위대한 업적이 중심이 되는 문화에서 노인은 남성적이고 공동체적인 사상에 미치지 못했기 때문입니다. 노인은 여성, 어린이, 장애인과 함께 군 복무를 면제받음으로써 전사로서의 시민 역할을 박탈당했습니다. 그러나 그리스 사회에서 노인의 정치적 존재감은 여전히 중요했습니다. 예를 들어『일리아스』에서 필로스의 왕 네스토르(Nestor)는 젊은 영웅의 세계에서 노인이지만 영웅적인 행동을 보여주어 원로들 중에서 강력한 지위를 차지했습니다. 이외에도 의회에서는 가장 나이 많은 사람이 항상 제일 먼저 연설했고, 노인은 대부분 귀족이었기 때문에 여전히 어느 정도 권력이 있었습니다. 그러나 노인은 그다지 적극적으로 나서지 않았고 정치 절차 중에 종종 겉으로는 무시당했으며, '어리석은 자'라고 불렸습니다.

이처럼 고대 그리스인들은 나이보다 영웅적 행위를 더 중시했습니다. 노인은 제한적이고 수동적인 정치적 역할을 했으며, 영웅적인 행위를 완수했을 때만 존경받았습니다. 그러나 스파르타에서는 예외였습니다. 헤로도토스에 따르면, 스파르타에서 젊은이는 연장자에게 길을 양보하고 노인이 다가오면 자리에서 일어나야 했습니다. 가장 나이 많은 사람으로 구성된 게루시아(장로회)*가 스파르타의 정치와 외교 정책을 통치했습니다. 스파르타의 노인정치는 아테네에서 노인의 역할이 계속 줄어들면서 기원전 5세기와 4세기에 이르러서야 성장했습니다. 그러나 실상 스파르타 모델이 아테네와 크게 다르지는 않았습니다. 스파르타의 사람들은 대부분 전투에 나가 젊은 나이에 죽었으므로 실제 노인의 수는 적었고 살아남아 노인이 되었다는 것은 영웅적인 일이라 여겨졌습니다. 따라서 중국에서처럼 노인이라는 사실 그 자체로 존경을 받았다기보다는, 아테네에서와 마찬가지로 영웅적인 행위로서 인정받았다고 보아야 할 것입니다.

동서양 노년 사상의 비교

고대 그리스와 중국의 문학·종교·법률에 나타난 노인에 대한 서로 다른 태도를 이해하려면 각각의 국가 조직이 고유한 역사와 상

---

* 게루시아(γερουσία)는 기원전 7세기 리쿠르고스가 만든 제도입니다. 전체 30명으로 구성되며, 그중 28명은 60세 이상 귀족이어야 했습니다. 나머지 2명은 스파르타 왕으로 나이는 상관없었습니다. 왕 이외의 다른 구성원은 선출되었으며 종신직이었습니다. 게루시아는 민회가 열리기 전에 상정할 안건에 대해 토론했고, 법안이 통과되는 것을 막을 수도 있었으며, 왕을 포함한 어떤 스파르타인도 재판에 회부시킬 수 있는 대법원으로서 역할하기도 했습니다.

황의 결과로 형성된 배경을 살펴보아야 합니다. 고대 중국의 관료적이고 계층적인 통치 시스템은 기원전 1046년부터 기원전 256년까지 약 팔백여 년 동안 존속한 주나라에서 처음으로 광활하고 다양한 지역으로 확장하기 위해 사용한 복잡하고 광범위한 행정 장치로 발전했습니다. 그 속에서 노인과 젊은이는 구별되고, 노인은 젊은 세대보다 더 많이 존경받았습니다.

반면 그리스 폴리스는 매우 다른 정치적·사회적 환경에서 등장했습니다. 폴리스는 고대 그리스(기원전 800~480)에서 처음 등장했습니다. 폴리스는 시민권에 대한 개념이 명확하고 정치적으로 독립적인 도시국가입니다. 지리적으로 정의된 사회 집단인 폴리스는 중앙 집중의 지도자가 없는 상황에서 공통된 이념을 중심으로 조직되었습니다. 중국 관료제와 달리 폴리스는 공동체 활동을 강조했습니다. 그리스인들은 공무원(archai), 정치인(hoi politicaluomenoi), 집회(ekklesia)와 같은 정치적 용어를 사용했지만, 체계적이거나 계층적인 행정 시스템은 없었습니다. 독특한 점은 참여를 강조했다는 것입니다. 데모크라티아(demokratia)는 문자 그대로 '인민의 권력(kratos)'으로, 대표 민주주의가 아닌 참여 민주주의의 의미를 가졌습니다. 그리스 시민은 공동체 구성원이 되기 위해 정치에 참여할 의무가 있었습니다. 의무, 전통, 공동체에 대한 믿음이 그리스 정치 시스템을 촉진했습니다. 그리스인들은 노인에게 집과 음식을 제공하여 돌보는 것을 의무로 여겼습니다. 노인은 다른 시민보다 계층적으로 우월하지 않았고, 사회의 하위 구성원으로 여겨졌습니다. 그들은 더 이상 젊었을 때처럼 지역사회에 기여할 수 없기 때문입니다. 달콤하고 아름답고 영웅적인 청춘(neotas)과 추하고 비극적인 노년(geras)이라는 이분법에 중간 지대나 제3지대는 없었고 위계도 없었습니다.

영웅의 세계 아테네에서 노쇠한 노인은 지역사회의 지원이 필요하지만 더 이상 지역사회에 기여하지는 않는 불안정한 지위에 있었습니다. 폴리스 시민권의 기초는 기여와 참여인데, 노인은 더 이상 사회에서 온전히 활동할 수 없습니다. 따라서 그들은 조롱의 대상이 되었고, 모든 사람의 슬픈 종말을 상기시키는 존재가 되었습니다. 그리스 비극의 절망적인 노인 캐릭터부터 희극의 획일적 인물, 시의 쇠퇴하는 연인에 이르기까지, 노년에 대한 그리스의 문학적 묘사는 참으로 형편없었습니다.

그리스 폴리스는 집단적 참여와 평등을 강조한 반면, 중국 시스템은 위계라는 개념에 따라 운영되었습니다. 고대 그리스인들은 하나가 다른 것보다 우월하다는 생각 없이 동일한 이분법에 따랐습니다. 유교에 따르면, 고대 중국인들이 나이를 이분법, 위계로 보는 것은 당연합니다. 특히 조상 숭배는 중국 종교적 신념의 가장 중요한 교리 중 하나였고, 지금도 그러합니다. 그러나 실제로 노인에 대한 존중이 어느 정도였는지는 여러 가지 측면에서 검토해보아야 할 것입니다.

3
고대 동아시아의 노년

한자의 노년

'노년'의 '노(老)'는 '늙을로 엄(耂)'*과 '변할 비(匕)'가 합쳐진 글자입니다. 본래의 상형자는 '머리가 부옇게 세고 등이 구부정한 늙은이가 지팡이를 짚고 있는 모양'을 본뜬 글자로 '노인'이나 '나이가 많다'는 뜻을 지니고 있었는데, 후대에 아래의 지팡이 모양이 변해 현재의 '변할 비' 모양이 되었다고 합니다.

'늙을로 엄'을 사용하는 글자로 '생각할 고(考)'와 '효도 효(孝)'가 있습니다. 고(考)는 늙은이(耂)이가 공교하게(丂) 하는 것이라는 뜻인데, 상형자는 '허리가 굽은 늙은이가 지팡이를 짚고 있는 모양'으로 노(老)와 같은 뜻입니다. 즉 고(考)의 '늙은이'가 '아버지'로, 아버지가 '죽은 아버지' '조상'으로 변해 조상을 생각한다는 뜻이 되었고, 효(孝)는 '늙을로 엄'과 '아들 자(子)'가 합쳐진 말로 노(老)의 비(匕) 대신 자(子)를 넣은 것입니다. '자식이 늙은 부모를 업은 모습'을 통해 부모에 대한 자녀의 복종을 뜻한다고 합니다.

---

*   사람 인(人)과 머리털 모(毛)를 합한 모양입니다.

이러한 경로사상은 중국 상고 시기에 '상치(尙齒)'라는 관념으로 나타났습니다. 상치의 '상(尙)'은 '받든다'는 뜻이며, '치(齒)'는 나이, 나이 든 사람을 위하는 것, 즉 경로를 의미합니다. 『예기』「제의祭義」편은 '상치'에 대해 다음과 같이 말합니다.

유우씨(有虞氏)* 시대에는 비록 인격을 중시하였으나 연장자를 존중하였다. 하후씨(夏后氏)** 시대에는 공훈을 중시했으나 또한 연장자를 존중하였다. 은(殷)나라*** 사람들은 생산능력을 중시했으나 또한 연장자를 존중하였다. 주(周)나라**** 사람들은 인륜 관계를 중시했으나 또한 연장자를 존중하였다.*****

이처럼 왕조가 네 차례 바뀌며 가치관도 변해왔음에도 불구하

---

* 　중국 신화에서 최초의 세습 왕조인 하나라 이전에 중국을 다스렸다고 전해지는 전설적인 군주로 순(舜)임금이라고도 합니다. 유가의 기록에서 순은 성천자 요에게서 왕위를 선양받은 이상적인 성인군자로 묘사됩니다. 가정에서는 부모와 형제들이 순을 죽이려고 했음에도 불구하고 여전히 효도를 다하고 우애를 잃지 않았으며, 사회적으로는 그 뛰어난 인격으로 가는 곳마다 사람들을 교화했기 때문에 명망을 얻어 요에게서 선양을 받았다는 것입니다.

** 　중국 문헌에 최초의 세습 왕조로 기록된 하나라의 첫 번째 국왕으로 이름인 우를 따서 우왕(禹王)이라 칭합니다.

*** 　상(商, 기원전 1600~1046경)나라로 중국 역사상 최초의 왕조입니다. 반경(盤庚)이 마지막으로 옮긴 수도가 은(殷)이기 때문에 은나라라 부르기도 합니다.

**** 　중국에 존재한 고대 국가로 기원전 1046년 멸망한 상나라를 이어, 기원전 1046년부터 기원전 256년까지 약 팔백여 년 동안 존속했습니다. 중국사의 인문주의, 천(天) 사상, 세계 체제 등 정치적·사회적·문화적으로 중화권, 나아가 동아시아 한자 문화권의 기틀을 놓았다는 점에서 의의가 큰 시대의 나라입니다.

***** 　有虞氏貴德而尙齒 夏禹氏貴爵而尙齒 殷人貴富而尙齒 周人貴親而尙齒

고 '상치'는 불변이라는 점을 강조합니다. 상치는 제도적으로 사대부 노인인 국로(國老)와 서민 노인인 서로(庶老)로 구분되어 제도화되었습니다. 당나라 재상 두우(杜佑, 735~812)는 『통전通典』*「양로」편에서 말합니다.

> (우나라에서는) **상상(上庠)**에서 국로를 봉양하고, 하상(下庠)에서 서로를 봉양했고**
> (하나라에서는) **동서(東序)***에서 국로를 봉양하고 서서(西序)에서 서로를 봉양했으며**
> (상나라에서는) **우학(右學)에서 국로를 봉양하고 좌학(左學)에서 서로를 봉양했다.******

이때 국로와 서로의 구분은 『논어』에서 지배층인 인(人)과 피지배층인 민(民)을 구별한 것에 상응합니다. 가령 『논어』「태백」편에서 공자는 '백성은 시켜야 하는 것이지 알게 해서는 안 된다'*****고 합니다. 백성은 명령받은 일, 위에서 시키는 일을 하는 것으로 충분하며, 스스로 무엇인가를 알게 해서는 안 된다는 것입니다. 무

---

*   『통전』은 당의 두우가 저술한 책으로 중국 역사상 최초로 형식을 완전히 갖춘 정치 서적입니다.
** 상상은 중국 순(舜)나라의 최고 학부이고, 하상은 중국 주나라의 서민 학교를 말합니다.
*** 동서와 서서는 각각 법당의 동쪽과 서쪽을 말합니다.
**** 養國老於上庠 養庶老於下庠 / 養國老於東序 養庶老於西序 / 養國老於右學 養庶老於左學
***** 民可使由之 不可使知之

식한 존재로 남아야 한다는 뜻이지요.

『예기』는 유가의 경전인 오경(五經)의 하나로, 공자와 그 후학들이 지은 예법(禮法)의 이론과 실제를 풀이한 것입니다. 그 책의 「월령月令」편에 의하면 중추(仲秋, 음력 8월)에 노인을 봉양하게 하고, 노인들에게 걸상과 지팡이, 죽과 음식을 하사합니다.* 그리고 「내칙內則」편에 의하면, 50세가 되면 집안에서 지팡이를 짚고, 60세가 되면 고을에서 지팡이를 짚으며, 70세가 되면 나라 안에서 지팡이를 짚고, 80세가 되면 조정에서 지팡이를 짚는다고 합니다.**

이런 번거로운 나이별 의식에 무슨 의미가 있는지 알 수 없고, 실제로 어느 정도 행해졌는지도 알 수 없습니다. 가령 중국 감숙성(甘肅省) 무위(武威)에서 출토된 한간(漢簡, 한나라 문서) 왕장조서령(王杖詔書令)에 따르면 70세 이상인 자에게 왕장(왕이 주는 지팡이), 즉 비둘기 형상으로 장단을 장식한 구장(鳩杖)을 내렸다고 합니다. 그것을 소지한 자는 봉록 650석을 받는 관리에 해당했고, 관부 출입에 예절의 제한을 받지 않았다고 하지요. 장사를 하면 세금도 면해주었고, 그를 모독하는 자가 있으면 임금을 경시한 죄로 보아 사형에 처했습니다.***

노인 중에서도 환과고독(鰥寡孤獨)에게는 특별히 주의를 기울였습니다. 『예기』 『맹자』 『순자』 등에 의하면 환은 늙어서 아내가 없는 사람, 과는 늙어서 남편이 없는 사람, 고는 어려서 부모가 없는

---

*　養衰老 授几杖 行麋粥飲食
**　五十杖於家 六十杖於鄕 七十杖於國 八十杖於朝
***　이연승, 「구장(鳩杖), 노인에게 부여하는 황제의 권위: 한대 왕장제(王丈制)를 중심으로」, 『종교문화비평』 39권, 2021, 59~92쪽.

사람, 독은 늙어서 자식이 없는 사람을 말합니다.『예기』「왕제」편에 의하면 그들에게는 임금이 식량을 공급합니다.

그런데 이처럼 노(老)에 긍정적 의미만 있었던 것은 아니고, 부정적 의미가 병존했습니다. 가령 노련(老鍊), 노숙(老熟), 노마지지(老馬之智)라는 말은 '오랜 경험에서 오는 지혜'라는 긍정적인 의미를 가지고 있지만, 노망(老妄)이나 노탐(老貪)은 부정적인 의미로 쓰입니다. 그런 말들이 언제부터 어떻게 사용되었는지는 알 수 없지만, 오랫동안 공식적으로는 긍정적인 의미의 말들이 더 자주 사용되었을 것이고, 부정적인 의미의 말들은 19세기나 20세기에 와서 사용되었으리라고 짐작합니다. 서양에서도 같은 경향이 있는데, 서양에서는 부정적인 의미의 말들이 동양에서보다 더 빨리, 더 널리 사용되었을 것입니다.

고대 동아시아 의학의 노년

조선시대 의관 허준(許浚, 1539~1615)이 중국과 조선의 의서를 집대성하여 1610년에 저술한 의서『동의보감』은 인간의 자연스러운 수명을 43,200일, 연수로 약 120년 정도라고 합니다. 사상의학(四象醫學)*을 정립한 이제마(李濟馬, 1837~1900)는 1894년에 저술한『동의수세보원東醫壽世保元』에서 인생에는 건강한 4단계와 건강하지 않은 4단계 총 8단계가 있으며, 64세에 최고의 건강 상태를 지니고 있다

---

*   사상의학은 사람의 체질을 태양인, 소양인, 태음인, 소음인 네 개로 구분합니다. 각자 타고난 심성이 달라서 각각의 체질에 따라 장부의 기능적 구조가 다르고 신체적 특징이 다르며 성품도 어느 정도 차이가 있으므로 의학적 처방을 완전히 달리 해야 한다고 합니다.

면 128세까지 살 수 있다고 주장했습니다.

2000년 이상 중국 의학의 기본 자료로 여겨진 고대 의학서 『황제내경黃帝內經』*「상고천진론上古天眞論」편은 황제(黃帝)가 다음과 같이 질문하는 것으로 시작합니다.

"내가 듣기로 옛사람들은 모두 백 세가 넘도록 동작이 굼뜨지 않고 건강했는데, 요즈음은 오십 세만 되어도 약해져 비실거리는 것이 세상이 바뀐 때문인가 아니면 사람들이 법도를 잃어서인가?"

그러자 신하 기백(岐伯)은 답합니다. "사람들이 법도에 어긋나는 삶을 살아서입니다." 즉 옛사람들은 천지의 도(道)를 알고 절도 있는 생활을 함으로써 스스로 늙지 않게 하여 모두 천수(天壽)를 누렸는데, 요즈음 사람들은 "술을 물처럼 마시고, 취한 채로 입방(入房)하고, 말초적인 즐거움으로 제멋대로 살아 겨우 오십에 쇠약해져" 버린다는 것입니다. 여기서 말하는 옛사람이란 고대 중국인, 대체로 지배계급 사람들을 말한다 짐작됩니다.

동양의학에서는 노화를 도교에서 말하는 우주의 원리인 음과 양이 몸 안에서 불균형을 이루어 생기는 병이라고 보았습니다. 한의학은 사람은 나이가 들어감에 따라 기혈(氣血)**이 마르고, 장부

---

*   중국 한나라 때에 성립된 한의학의 원전으로 삼황오제의 한 명인 황제(黃帝)의 이름을 빌렸으나 당연히 황제 본인이 저술한 것은 아닙니다.
** 경맥(經脈)에 속한 혈(穴)입니다. 경락(經絡)의 기혈(氣血)이 신체 표면에 모여 통과하는 부위로, 침을 놓거나 뜸을 떠서 자극을 내부 장기(臟器)로 전달하기도 하고 내부 장기의 징후를 드러내기도 합니다.

(장기)의 기능이 하나씩 줄어들면서 몸에 변화가 온다고 보았는데, 오장(五臟) 중 특히 신장의 기능이 줄어드는 것이 노화에 가장 결정적이라 생각했습니다. 그리고 그 치료법으로는 자연에 순응하고 음양의 평형을 조절하며, 정기신(精氣神, 정은 물질적 차원, 기는 기능적 차원, 신은 영적 차원을 말합니다)을 보양하고, 동정(動靜, 움직이고 가만히 있는 것)을 적절히 하며, 음식을 조절하고 규칙적인 생활을 하는 것 등을 권했습니다.

『황제내경』「상고천진론」편에 의하면, 여자는 7세를 기준으로 7세에 신기(腎氣)가 정해지고 14살에 월경을 시작하며, 21살에 심장 기능이 튼튼해져 28살에 절정에 이르렀다가, 35세부터 흰머리가 나고 머리카락이 빠지며 얼굴색이 빛을 잃고, 49세에 폐경에 이릅니다. 한편 남자는 8세를 기준으로 16세 때 사춘기가 오며, 대체로 40대까지는 괜찮다가 48세부터 조금씩 꺾이기 시작합니다. 56세가 되면 간기(肝氣)가 약해져서 힘줄과 혈액이 원활하지 못하게 되고, 64세가 되면 천계(天癸)*가 말라서 정력이 줄고 신기가 약해져서 몸의 형태에 힘이 없어집니다. 치아와 머리카락도 빠집니다. 즉 여자는 35세부터, 남자는 40세부터 노화가 시작된다는 것입니다.

『황제내경』「천년」편에 의하면 50세부터 간심비폐신(肝心脾肺腎), 즉 간장, 심장, 비장, 폐장, 신장의 순서로 오장이 쇠퇴하기 시작합니다. 그래서 오십 대 이후를 늙음이라고 봅니다. 이백(李白,

---

* 인체의 성장 발육과 생식 기능을 촉진하고, 여자의 월경과 임신을 주도하는 생명의 뿌리가 되는 기운을 말합니다.

701~762)과 함께 중국의 가장 위대한 시인으로 꼽히는 두보(杜甫, 712~770)는 「난을 피하며逃難」라는 시에서 쉰이 된 자신을 '하얀 늙은이(白頭翁)'라 불렀지요.

유교의 장유유서

앞에서 본 환과고독이라는 말은 『맹자』「양혜왕장구하梁惠王章句下」 편에 다음과 같이 등장합니다.

> 늙었으면서 아내 없는 것을 홀아비(鰥)라 하고, 늙었으면서 남편 없는 것을 과부(寡)라 하며, 늙었으면서 자식 없는 것을 독거자(獨)라 하고, 어리면서 부모 없는 것을 고아(孤)라 하니 이 네 가지는 천하의 곤궁(困窮)한 백성으로 하소연할 곳이 없는 자들이다. 문왕(文王)*은 정사를 일으켜 인(仁)을 베푸는데 그 넷부터 먼저 하였다.**

『맹자』「진심장구상盡心章句上」 편에서는 이를 보충하듯 다음과 같이 말합니다.

> 백이(伯夷)***는 주왕(紂王)을 피하여 북해의 바닷가에 살았는데 문

---

* 주나라의 문왕(周文王, 기원전 1152~1056)은 중국 상나라 말기 주(周) 씨족의 수령으로 둘째 아들인 서주 무왕이 주나라를 세운 후 문왕으로 추숭했습니다. 후세에선 도통(道統)의 전인(傳人)들 중 하나로 보기도 합니다.
** 老而無妻曰鰥 老而無夫曰寡 老而無子曰獨 幼而無父曰孤 此四者 天下之窮民而無告者 文王發政施仁 必先斯四者
*** 백이(伯夷)는 숙제(叔齊)의 형제입니다. 그들은 상나라 말기에 끝까지 군주에 대한 충성을 지킨 의인으로 유명합니다.

왕이 일어났다는 말을 듣고 말하기를, 내가 왜 문왕에게 돌아가지 않겠는가, 내가 듣기로는, 서백(西伯)*은 늙은이를 잘 봉양하는 사람이라 한다. 강태공(姜太公)**이 또한 주왕을 피하여 동해 바닷가에 살았는데 문왕이 일어났다는 말을 듣고 말하기를, 내가 왜 문왕을 찾아가지 않겠는가, 내가 듣기로는 서백은 늙은이를 잘 봉양하는 자라 한다.***

이런 말들은 공자가 『논어』에서 자신의 이상사회는 '늙은이가 편안한 세상(老者安之)'이라고 말한 것을 문왕의 치적으로 구체화한 것입니다. 여기서 노인이 편안하다는 말의 의미를 『논어』 「향당鄕黨」편에 나오는 공자의 다음 모습을 통해 짐작할 수 있습니다.

고을 사람들이 술을 마실 적에 지팡이를 짚은 분이 나가면 따라 나가셨다. 고을 사람들이 굿을 할 적에는 조복을 입고 동쪽 섬돌에 서 계셨다.****

『예기』 「곡례」편은 "어른이 물으면 사양하지 않고 곧바로 대답하는 것은 예가 아니"*****라고 합니다. 연장자가 연소자에게 문의

---

* 서주 문왕의 과거 벼슬입니다.
** 강태공(기원전 1211~1072)은 문왕과 무왕을 도와 주나라를 건국한 일등공신이고 공을 인정받아 산동 지역을 분봉받고 제나라(齊國)를 건국하였습니다.
*** 伯夷辟紂 居北海之濱 聞文王作興 曰盍歸乎來 吾聞西伯 善養老者 太公辟紂 居東海之濱 聞文王作興 曰盍歸乎來 吾聞西伯 善養老者
**** 鄕人飮酒 杖者出 斯出矣 鄕人儺 朝服而立於阼階
***** 長者 問 不辭讓而對 非禮也

하면 연소자는 존경하는 자세로 대답해야 한다는 말입니다. 또한 맹자는 『맹자』「고자장구하」편에서 "천천히 행하여 어른을 뒤따르는 것을 공손하다 이르고, 빨리 행하여 어른을 앞서가는 것을 공손하지 않다고 말한다"*고 했습니다. 연소자가 연장자를 공손히 대해야 한다는 뜻입니다. 그리고 『맹자』「양혜왕장구상」편에서는 "나의 부모를 노인으로 대접하면 다른 사람의 노인에게 미치며, 나의 어린이를 대접하면 다른 사람의 어린이에게 미치며, 천하는 손바닥 위에서 움직일 수 있을 것"**이라고 했습니다.

이처럼 유교에서는 나이 차이에서 발생한 상하 관계를 기본으로 삼아, 자신보다 나이 많은 사람을 존경하고 효도를 행하며, 자신보다 어린 사람은 사랑으로 대해야 한다고 가르쳤습니다. 물론 동양 전통사회의 윤리 덕목인 삼강오륜 중 장유유서가 반드시 노인만을 존중하라는 것은 아닙니다. 하지만 분명 노인에 대한 존중을 요하는 덕목이었고, 부위자강(父爲子綱)이나 부자유친(父子有親)이 요구하는 효라는 덕목도 노인을 존중하는 문화에 기여했습니다.

『예기』의 노년

『예기』 49편 중 처음에 나오는 「곡례상曲禮上」편은 인생에 주어지는 의무를 나이에 따라 다음과 같이 다양하게 규정합니다.

---

* 　徐行後長者 謂之弟 疾行先長者 謂之不弟
** 　老吾老 以及人之老 幼吾幼 以及人之幼 天下可運於掌

태어나 열 살을 유(幼)라 하고 배우기 시작한다.

스무 살을 약(弱)이라 하고 관례(冠禮)를 올린다.

서른 살을 장(壯)이라 하고 아내를 둔다.

마흔 살을 강(强)이라 하고 벼슬을 한다.

쉰 살을 애(艾)라 하고 관정(官政)을 한다.

예순 살을 기(耆)라 하고 남을 지시하고 부린다.

일흔 살을 노(老)라 하고 가업을 자식에게 전한다.

여든 살과 아흔 살을 모(耄)라 한다.

일곱 살을 도(悼)라 하는데, 도(悼)와 모(耄)는 비록 죄가 있어도 형벌을 가하지 아니한다.

백 살을 기(期)라 하고 봉양하여야 한다.

대부는 일흔 살이 되면 치사한다.

만약 사직의 허락을 얻지 못하면 반드시 궤장을 하사받게 된다.

본국을 순행하며 일에 종사할 때는 부인을 수행하게 하고

사방을 나가 다닐 때에는 안거를 타고

스스로 노부라고 일컫는다.*

그런가 하면 『예기』 「내칙(內則)」 편은 사람의 나이별 모습을 다음과 같이 구분하기도 합니다.

---

* 人生 十年曰幼 學, 二十曰弱 冠, 三十曰壯 有室, 四十曰强 而仕, 五十曰艾 服官政, 六十曰耆 指使, 七十曰老 而傳, 八十九十曰耄, 七年曰悼 悼與耄 雖有罪 不加刑焉. 百年曰期頤 大夫七十而致事, 若不得謝, 則必賜之几杖, 行役以婦人, 適四方乘安車, 自稱曰老夫

3. 고대 동아시아의 노년

쉰 살이 되면 노쇠하기 시작하고
예순 살이 되면 고기반찬 없이는 배부르지 않으며
일흔 살이 되면 명주옷이 아니면 따뜻하지 않고
여든 살이 되면 사람의 체온이 아니면 따뜻하지 않으며
아흔 살이 되면 비록 사람의 체온을 얻을지라도 따뜻해지지 않는다.*

이러한 구별은 적어도 서양에서는 보기 어려운 것입니다. 윌리엄 이안 밀러(William Ian Miller, 1946~)는 『잃어가는 것들에 대하여 Losing It』에서 "연령 집단을 표시하기 위해 10의 배수를 복수로 사용하기 시작한 것은" "19세기의 마지막 3분의 1에 이르러서"였다고 합니다(밀러, 24쪽). 그러나 이를 두고 서양보다 동양이 더 진보적이었다고 평하기보다는, 동양에서는 서양과 달리 일찍부터 나이에 따른 구분을 대단히 중시하였다 보는 편이 더 적합할 것입니다.

여하튼 앞서 본 『예기』의 '예순 살이 되면 고기반찬 없이는 배부르지 않다'라는 대목을 두고 국가가 노인을 고기로 봉양한다고 설명하는 견해**가 있으나 의문입니다. 정말 말 그대로 특정 나이에 나타나는 신체적 현상에 대한 설명이라 볼 수도 있고, 노인에 대한 사적인 의무와 예절을 말한 것으로 볼 수도 있기 때문입니다. 『예

---

*   五十始衰 六十非肉不飽 七十非帛不煖 八十非人不煖 九十雖得人不煖矣
**   홍성민, 「유교의 관점에서 본 노년의 사회적 의미와 양로의 정치학적 함의」, 『유교사상문화연구』 제55집, 2014, 53쪽.

기』는 자녀가 부모에게 지켜야 할 엄격한 예절을 포함하여 수많은 예절을 설명합니다. 가령 다음과 같은 예절은 내가 어릴 적부터 귀에 못이 박히도록 들은 것입니다.

> 무릇 남의 아들 된 자의 지켜야 할 예로는, 겨울에는 부모를 따뜻하게 해드리고 여름에는 서늘하게 해드리며, 저녁에는 부모의 주무실 잠자리를 정해드리며 새벽에는 아침 문안을 드리고 안녕히 주무셨는가를 살핀다. 동류와 평교간에 있어서는 다투지 않는다.*

> 남의 아들 된 자는 나갈 때에는 반드시 나간다고 아뢰고 돌아와서는 반드시 부모에게 낯을 보이며 노는 데는 반드시 일정한 곳이 있고, 익히는 것은 반드시 일정한 과업이 있으며 평상시의 언어에 자신을 늙은이라고 일컫지 않는다.**

『예기』 제45편 「향음주의鄕飮酒義」는 향리에서 잔치할 때의 예의를 다음과 같이 규정합니다.

> 예순 살 된 자는 앉고, 쉰 살 된 자가 서서 정치와 역사의 일을 듣는 것은 어른을 높이는 것을 밝히기 위함이다. 예순 살 된 자는 3두, 일흔 살 된 자는 4두, 여든 살 된 자는 5두, 아흔 살 된 자는 6두를 주는

---

*   凡爲人子之禮 冬溫而夏淸 昏定而晨省 在醜夷不爭
** 夫爲人子者 出必告 反必面 所遊必有常 所習必有業 恒言不稱老

것은 늙은이를 기르는 일을 밝히기 위함이다.*

이러한 '향음주의'를 가장 철저하게 시행한 나라가 조선이었습니다. 그러나 나이에 따라 차별 대우하는 데에 과연 무슨 좋은 의미가 있을까요? 과연 이를 "가시적인 방법"을 통하여 "자연스럽게 노인에 대한 공경심을 익히게 한 것"**이라고 볼 수 있을까요?

유교의 이상적 노인상

앞서 본 『예기』의 나이별 삶에 대한 서술은 『논어』의 「위정爲政」 편에 나오는 공자의 유명한 다음 말을 떠오르게 합니다.

나는 열다섯 살에 학문에 뜻을 두게 되었고, 서른 살에 우뚝 섰으며, 마흔 살에 유혹에 넘어가지 않게 되었고, 쉰 살에 천명을 알게 되었으며, 예순 살에 남의 말을 그냥 그대로 듣게 되었고, 일흔 살에 마음대로 해도 할 바를 넘어서지 않았다.***

이때 마흔 살에 유혹에 넘어가지 않는다는 것은 무슨 뜻일까요? 『논어』「양화陽貨」 편에서 공자는 '나이가 사십이 되었는데도 미움

---

*　六十者坐 五十者立侍以聽政役 所以明尊長也 六十者三豆 七十者四豆 八十者五豆 九十者六豆 所以明養老也
**　이승연, 「유가에 있어서 '노인'」, 『유교사상연구』 제42집, 2010, 220쪽.
***　吾十有五而志于學, 三十而立, 四十而不惑, 五十而知天命, 六十而耳順, 七十而從心所欲, 不踰矩

을 받는다면 그대로 끝날 뿐"*이라고 합니다. 또 『논어』「자한子罕」 편에서는 "새로 자라나는 젊은 생명들은 참으로 두려워할 만하다. 앞으로 올 생명들이 지금 세대보다 못하다고 누가 감히 말하는가! 사오십이 되어도 뚜렷한 족적이 없는 자, 이 또한 족히 두려워할 것 없는 자들일 뿐"**이라고 합니다. 그러나 나이 사십이나 오십에 공자가 말하는 경지에 이르는 사람들이 얼마나 될까요?

또한 쉰 살에 천명을 알게 된다는 것은 무엇을 뜻할까요? '천명을 안다'는 건 하늘의 뜻을 알아 그에 순응하거나 하늘이 부여한 최선의 원리를 안다는 뜻입니다. 마흔 살까진 주관적 세계에 머물렀으나 쉰 살이 되면 객관적이고 보편적인 세계인 성인(聖人)의 경지로 들어선다는 의미로 해석되기도 합니다. 그러나 공자는 초자연적인 하늘의 명령과 원리가 있는지 없는지 모른다고 했으므로 이러한 해석에는 문제가 있습니다.

그런데 공자는 『논어』「술이」 편에서 "쉰 살이 될 때까지 '역'을 배우게 된다면 큰 허물을 없게 할 것"***이라고 합니다. 이때 '역'을 배운다는 것을 '천명을 알게 되는 것'으로 볼 수도 있습니다. 또 『논어』「계씨」 편에서는 "군자에게는 두려워하는 것이 세 가지 있다. 천명을 두려워하고, 대인을 두려워하며, 성인의 말씀을 두려워해야 한다"****고 합니다. 이는 '자신의 분수를 알아 대인과 성인을 두려워한다'는 뜻으로 해석되기도 합니다. 중국에서는 이 말을 '쉰

---

* 年四十而見惡焉 其終也已
** 後生可畏 焉知來者之不如今也. 四十五十而無聞焉 斯亦不足畏也已
*** 五十以學易, 可以無大過矣
**** 君子有三畏. 畏天命, 畏大人, 畏聖人之言

살이 된 후에야 자신이 아무리 열심히 해도 원하는 결과를 얻을 수 없는 일이 있다는 사실을 알게 된다'고 해석합니다. 이는 앞서 본 『예기』에서 쉰 살에 몸이 쇠해지기 시작한다는 것과 관련됩니다. 즉 쉰 살을 넘기면 자신의 분수를 알아야 한다는 것이지요.

『예기』「곡례」편은 "일흔 살을 노(老)라 하고 가업을 자식에게 전한다"고 했습니다. 여기서 말하는 가업을 중국 남송의 유학자인 주희(朱熹, 1130~1200)는 제사권(祭祀權)이라고 보았는데, 전통사회에서 제사권은 재산권이기도 했습니다.

공자 당대에 70세 이상 노인들이 많았으리라고 생각되지는 않습니다. 공자는 72세에, 맹자는 83세에 죽었는데 이는 예외적으로 장수한 사례였을 것입니다. 특히 노비들이나 일반 백성들의 수명은 그들의 반도 되지 않았을 것입니다.

『논어』와 함께 중요한 유교 경전인 『대학』은 모든 이론의 기본이 되는 삼강령(三綱領)을, 밝은 덕을 크게 밝히고(明明德) 백성을 새롭게 하며(新民) 지극한 선에 이르는(止於至善) 것이라고 합니다. 또 맹자는 『맹자』「공손축하公孫丑下」편에서 "천하에 통하는 존중에 세 가지가 있다. 왕이 내린 관작이 하나고, 나이가 하나고, 덕이 하나다"라고 합니다.* 즉 벼슬과 나이가 가장 중요하다는 것이지요. 자손 대대로 벼슬하여 훌륭한 가문을 이루는 것이 군자의 최고 지향이자 유교의 최고 이상이었습니다. 공자가 십 년간 천하를 주유한 것도 벼슬을 받기 위해서였고, 공자의 제자들은 대부분 삼 년을 공부하여 벼슬을 받았습니다. 따라서 유교는 철저히 권력을 지

* 天下有達尊三 爵一, 齒一, 德一

향한 지배층의 처세술이었습니다. 역사상 가장 철저한 유교 사회였던 조선에서 양반에게는 군역이나 노역은 물론 세금까지도 면제해주면서 백성의 반 이상은 나라가 망할 때까지 노비로 두었던 것도 그러한 유교 지배술을 철저히 적용한 결과였습니다.

유교는 예에 근거한 덕치를 주장했지만, 그것은 지배층인 대부 이상에게만 적용되었습니다. 피지배 계층에게는 대신 엄격한 법치가 적용되었지요. 이 또한 유교가 지배층에게만 의미 있는 것이기 때문입니다. 『논어』「자로子路」편에서 공자는 도둑질한 아버지를 고소한 것이 부당하다고 주장합니다. 이를 군사부일체라는 유교 원칙과 접목하면, 왕이나 스승이 잘못을 저질러도 눈 감아줘야 한다는 말이 됩니다.

공자는 『논어』「공야장公冶長」편에서 "노인들을 편안하게 해주고 벗들에게는 신의를 지키며, 연소자들을 사랑하는"* 것이 이상적인 정치라고 합니다. 『논어』「헌문」편은 공자가 원양(原壤)이라는 고향 친구를 두고 "어려서 겸손하지 않았고, 자라서 착한 일 한 것이 없으며, 이제 늙어서는 죽지도 않고 있으니, 네가 바로 도적놈"**이라고 하며 지팡이로 정강이를 때렸다는 일화를 소개합니다. 원양은 어머니가 죽었을 때 관을 만들 나무 위에 올라서서 노래를 불렀다는 이야기로 보아 도가나 불가에 속한 사람일 수도 있습니다. 공자에게는 친구인 원양만이 아니라 부처나 노자, 장자도 도둑놈으로 보였을 것입니다.

---

*   老者安之, 朋友信之, 少者懷之
**   幼而不孫弟 長而無述焉 老而不死 是爲賊

동아시아 전통사회의 노인복지

보부아르는 『노년』에서 중국은 농업사회로 계급제도가 철저하여 정부는 물론 집안에서도 가장 나이 많은 사람들이 지배자였고, 젊은이들은 체념이나 절망으로 노인들의 권위를 받아들여야 했다고 했습니다. 또 공자는 늙음을 지혜와 동일시하여 노인의 권위를 정당화했다고 평했지요. 그 책보다 반세기 정도 뒤인 2016년에 나온 『나이듦 수업』은 첫 수업에서 전통사회 선조들의 성숙한 늙음 인식을 찬양하고, 청춘과 몸을 찬양하는 자본주의가 그것을 망쳤다고 비판하면서 노인이 지도자이고 현자인 어른이었던 과거처럼 살아갈 권리를 주장하자고 말했습니다.

『나이듦 수업』에 의하면 조선시대에는 노비도 열대여섯에 결혼하여 나이에 맞게 살았는데 20세기에 와 조혼이 금지되고 청년들이 일하거나 학교에 다니게 되며 그들의 에로스가 모두 노동력으로 바뀌었다고 합니다(고미숙 외, 24~25쪽). 조선시대에 노비들이 정말로 15~16세에 결혼했는지, 결혼 후에 '그 나이에 맞게' 살았는지는 의문이지만, 일단 노비는 태어나는 순간부터 죽을 때까지 노동력이었다는 점은 부정할 수 없습니다. 그러한 삶이 20세기의 학생이나 노동자보다 낫다고 생각할 수도 없고요. 조혼을 금지한 것도 단순히 노동력을 양산하기 위해서였다고 보기가 어렵습니다.

조선 초기에는 가능한 빨리 후손을 얻어 가계 계승을 안정시키려는 대가족 제도적 이유에서 혼인 연령이 낮아지는 경향이 있었습니다. 『경국대전』은 남자는 15세, 여자는 14세 이후에 혼인할 수 있으나, 부모 중 한 사람이 병들었거나 나이 오십을 넘었을 경우에는 자녀가 12세 이상만 되어도 관에 고하여 혼인할 수 있도록 했습니다. 이후 조선 말기의 개화 지식인들은 조혼을 타파해야 할 폐습이라고 주장했습니다. 지각이 생기기 전에 부모의 뜻대로 혼인하여 집안이 화목하지 못하고, 골격이 자라기 전에 혼인하여 자식들이 튼튼하지 못하며, 남자가 경제적 능력이 없는 상태에서 아내를 맞이하는 것은 염치없는 일이라는 등의 이유였지요. 1907년에는 남자 만 17세, 여자 만 15세 이상이 되어야 혼인할 수 있도록 하는 조칙이 내려졌지만 여전히 이를 지키지 않는 사람들이 있었습니다.

1912년 조선민사령은 남자 17세, 여자 15세를 혼인 가능 연령으로 정했고, 현행 민법 제807조는 남녀 모두 만 18세에 이르면 혼인할 수 있게 했으나, 실제 혼인 시기는 계속 늦어지는 추세입니다. 1920년대에는 남자 21세, 여자 18세, 1955년에는 남자 24.5세, 여자 20.4세, 1995년에는 남자 28.6세, 여자 25.5세, 2010년에는 남자 31.4세, 여자 29.2세로 갈수록 높아지고 있습니다. 2020년에는 남자 33.7세, 여자 31.3세로 세계적 수준의 만혼(晚婚) 경향을 보이고 있습니다.

『나이듦 수업』은 삼국시대나 조선시대에 사궁(四窮)이라 하는 환과고독, 즉 늙은 홀아비와 과부, 고아, 독거노인을 왕들이 구제했다고 하지만(고미숙 외, 25쪽), 실제로 그 '구제'가 어느 정도 수준이었는지는 의문입니다. 그 최초의 기록은 28년(유리왕 5년) 신라의 왕이 11월에 순행을 나갔다가 얼어 죽을 지경에 처한 노인을 발견하고 "이는 나의 죄"라고 하며 옷을 벗어 덮어주고 음식을 먹였다거나, 관리들에게 명하여 늙고 병들어 자활할 수 없는 사람에게 먹을 것을 주게 했다는 것입니다. 이러한 예를 파사왕·소지왕·선덕

3. 고대 동아시아의 노년

왕·성덕왕·경덕왕·흥덕왕 때는 물론 백제, 고구려, 고려, 조선에서도 찾아볼 수 있다고 합니다. 백제에서는 38년(다루왕 11년) 10월 왕이 동서부 지방을 순행하며 가난하고 자활할 수 없는 사람에게 곡식을 두 섬씩 주었다는 기록이 있습니다. 고구려에서는 118년 (태조 66년) 8월에 환과고독과 늙고 자활할 수 없는 사람을 위문하여 입을 것을 주었다는 기록이 있습니다. 백제의 비류왕과 의자왕, 고구려의 고국천왕과 보장왕 때에도 유사한 기록이 존재합니다.

『고려사절요高麗史節要』에 따르면 고려에서는 정종, 문종, 선종 등이 친히 구정에서 향연을 베풀고 80세 이상인 자를 모아 술과 음식, 옷, 다과를 주기도 했다고 기록합니다. 또한 태조는 부모가 80세 이상인 자들에게는 군역을 면해주기도 했습니다. 하지만 이 정도 선행을 두고 과연 노인을 '구제하였다' 평할 수 있을까요?

불교의 노년

불교에서는 생로병사(生老病死)를 사고(四苦)라 하는데, 그중 노를 심신이 쇠약해져가는 인생의 한 단계로 보고 그대로 받아들이라고 합니다. 부처는 어느 날 아침 일찍 제자들을 모아서 이렇게 말했다고 합니다.

> 매일 잠자리에서 일어나기 전에 이 다섯 가지를 기억하라.
> 나는 몸이 아프기 쉬운 편인데, 이에 대해 내가 할 수 있는 일이 없다.
> 나는 늙어가는 천성을 가지고 있고, 그걸 바꿀 수 있는 방법은 없다.
> 나는 죽을 운명이고, 모든 생명체는 결국 죽는다.

**내가 사랑하는 모든 사람, 내가 소중히 여기는 모든 것, 나 자신을 포함해서, 그 모든 것은 변화하는 본성을 가지고 있다.
내가 참으로 가진 것은 내 행동뿐이다.**

이 말을 들은 제자들은 어떤 기분이었을까요? 그들은 스승을 믿을 수 없다는 듯 바라보며 대답했습니다. "농담이시죠? 정말 우울하네요. 왜 우리가 그렇게 하루를 시작해야 하나요?"

그러자 부처는 말합니다. "매일 이 모든 일이 일어날 것임을 인정하고 그것을 피할 수 없음을 상기함으로써, 정신적으로나 감정적으로 삶에 대비하는 것이지. 그렇게 하면 어려움을 만나도 놀라지 않을 것이다. 너희가 그것을 다루어야만 한다는 사실은 여전하겠지만, 현실을 부정하는 데서 오는 충격과 분노의 고통만은 겪지 않아야 하지 않겠니? 그리고 이것이 보편적인 진실임을 이해한다면, 불행에 홀로 남겨진 것 같은 기분을 느끼지 않을 것이다."* 일종의 정신승리법인지 이해하기 쉽지 않습니다.

---

* https://www.goodtherapy.org/blog/Aging-Wisely-Insight-from-the-Buddha(2024. 7. 11 검색)

노자의 노년

『노자』 55장에서 노자는 말합니다.

> 삶을 더함을 상스럽다 하고 마음으로 기를 부리는 것을 강하다고 한다. 사물의 기운이 성하면 언젠가 쇠하게 되는 것은 그것이 도가 아니기 때문이다. 도가 아닌 것은 오래가지 못한다.*

'삶을 더함'은 억지로 삶을 증진시키려고 하는 욕망 충족의 행위로 나쁜 징조이고, '마음으로 기를 부린다'는 것은 그러한 욕망 충족의 양상입니다. 이러한 욕망 충족 행위는 몸의 조화로운 평형 상태를 무너뜨려 오래가지 못합니다.

이 앞에는 다음과 같은 말이 나옵니다.

> 품은 덕이 두터운 것은 비유하자면 갓난아이와 같다. 벌, 전갈, 독사가 물지 못하고 맹수가 덤벼들지 못하고 사나운 새가 낚아채지 못한다. 뼈가 약하고 근육은 부드럽지만 손아귀 힘은 세다. 남녀의 교합을 알지 못해도 발기하는 것은 정기가 지극하기 때문이다. 하루 종일 울어도 목이 잠기지 않는 것은 조화가 지극하기 때문이다. 조화를 아는 것을 일정불변이라 하고 일정불변을 아는 것을 밝음이라 한다.**

---

*   益生曰祥 心使氣曰強 物壯則老 謂之不道 不道早已
**   含德之厚 比於赤子 蜂蠆虺蛇不螫 猛獸不據 攫鳥不搏 骨弱筋柔而握固 未知牝牡之合而全作 精之至也 終日號而不嗄 和之至也 知和曰常 知常曰明

즉 노자에 의하면 늙음은 어린아이에게 가장 온전하게 보존된 생명의 조화를 깨트리는 것입니다. 그래서 『노자』 19장에서는 "본래의 바탕을 드러내고 순박함을 지녀 마음의 활동을 줄이고 욕망의 발동을 적게 하라"*고 권합니다. 따라서 잘 늙어가는 방법은 결국 무위입니다. 무위에 대해 『노자』 48장에서는 다음과 같이 말합니다.

학문을 하여 날마다 사사로움을 더하고 도를 닦으면 날마다 사사로움을 던다. 덜어내고 또 덜어내면 무위에 이른다. 도는 무위이지만 이루어지지 않음이 없다.

여기서 '덜어냄'이란 욕망을 줄임으로써 욕망의 구속에서 벗어나는 것입니다.

장자의 노년

장자는 욕망을 덜어내어 자아의 완성에 이른 사람을 '참된 사람', 진인(眞人)이라고 합니다. 그의 모습은 재능이 완전한 '재전(才全)'과 덕이 밖으로 드러나지 않는 '덕불형(德不形)'이라고 합니다. 『장자』 「덕충부德充符」에 따르면 재전과 덕불형이란 각각 다음과 같습니다.

---

*   見素抱樸 少私寡欲
**   爲學日益 爲道日損 損之又損 以至於無爲 無爲而無不爲

죽음과 삶, 가난함과 부유함, 현명함과 어리석음, 치욕과 명예, 배고픔과 목마름, 추위와 더위 따위는 사물의 변화이며 천명(天命)이 운행하는 것이다. 밤낮으로 앞에서 교대하는데, 인간의 지능으로는 그 시작을 헤아릴 수 없다. 그 때문에 마음의 평안을 어지럽혀서는 안 되며, 그런 것들이 마음속에 들어오지 않게 해야 한다. 마음을 조화롭고 즐겁게 하면 막힘없이 통하여 두루 소통되는 기쁨을 잃지 않게 되고, 그런 상태가 밤낮으로 지속되면 만물과 더불어 따뜻한 봄과 같은 조화의 상태를 이룬다. 이것이 만물과 접촉하여 마음속에서 자연의 변화와 함께하는 기운이 생동하는 상태다. 이를 재전이라고 한다.*

평평한 것으로는 정지하고 있는 물이 가장 성대하다. 그것이 기준이 될 수 있으니, 안에서 잘 보전되고, 밖으로 요동하지 않기 때문이다. 덕이란 완전한 조화를 이룬 것이다. 덕이 밖으로 드러나지 않는 사람은 다른 사물과 떨어지지 않는다.**

장자의 진인이란 노자의 어린아이와 같습니다. 다르다고 하면 어린아이는 자연의 덕을 본성으로 가진 최초의 상태인 것에 반해, 진인은 수양을 통해 이룬 성취이자 본래의 본성으로 되돌아간 상태라는 점입니다. 『장자』 「지락至樂」에서도 장자의 진인을 찾아볼

---

* 　死生存亡 窮達貧富 賢與不肖 毁譽寒暑渴暑 是事之變 命之行也 日夜相代乎前 而知不能規乎其始者也 故不足以滑和 不可入於靈府 使之和豫通而不失於兌 使 日夜無郤而與物為春 是接而生時於心者也
** 　平者 水停之盛也 其可以為法也 內保之而外不蕩也 德者 成和之修也 德不形者 物不能離也

수 있습니다. 아내가 죽자 장자는 항아리를 두드리며 노래 부릅니다. 제자인 혜자가 그 모습을 보고 비난하자 장자는 말합니다.

아내가 죽은 직후에야 나라고 어찌 슬프지 않았겠나? 하지만 그 근원을 살펴보면 본래 삶이란 없었다. 삶만 없었던 것이 아니고 형체마저 없었다. 형체만이 아니라 기조차 없었다. 흐릿하고 아득한 속에 섞여 있다가 그것이 변하여 기가 있게 되고, 그 기가 변하여 형체가 생겼으며, 형체가 변하여 생명이 생겼고 이제 다시 변하여 죽은 것이지. 이는 봄, 여름, 가을, 겨울 사계절이 서로 자리를 바꾸며 운행하는 것과 같아. 그 사람은 천지라는 거대한 방 속에서 편안히 잠들어 있는 것이야. 그런데 내가 큰 소리로 운다면 스스로 하늘의 명에 통달하지 못한 것이라는 생각이 들어 곡을 그친 것이네.*

『장자』「추수」편은 늙어서 생명을 자연으로 온전히 되돌리는 방법으로 '외부의 사물로써 자신을 해치지 않게 해야 한다'**고 말합니다. 외부의 사물이란 돈, 명예, 권력과 같이 본래적인 자아 외의 것들로, 욕망의 대상이 되어 온전한 생명을 해치는 것을 말합니다. 장자는 나아가 내면 수양을 위해 좋아하고 싫어하는 등의 '정감을 없애야 한다(無情)'고 하며, 희로애락에서 벗어나라고 말합니

---

* 是其始死也,我獨何能无槪然! 察其始而本无生,非徒无生也而本无形,非徒无形也而本无氣. 雜乎芒芴之間,變而有氣,氣變而有形,形變而有生,今又變而之死,是相與爲春秋冬夏四時行也. 人且偃然寢於巨室,而我교교然隨而哭之,自以爲不通乎命,故止也
** 不以物害己

다. 『장자』「대종사大宗師」편에서는 "자연은 우리에게 모습을 주었다. 우리에게 삶을 주어 수고하게 하고, 우리에게 늙음을 주어 편하게 하며, 우리에게 죽음을 주어 쉬게 한다. 그러므로 스스로의 삶을 좋다고 하면 스스로의 죽음도 좋다고 하는 셈이 된다"*고 하여 삶과 늙음과 죽음에 동등한 가치를 부여합니다. 『회남자淮南子』「숙진훈俶眞訓」편에도 같은 뜻의 구절이 나옵니다.

이 세상은 나에게 모습을 주어서 그 위에 실어놓았고 내게 삶을 주어서 수고롭게 하며 또 내게 늙음을 주어 편하게 해주며 마침내 죽음을 주어 나를 쉬게 한다.**

---

*   夫大塊載我以形 勞我以生 佚我以老 息我以死 故善吾生者 乃所以善吾死也
**   大塊載我以形 勞我以生 逸我以老 休我以死

4
고대 그리스의 노년

그리스 신화의 노년

앞서 본 길가메시 전설의 세대 갈등은 그리스 신화에서 크로노스(Krónos)가 자기 아버지이자 최초의 남신인 우라노스(Ouranos)를 죽이고 권력을 잡는 것으로부터 시작합니다. 기원전 7세기경 활동한 고대 그리스의 서사시인이자 작가로 호메로스와 함께 고대 그리스의 신화와 문학에서 중요한 역할을 한 헤시오도스의 『신통기』에 의하면 태초에 카오스가 있었고, 그 뒤 가이아와 에로스가 있었습니다. 가이아는 스스로 첫 번째 자식 우라노스를 낳고, 이후 그를 남편으로 맞아 자식들을 낳습니다. 그런데 그들 중 흉측한 괴물들이 나오자 우라노스는 이를 수치스럽게 여겨 전부 타르타로스에 감금합니다. 아무리 괴물이라 해도 자식들인데 지하에 가두고, 그리고 나서도 또다시 자신을 임신시키려 하다니! 가이아는 우라노스에게 분노하여 복수를 다짐합니다. 그리하여 자신의 몸속을 흐르는 광맥에서 낫을 만들고는 자식들을 불러 모아 말합니다. 우라노스에 반기를 드는 자식에게 일인자의 자리를 주겠다! 모두가 우라노스를 두려워하여 나서지 못하고 있을 때에 막내 크로노스가 가이아를 돕겠다고 나섭니다. 가이아는 기뻐하며 크로노스에게 자신의 낫을 주어 우라노스를 거세하게 하지요. 우라노스뿐만이 아닙니다. 나이 든 티탄족 신들은 모두 타락하고 사악하여 항상 젊고 강인한 올림포스 신들에게 정복당하지요.

크로노스는 누이인 레아와 결혼하는데, 그와의 사이에서 낳은 자식들을 태어나는 족족 계속 집어삼켜버립니다. 자신도 아버지처럼 자기 자식에게 당하리라는 예언을 받았기 때문입니다. 그러나 막내 제우스만은 크로노스의 손아귀에서 벗어나 무사히 장성합니다. 크로노스가 속임수에 넘어가 제우스 대신 커다란 돌을 삼켰기 때문입니다. 제우스는 메티스의 도움을 받아 크로노스에게 약을 먹여 삼켰던 형과 누나들을 토해내게 합니다. 그리고 티타노마키아에서 승리하여 크로노스를 몰아내지요.

그리스 신화의 신들은 늙지도, 죽지도 않습니다. 따라서 그들을 통해 늙음에 대한 신화를 볼 수는 없습니다. 그러나 신들의 이야기는 곧 인간의 소망을 드러내지요. 늙음에 대한 인간의 불만이 늙지 않는 신들로 나타난 것입니다. 그리스 신화에서 인간의 노년은 처음부터 끝까지 항상 저주로 여겨집니다. 헤시오도스는 『노동과 나날』에서 판도라가 인간들에게 "노년이 가져다주는 잔인한 병들을 심었으니, 비통하게 빨리 늙어버리는 것이었다"고 말합니다. 그러한 저주 이전에 인간은 "노동도, 고통도, 잔인한 노년도 알지 못했다. 그들은 언제나 팔과 다리가 건장했고, 마치 잠들듯이 죽었다"면서요. 늙음은 인간에게 노동이나 고통과 같은 불행이었습니다.

설령 영생을 누린다 해도 늙는다면 아무런 소용이 없었습니다. 『일리아스』에 나오는 트로이의 마지막 왕 프리아모스의 형제 티토노스가 그랬습니다. 새벽의 여신 에오스는 출중한 미남자인 그를 사랑해 제우스에게 그에게 영생을 달라고 부탁했습니다. 하지만 불로를 구하는 것을 깜빡한 탓에 티토노스는 영원 속에서 갈수록 추하게 늙어가다 결국 매미 또는 귀뚜라미가 되고 말았다는 것입니다.

한편 제우스는 가니메데스라는 소년에게 반하여 독수리를 시켜서, 혹은 본인이 독수리로 변신하여 그를 납치한 뒤 불로불사의 몸으로 만들어 신의 반열에 올려줍니다. 수많은 여신 및 인간 여성들과 관계를 맺고 아이를 낳은 뒤에는 바로 관계를 끊어버렸던 것과는 달리 동성인 가니메데스만은 불로불사의 신으로 만들어준 것입니다.

회춘이 최고의 효도임을 보여주는 이야기도 있습니다. 아이손은 테살리아의 이올코스를 세운 왕 크레테우스의 아들로 아버지 사후 왕이 되는데, 어머니가 결혼 전에 낳은 이복형제 펠리아스에 의해 왕위를 찬탈당하고 동굴에 갇힙니다. 그의 어린 아들 이아손은 멀리 보내지지요. 스무 살이 되어 돌아온 이아손이 왕위 계승권을 주장하자 펠리아스는 황금 양모를 가져오면 왕위를 주겠다고 말합니다. 이아손은 이 황금 양모 원정에 성공하고 메데이아를 아내로 삼아 돌아오는데, 메데이아는 마법을 써서 늙은 아이손의 목을 따고 피를 뺀 후 새로운 피를 넣어 그를 회춘시킵니다.

호메로스의 노년

호메로스의 『일리아스』와 『오디세이아』에는 수많은 젊은 영웅들이 등장합니다. 『일리아스』에서 눈에 띄는 노인은 아킬레우스와 함께 양대 주인공이 되는 헥토르의 아버지 프리아모스입니다. 프리아모스는 인품은 훌륭하지만 이미 고령인지라 무력한 노인입니다. 그는 아들 파리스의 실책에 잘못 대처해 나라를 말아먹은 왕, 헥토르보다 현명하지 않은 왕입니다. 『일리아스』를 영화화한 〈트로이〉에서 프리아모스는 중요한 조연으로 나옵니다. 메넬라오스는 전쟁의 원인이 되는 헬레네의 남편이자 스파르타의 왕인데, 〈트로이〉에 노인으로 나오지만 소설에서는 젊은 미남자로 나옵니다.

『일리아스』에 등장하는 다른 노인들은 영화에 거의 나오지 않습니다. 가령 필로스의 왕 네스토르가 있습니다. 그는 트로이 전쟁에 참전한 아카이아 연합군의 장수 중 최연장자로, 현명하여 그리스군의 두뇌 역할을 하고 온화한 인품으로 존경받는 노인입니다. 육체적 기량은 당연히 쇠약하여 그리스군 승리의 주축은 아니지만, 꾀를 짜내는 능력이 출중하지요. 오만하고 잔혹한 아가멤논이나 아킬레우스도 네스토르만은 절대 무례하게 대하지 않으며, 네스토르가 둘 사이를 중재하여 화해시키는 일도 많습니다. 그러나 네스토르는 어디까지나 예외일 뿐입니다. 네스토르가 그 세계에 등장할 수 있었던 이유는 그가 젊은 시절에 영웅이었기 때문입니다. 이처럼 영웅의 세계에서 노인들이 무시당하지 않는다면 그것은 그들이 귀족 출신이기 때문입니다.

꾀를 짜내는 재주는 『오디세이아』의 주인공 오디세우스가 네스토르를 앞섭니다. 오디세우스는 젊고 영리한 반면, 네스토르는 늙고 현명합니다. 오디세우스는 신과 접점이 매우 많지만, 네스토르는 전무합니다. 둘 다 스파르타 왕인 메넬라오스와 함께 신이 노하기 전에 귀향하려고 하지만, 오디세우스는 가장 힘들게, 가장 늦게 귀향하고, 네스토르는 가장 먼저 편안하게 귀향합니다.

『오디세이아』에서 회의를 시작하자 당연하다는 듯이 네스토르가 가장 먼저 발언하는데, 주제는 '이십 년 동안 돌아오지 못한 오디세우스와 이타카의 젊은이들의 소식이 있는가'입니다. 이는 그리스의 노인 및 연장자에 대한 태도나 사회적 인식 등을 알 수 있는 좋은 표본입니다. 오디세우스의 아들 텔레마코스가 아버지의 행방을 물으러 찾아오자 네스토르는 그를 환대하고, 막내아들 페이시스트라토스까지 딸려 보내 메넬라오스를 찾아가라고 친절히 조언해줍니다.

그런가 하면, 아버지보다 현명한 아들들도 있습니다. 오디세우스는 그에게 왕위를 물려준 아버지 라에르테스(Laertes)보다 현명한 인물로 그려집니다. 라에르테스는 오디세우스가 트로이 원정에 나섰을 때는 시골에서 농사짓고 있었으나, 아들이 귀국한 후에는 아테나 여신의 마법으로 활력을 되찾아 안티노스의 아버지 에우페이테스를 죽입니다.

고대 그리스 의학의 노년

고대 그리스인들은 일반적으로 노화를 혐오하고 노인을 싫어했습니다. 노화와 노인은 그리스인들이 매우 소중히 여기는 젊음과 활력의 쇠퇴를 의미하기 때문입니다. 그러나 나이 든 전사, 원로 철학자, 정치가는 일반적으로 좋은 대우를 받았습니다. 또한 육체적 이상을 가장 중시하는 스파르타인들은 아이러니하게도 노인 시민의 지혜를 가장 중시하는 사람들이었습니다. 기원전 7세기에 도시

국가를 통제하고 지역사회 문제를 관리하기 위해 60세가 넘은 남자 28명과 두 명의 왕으로 구성된 장로회 게루시아를 설립했음을 앞서 보았습니다.

기원전 6세기 그리스의 철학자 피타고라스는 네 가지 요소(흙, 불, 공기, 물)와 그에 상응하는 특성(건조, 더움, 추위, 습함)과 계절(가을, 여름, 봄, 겨울)이 네 가지 체액(혈액, 가래, 황담즙, 흑담즙)의 기초를 형성한다는 생각을 대중화했습니다. 이 이론의 핵심은 네 가지 체액이 균형을 이루면 사람이 건강하고, 불균형해지면 기질에 변화가 일어나거나 질병이 생긴다는 것입니다. 뒤에 테오프라스토스(Theophrastus, 기원전 372~288)는 성격을 체액과 연결했습니다. 혈액이 과도한 사람은 다혈질, 가래가 많은 사람은 점액질이며, 황담즙이 너무 많으면 담즙질, 흑담즙이 너무 많으면 우울질 성격이 된다는 것입니다.

'의학의 아버지'로 불리는 기원전 4세기경의 인물 그리스의 히포크라테스(Hippocrates of Kos, 기원전 460~370)는 사람이 유한한 양의 선천적 열 또는 생명력을 가지고 있다고 가정하는 노화 이론을 개발했습니다. 각 개인은 이 힘을 고유한 속도로 사용하며, 열을 보충할 수 있지만 이전 수준까지 완전히 보충할 수는 없습니다. 따라서 이 저장량은 사망할 때까지 감소하고, 노화의 징후는 이러한 손실의 결과라고 했습니다. 선천적 열의 손실은 초자연적 영향이나 멈출 수 있는 일이 아니라 사물의 자연스럽고 정상적인 과정으로 여겨졌습니다. 히포크라테스는 자연에 맞서기보다는 자연을 도와야 한다고 생각했으며, 장수하려면 절제하고 일상 활동을 유지하라는 조언을 남겼습니다.

고대 그리스 시에 나타난 노년

밈네르모스(Mimnermus, 기원전 630~600)는 기원전 7세기에 활약한 그리스의 서정시인입니다. 주로 사랑 시로 유명한 그는 "예순 살에 질병과 근심 걱정 없이 죽을 수 있었으면 좋겠다"고 하면서 그 이유를 다음과 같이 노래합니다.

> 황금 아프로디테가 없다면 인생은 무엇이고, 무엇이 달콤할까?
> 시간도 없이 사는 것보다는 죽는 것이 훨씬 나을 것이다.
> 사랑의 임무와 부드러움과 침실의 선물,
> 젊음에게 탐나는 꽃을 피우게 하는 모든 것,
> 남성과 여성 모두. 하지만 괴로움이 찾아오면
> 늙으면 아름다운 외모도 추악함으로 변한다.
> 그리고 끝없는 불안으로 마음은 지쳐간다.
> 태양 빛 아래에는 더 이상 기쁨이 없다.
> 아이들에게는 증오가 있고 여자에게는 존경심이 없다.
> 하나님께서는 우리 모두를 위해 노년을 너무나 어렵게 만드셨다!

이에 대해 그리스의 일곱 현자 중 한 명이며 아테네 민주주의의 기초를 놓은 정치가 솔론(Solon, 기원전 630~560)은 다음과 같이 노래합니다. 다음 시에서 나오는 '이 말'이란 앞서 본 밈네르모스의 시를 말합니다.

> 그러나 지금이라도 너희가 내 말을 듣거든 이 말을 삭제하라—
> 내 생각이 너희 생각보다 낫다고 해서 기분 나빠하지 마라.

그리고 리기아스타데스(Ligyaistades)는 밈네르모스의 말을 바꾸어 다음과 같이 노래합니다.

내 운명의 죽음이 여든에 오길 바란다.

솔론은 바람직한 수명은 80세라고 하면서 자기는 나이가 많아도 끊임없이 배운다고 합니다. 정치가인 그의 관심은 정치에 있었습니다. 당시의 정치 상황은 아리스토텔레스의 『아테네 헌법Athenaion Politeia』에서 다음과 같이 묘사되었습니다.

귀족과 평민 사이에 오랫동안 갈등이 있었다. 모든 면에서 과두제였으며 특히 가난한 사람들은 아내와 자녀들과 함께 부자들의 노예가 되었다. 〔중략〕 모든 땅은 소수의 수중에 있었고, 사람들이 임대료를 내지 않으면 그들과 그들의 자녀들은 노예로 잡혀갈 수 있었다. 솔론 시대까지는 모든 대출에 대한 담보가 채무자의 감옥이었다. 솔론은 최초의 민중 챔피언이었다. (2.1-3)

솔론은 채무노예제도를 금지하고 노예로 삼았던 모든 아테네인을 석방하는 개혁을 했습니다. 그러나 실제로 석방된 노예들은 거의 없었습니다. 그는 귀족과 서민 사이를 중재하고자 했으나, 실제로는 귀족계급과 원로들에게 특혜를 주었습니다. 그 결과 그들의 부는 해가 갈수록 불어났으므로 당시의 최고 지배층은 청년이 아니라 노년이었습니다.

클레이스테네스(Cleisthenes, 기원전 570~미상) 이후 아테네에 민주화가 이루어져 구세대는 특권을 잃었지만, 그 지위만은 유지되었습니다. 가령 부모에게 옳지 못한 행동을 하여 고소당한 자식들은 60세 이상 노인으로 구성된 법원에서 재판받아야 했습니다.

고대 그리스 비극의 노년

대부분 귀족적인 내용의 그리스 비극에서 노인은 존경받는 존재, 위대하고 고상한 존재로 등장합니다. 아이스킬로스(Aeschylus, 기원전 525~455)의 비극에서 노인들은 젊은이들에게 조언합니다. 소포클레스의 비극에서도 노인들은 중요한 정치적 업무를 수행하고 국가 위기 시에 외교 사절로 활동합니다. 에우리피데스의 비극에서도 마찬가지입니다.

그럼에도 노인은 서글픈 존재로 묘사됩니다. 가령 아이스킬로스(Aischylos, 기원전 525~456)의 〈아가멤논 Agamemnon〉 첫 부분에서 노인들은 다음과 같이 합창합니다.

> 하지만 우리는 찢어진 살로 서 있다.
> 아무런 쓰임새도 없이 늙고,
> 무기를 잡는 데서 제외되어,
> 어린애 같은 기력을
> 지팡이에 기대어 살아가네.
> 흉골에서 어린 소년의 활력이
> 뛰어오르지만
> 그것은 샘솟자마자 끊어져버리네.
> 전쟁의 신 아레스의 자리는 여기에 없다. 늙은이란 무엇인가?

그의 나뭇잎들은 바싹 말라가고
고되고 긴 길을 세 발로 걸어간다.
대낮의 꿈처럼, 이리저리 헤매네.

소포클레스는 〈오이디푸스왕Oedipus Rex〉에서 아버지를 죽인 뒤 어머니를 아내로 삼아 자식을 낳았다는 사실에 절망한 주인공에게 다음과 같이 말하게 합니다.

이 불쌍한 오이디푸스 유령을 불쌍히 여기소서!
사실 그것은 더 이상 이전의 살아 있던 몸이 아니기 때문
내 몸은 이제 누군가에게 이끌리지 않고서는
혼자 걸을 기력도 없소.

에우리피데스는 〈트로이의 여인들Trōiades〉에서 트로이전쟁이 끝난 뒤 트로이의 왕비이자 늙은 여왕 헤카베(Hecabe)가 자신의 무능력을 "아무짝에도 쓸모없는 말벌!"이라는 말로 저주하게 합니다. 패전국 여인들은 성적 노리개로 끌려가고 살아남은 자식들마저 희생 제물로 바쳐져 죽임당해야 했기 때문입니다. 이 작품은 전쟁의 참상과 모든 것을 잃고 고통으로 신음하는 인간 존재의 덧없음을 여실히 보여줍니다.

고대 그리스 희극의 노년

에우리피데스 이후 반세기가 지나 그리스는 아리스토파네스와 함께 희극의 시대를 맞이했습니다. 당시는 클레온(Kleon, 미상~기원전

422)이 상류층과 싸우던 시절이었는데, 귀족주의자 아리스토파네스는 그런 그를 미워했습니다. 그래서 젊은이들에 대항하여 노인들을 옹호하기도 했으나, 반대로 비웃기도 했습니다. 노인을 조롱받는 존재로 희화화한 이유는 당시의 관중 대부분이 아테네 근교의 소지주들로서 클레온에 반대하는 사람들이고, 노인 가장에게 복종하는 것을 괴롭게 생각했기 때문이었습니다.

아리스토파네스의 〈구름〉에서 노인 스트렙시아데스는 아들의 낭비벽으로 생긴 빚을 떼어먹을 방법을 얻고자 소크라테스를 찾아갑니다. 당시 소크라테스는 47세로, 40세 이후 청년 교육에 종사한 지 얼마 되지 않은 시기였습니다. 〈구름〉의 소크라테스는 위대한 철학자가 아니라 말장난이나 하는 사이비 선생에 불과합니다. 소크라테스는 스트렙시아데스에게 빚을 갚지 않을 방법을 가르치지만 노인에게는 너무나 어려웠던 모양입니다. 그래서 소크라테스는 말합니다.

숨결과 혼돈과 대기에 맹세코
나는 아직도 저렇게 무능하고
어리석은 멍텅구리는 본 적이 없어.
까마귀 고길 먹었나. 한두 마디도 못 외우고
금세 잊어버리니….
어쨌든 저자를 여기 해가 쬐는 곳으로 불러내자.
스트렙시아데스, 이불을 가지고 나오세요!*

---

*　천병희가 번역한 『아리스토파네스 희극전집』에서는 소크라테스가 '나이 지긋

노인도 "늙고 건망증이 심하고 느림보인 내가 / 어떻게 날카로운 논리의 세밀한 구석구석까지 다 배울 수 있나?"라고 하면서 아들을 대신 보냅니다. 그러나 아들이 학원을 나와서 아버지를 구타하고 제우스를 부정하자 화가 난 스트렙시아데스는 소크라테스의 집에 불을 지릅니다. 〈구름〉은 기원전 423년 연극 경연에서 꼴찌인 3등을 했습니다.

아리스토파네스의 〈벌〉은 아테네의 배심원 제도를 풍자한 희극입니다. 당시 지배자인 클레온 측의 필로클레온은 재판광으로, 그 아들인 브델리클레온(그는 아버지와 달리 반클레온파입니다)은 그런 아버지의 병을 고치려다가 결국 아버지를 집에 감금하게 됩니다. 브델리클레온은 말로는 아버지를 부양하겠다고 약속하지만, 사실 효심은 없습니다.

나는 핥아먹을 죽, 부드럽고 두터운 망토, 염소 가죽 외투, 그의 성기와 허리를 애무하는 매춘부 등 노인에게 적합한 것은 무엇이든 제공하면서 그를 부양할 것이다.

아버지는 그런 아들을 비난합니다.

현재 나는 내 재산을 통제하지 못한다. 왜냐하면 나는 어리고, 면밀

한' 스트렙시아데스에게 말을 놓고 스트렙시아데스는 소크라테스에게 말을 높이는 것으로 나오지만, 사실 둘의 나이는 비슷했거나 아들을 둔 스트렙시아데스가 소크라테스보다 나이가 많았을 수도 있습니다.

히 감시받고 있기 때문이다. 내 아들 녀석이 나에게서 눈을 떼지 않는다. 그는 심술궂은 데다가 인색하고 탐욕스럽다.

여기서 부자 관계는 완전히 뒤집혀 있습니다. 스스로 어리다고 하는 아버지의 말은 고대 그리스·로마에서 회자된 '노년은 제2의 유년'이라는 격언을 연상하게 합니다. 또한 이 작품은 배심원의 권력은 환상에 불과하며, 늙은 배심원들은 자신의 이익만을 추구하는 정치가들에게 조종당하고 클레온의 허수아비로 그에게 놀아나는 어리석은 존재에 불과하다는 식으로 비판합니다.

아리스토파네스의 〈리시스트라타Lysistrata〉에서는 여성들이 전쟁을 중단시키기 위해 성관계를 거부하기로 결의하고 성에 갇힙니다. 노인들은 이에 반대하여 성을 탈환하려 하는데, 도리어 젊은 여자들을 희롱하여 여성들에게 빈축을 산다는 내용입니다.

플라톤과 아리스토텔레스의 노년

플라톤은 아리스토텔레스의 스승이지만 두 사람은 다른 분야에서와 마찬가지로 노년에 대해서도 상반된 견해를 보입니다. 단적으로 말하면, 플라톤은 노인을 존중하지만 아리스토텔레스는 그러지 않습니다. 이는 플라톤이 관념주의자인 반면, 아리스토텔레스는 경험적 현실주의자라는 점과도 관련 있겠으나, 각자가 경험한 노인에 대한 인상에서 비롯되었는지도 모르겠습니다.

다들 아시다시피 플라톤은 소크라테스의 제자입니다. 소크라테스는 기원전 470년경에, 플라톤은 기원전 427년경에 각각 태어났으니 두 사람 사이에는 약 43년의 나이 차이가 있습니다. 두 세대 차이이니 거의 할아버지와 손자뻘이지요. 실제로도 그랬습니다. 플라톤이 20세에 소크라테스의 제자가 되었을 때, 그는 62세로 이미 노인이었으니까요. 399년, 소크라테스가 71세로 죽을 때 플라톤은 28세였습니다. 플라톤은 스승 사후에 제자로 지낸 팔 년간 소크라테스의 행동과 말을 여러 편의 '대화'로 썼습니다. 그중 가장 위대한 대화로 꼽히는 『국가』는 기원전 380년경, 플라톤이 47세일 때에 쓰였습니다.

한편 아리스토텔레스는 기원전 384년에 태어났으니 플라톤과 마찬가지로 각자의 스승과 43년 차이가 난다는 점은 같지만, 플라톤이 모든 대화편의 주인공을 소크라테스로 삼은 것과 달리 아리스토텔레스는 플라톤을 주인공으로 삼은 대화편을 쓰지도 않았고, 이데아론을 비롯한 스승의 사상을 부정하는 입장이었습니다. 즉 소크라테스와 플라톤이 일심동체였다면, 플라톤과 아리스토텔레스는 이심별체(二心別體)였다는 것이지요. 그러니 흔히 그리스 고대철학의 3거두를 사제관계로 설명하는 것은 문제가 있습니다.

여하튼 플라톤은 나쁜 현실을 좋게 보고 묘사한 반면, 아리스토텔레스는 나쁜 현실을 있는 그대로 묘사했습니다. 따라서 그들이 살았던 당시 노인에 대한 진짜 객관적인 묘사는 플라톤의 것보다 아리스토텔레스의 것에 가까울 것이라고 할 수 있습니다.

플라톤『국가』의 노년

플라톤의 노년은 정치와 관련됩니다. 그는 아테네의 민주주의를 비판하고 스파르타의 과두제를 찬양했으나, 동굴에서 나와 이데아를 아는 가장 지혜로운 사람이 아니라 전쟁에 훈련된 자들을 행정관으로 뽑는 데는 반대했습니다. 청소년기부터 교육받은 오십 세 이상의 지혜로운 노인들이 통치해야 한다고 주장했지요. 그의 이데아 철학에 따르면, 인간의 진실은 이데아와 유사한 영혼에 있지, 겉모습에 불과한 육신에 있는 것이 아닙니다. 따라서 영혼은 나이와 무관하고 노쇠의 영향을 받지 않습니다. 도리어 식욕과 활기가 감소하며 영혼이 더욱 자유로워진다고 보았지요.

그래서 플라톤은 케팔로스(Cephalus)를 들어 노년을 찬양하는 것으로 『국가』를 시작합니다. 케팔로스는 존경받는 부유한 상인이었습니다. 그는 자기 집에서 아테네까지 8킬로미터도 걷기 힘들다고 하면서도 "육체적 삶에서 오는 기쁨들이 감소하는 대신, 정신적인 것에 관해서는 그 필요와 기쁨이 늘어난다"고 말합니다(1.328d). 늙음을 조금도 두려워하지 않았지요.

이에 노인들과 이야기하기를 좋아한다는 소크라테스는 "우리도 지나가야 할 길이 어떠한지, 거칠고 험한지, 아니면 쉽고 순탄한지 우리보다 먼저 그 길을 지나간 사람들에게 배우고자" 한다며, 케팔로스에게 나이 든 심정이 어떤지 묻습니다.

"산다는 것이 힘드신가요?" (1.328e)

그러자 노인들과 가끔 만난다는 케팔로스는 이렇게 대답합니다.

"우리가 만나면 대부분은 불평을 늘어놓기 시작해요. 그들은 젊은 시절의 즐거움을 그리워하며, 연애하고 술 마시고 잔치에 참석하던

일 등등을 회상하지요. 그러다가 지금은 더 이상 그렇게 할 수 없다는 것을 크나큰 상실로 여기고는 화를 내곤 하지요. 그때는 잘 살았는데 지금은 살아도 사는 것이 아니라고 생각하는 것이지요. 그들 중 몇몇은 자기들이 늙었다는 이유로 가족에게 괄시받는다고 투덜대며, 온갖 참상이 다 노년 탓이라고 읊어대곤 하지요." (1.329a)

하지만 케팔로스는 그것은 착각이라고 말합니다. 그 모든 문제가 정말로 노년 탓이라면 자신도 같은 경험을 했을 텐데 전혀 그러지 않았다는 것이지요. 그러면서 젊음에 대한 욕망에서 벗어난 소포클레스의 사례를 인용합니다.

"누가 시인 소포클레스에게 "선생, 그대의 성생활은 어떠시오? 그대는 아직도 여자와 동침할 수 있나요?"라고 물었을 때 나도 그 자리에 있었는데, 소포클레스는 "예끼, 이 사람. 그런 말 말게. 나는 거기서 벗어난 것이 얼마나 기쁜지 몰라. 꼭 미쳐 날뛰는 폭군에게서 간신히 벗어난 것 같다니까"라고 대답하더군요." (1.329c)

케팔로스는 노년이 되어 괴로운 것은 나이가 아니라 개개인의 성격 탓이라고 말합니다. 소크라테스는 그런 케팔로스에게 묻습니다. 당신이 노년을 쉽게 견디는 이유는 당신의 성격이 좋아서가 아니라 당신이 부자이기 때문이 아니냐고요. 케팔로스는 일리 있는 말이긴 하지만, "훌륭한 사람이라도 가난하면 노년을 견디기가 아주 쉽지 않겠지만, 훌륭한 사람이 아니면 부자라도 결코 마음 편히 살 수 없다"고 답합니다 (1.330).

이상의 대화는 욕망에서 벗어난 인간인 노인이 핵심적인 역할을 맡는 국가인 플라톤의 유토피아 '노인 정치'의 서론입니다. 이어 플라톤은 『국가』 3권에서 "다스리는 사람은 나이 든 사람이어야 하고, 다스림을 받는 사람은 젊은 사람이어야 한다"고 주장합니다(3.412c). 노인이 명령하고, 젊은이는 그 말에 복종해야 한다는 것이지요.

플라톤 『법』의 노년

플라톤은 80세에 쓴 『법』에서도 통치 권위의 원리를 다음과 같이 말합니다.

> **첫째**, 부모나 그 조상들이 그 자손을 지배한다.
> **둘째**, 출신 좋은 자가 미천한 자를 지배한다.
> **셋째**, 연장자가 연소자를 지배한다.
> **넷째**, 주인이 노예를 지배한다.
> **다섯째**, 강한 자가 약한 자를 지배한다.
> **여섯째**, 분별을 가진 자가 앎을 갖지 못한 자를 지배한다. (3.690ab)

즉 연장자는 연소자보다 우월하므로, 양친은 그 자녀들보다, 성인 남자는 여자나 어린이보다, 통치자는 국민보다 뛰어나다고 합니다. 또한 노령으로 쇠약해진 아버지나 할아버지, 어머니와 할머니보다 더 경건한 마음으로 숭배받을 자격이 있는 대상은 없다며 자식들에게 노부모를 존경하고 봉사할 의무를 강조합니다.

이어 젊은이들에게 최고 통치권을 부여해서는 안 된다면서, 그런 연유로 스파르타에서 리쿠르고스(기원전 800경~730)가 원로 28명의 권력을 왕들의 권력과 대등하게 하거나 감독관을 두게 했다고 말합니다. 스파르타의 전설적인 입법자 리쿠르고스는 델포이의 아폴론 신탁에 따라 스파르타 사회를 군국주의로 개혁했습니다. 플라톤은 그런 그를 찬양한 것입니다. 이 외에도 플라톤은 『법』제2권에서 60세 이상이 연회를 주재해야 한다고 규정하는 등 나이에 따른 복잡한 규제를 정했습니다. 가령 가무단은 30세까지로 구성하고, 30세에서 60세까지는 노래를 하며, 60세 이상의 노인들은 덕 있는 이야기들을 들려주어야 합니다. 또 40대 이후에야 "공동식사에서 향응을 받고 나이 든 사람들의 입교의식을 겸한 놀이"에 참가할 수 있다고 합니다(666b).

아리스토텔레스의 노년

반면 아리스토텔레스는 플라톤과 정반대 입장입니다. 그는 플라톤이 노년에게 인정하는 지혜는 물론, 정치적 능력도 인정하지 않습니다. 플라톤은 나이가 들어 몸이 쇠퇴하면 정신이 해방된다고 보았지만, 아리스토텔레스는 몸이 쇠퇴하면 정신도 쇠퇴한다고 합니다. 그래서 아리스토텔레스는 정치를 젊은이들에게 맡겨야 한다고 주장합니다.

아리스토텔레스는 『수사학』2권 13장에서 노년을 다음과 같이 묘사합니다.

> 한창때가 지난 노인의 성격은 대체로 젊은이의 성격과 상반되는 요소들로 이루어진다고 할 수 있다. 노인은 오랜 세월을 살며 종종 속

임당했거나 실수를 저질렀을 뿐더러 인생 전체가 실패작인지라 그 어떤 것에도 자신감이 없고 매사에 지나치게 활력이 부족하다. 노인은 의견만 많을 뿐 확실히 알지는 못하며, 우유부단한 나머지 언제나 '아마도'나 '어쩌면'을 덧붙인다. 노인은 무엇이든 그런 식으로 말하고 어떤 것도 단정적으로 말하지 않는다. 또한 노인은 심술궂다. 심술궂다는 것은 모든 것을 나쁜 측면에서 보기 때문이다. 노인은 불신하므로 의심하고, 경험 때문에 불신한다. 그런 이유로 그들의 사랑도 미움도 강렬하지 않으며, 그들은 (중략) 언젠가는 미워할 것처럼 사랑하고, 언젠가는 사랑할 것처럼 미워한다.

적나라한 표현을 아무 거리낌 없이 쏟아놓았지요. 돈에 과도하게 집착하는 노인에 대해서도 마찬가지입니다.

노인은 세상을 살아가느라 의기소침해진 탓에 좀스럽다. 노인은 위대하거나 비범한 것이 아니라 살아가는 데 필요한 것을 욕구하기 때문이다. 또한 노인은 인색하다. 재산은 이런 생필품의 하나일뿐더러 재산은 모으기 어렵고 잃기는 쉽다는 것을 경험으로 알기 때문이다.

아리스토텔레스가 생각하는 바람직한 모습은 "한창때의 사람"입니다. 한창때의 사람은 "절제 있되 용감하고, 용감하되 절제 있"습니다. 아리스토텔레스는 "젊은이는 용감하지만 절제가 없고, 노인은 절제는 있지만 비겁하다"고 말하며 그들에게는 절제와 용감 두 자질이 함께 갈 수 없다고 보았습니다. 그렇다면 아리스토텔레스가 말하는 한창때는 어느 때일까요? "몸은 30세에서 35세 사이가 한창때고, 혼은 49세쯤이 한창때"라고 합니다.

한창때의 사람들은 분명 젊은이와 노인의 양극단에서 벗어나 이 둘 사이의 중간 성격을 지닌다. 이 나이대 사람들은 지나치게 자신감을 갖거나(그것은 무모함일 테니까) 지나치게 소심하지도 않고, 양극단과 적정 거리를 유지하면서 모든 사람을 신뢰하지도 않고 모든 사람을 불신하지도 않으며 사실에 따라 판단한다. 그들은 고매한 것만을 위해서도 유익한 것만을 위해서도 살지 않고 이 두 가지 모두를 위해서 살며, 인색하지도 헤프지도 않으며 둘 사이에서 중용을 지킨다. (『수사학』 2권 14장)

히포크라테스가 죽고 약 1세기 뒤에 아리스토텔레스는 노화와 죽음에 대한 의학적 이론을 자세하게 설명했습니다. 그의 이론은 히포크라테스의 열이 삶의 필수적인 질이라는 관점을 바탕으로 합니다. 아리스토텔레스에 따르면, 살아 있는 모든 것은 영혼을 가지고 있습니다. 그 영혼의 자리는 심장에 있으며, 자연적인 열 없이는 존재할 수 없습니다. 영혼은 태어날 때 타고난 열과 결합되며, 영혼이 몸에서 살아남기 위해서는 열이 필요합니다. 삶은 영혼과의 관계에서 이 열을 유지하는 것으로 구성됩니다. 아리스토텔레스는 타고난 열을 연료가 공급되고 유지되는 불에 비유했습니다. 불이 연료가 고갈되거나 꺼질 수 있는 것처럼, 타고난 열도 꺼지거나 고갈될 수 있습니다. 열을 계속 생산하려면 연료가 필요하고, 연료가 고갈되면 노년과 마찬가지로 불꽃이 약해집니다. 약한 불꽃은 청춘의 강한 불꽃보다 더 꺼지기 쉽겠지요. 그대로 두면 연료가 고갈되어 불꽃이 꺼지고 그 사람은 노령으로 죽게 됩니다.

테오프라스토스의 노년

테오프라스토스는 고대 그리스의 철학자입니다. 플라톤과 아리스토텔레스의 제자였으며, 아리스토텔레스가 세운 뤼케이온 학원의 후계자이지요. '시간은 인간이 쓸 수 있는 가장 값진 것'이라는 말을 남긴 사람으로도 회자됩니다. 그러나 그는 '인간 성격 연구의 출발점이 된 최초의 고전'이라고 불리는 『성격의 유형들Characters』 27장 '만학도'에서 다음과 같이 말합니다.

> 만학도의 배움이란 자기 나이를 넘어서 공부에 열중하는 것으로 여겨질 수 있다. 가령 다음과 같은 사람들이다.
> 만학도는 나이 60세가 되어서 암송 구절을 외우지만 연회에서 낭독하려 들 때면 그 말을 잊어버린다.
> 또 자기 자녀에게 '우향우' '좌향좌' '뒤로 돌아'를 배운다.
> 또 영웅 축제에서 젊은 사람들과 횃불 경주를 다툰다.
> 또 헤라클레스 성소에 초대받으면, 외투를 벗어 던지고 황소의 목을 꽉 조여 붙잡고 들어 올리려 한다.
> 또 레슬링 경기장에 가면 그 어떤 제한도 없이 경기를 벌인다.
> 또 노래나 곡예를 보여주는 공연장에서 노래를 외운다며 공연이 서너 번 이루어지는 동안에도 내내 자리에 앉아 있다.
> 또 사바지오스 신 숭배 입회 제의에서, 사제가 자신을 입회제의 참여자들 중에서 가장 아름다운 자로 판단하기를 열망한다.
> 또 헤타이라에게 반하고 그녀의 방문을 난타해 때려 부수어서, 그녀

의 다른 애인에게 두들겨 맞고 재판하러 간다.

또 다른 사람의 말을 빌려 타고 시골로 가다가 고급 기마술을 연습하지만 떨어져서 두개골이 깨진다.

또 아이가 태어난 지 10일째 되는 축하일에는 자신과 함께 피리를 불어줄 수 있는 친구들을 초대한다. 또 자신의 수행원들과 내기 놀이를 한다.

또 아이들의 양육 선생과 활쏘기와 투창 던지기 겨루기를 하며, 선생은 어떻게 하는지 알지 못하니까 자신에게 배우라고 한다.

또 목욕탕에서 레슬링할 때 종종 허리 돌리기를 하는데, 이는 숙련가로 인정받기 위해서다.

또 여성이 가까이 있을 때 자신의 반주로 흥얼거리면서 춤추는 스텝을 연습한다.*

이러한 보기를 끝없이 제시할 수 있을 것입니다. 테오프라스토스는 노인들이 젊은이들처럼 열심히 배운다고 하지만 모두 꼴불견이라고 비웃고 있습니다. 여기서 사바지오스(Sabazios)는 프리기아인과 트라키아인의 디오니소스 신으로, 사바지오스교 입신자들은 몸에 점토 등을 바르고 육체미를 겨루거나 황홀한 춤, 신비한 의식, 극도의 육체적 쾌락 등을 즐겼습니다. 그래서 고대 그리스의 지식인들은 사바지오스 숭배에 부정적이었지요. 그리고 헤타이라(Hetaira)는 고대 그리스의 유명한 고급 매춘부들로, 그들의 애인은 당시 사회를 지배한 정치가나 장군 등이었습니다.

---

* 테오프라스토스, 김재홍 옮김, 『성격의 유형들』, 쌤앤파커스, 2019, 254~258쪽.

에피쿠로스의 노년

에피쿠로스(Epicurus, 기원전 341~271)는 가장 좋은 삶은 행복한 삶, 즐거움으로 가득 찬 삶이라고 했습니다. 특히 노년에 대해서는 '삶의 정점이며, 가능한 최고'라면서 철학하는 데에 나이는 아무런 상관이 없다고 했지요. 잠시 그의 말을 들어볼까요?

> **행운을 누린 사람은 젊은이가 아니라 잘 살아온 노인이다. 젊은이는 젊은 시절에 우연에 따라 많이 방황하며 믿음이 흔들리는 반면, 노인은 항구에 정박하여 진정한 행복을 지키기 때문이다.**

> **규모를 줄이고 노년의 여유로운 즐거움을 즐겨라.**

에피쿠로스는 선과 악은 인식을 수반하고, 죽음은 모든 인식의 박탈이라고 했습니다. 때문에 죽음이 우리에게 아무것도 아니라는 것을 믿는 데 익숙해지라고 권고했지요. 이를 올바르게 이해하면 불멸에 대한 갈망이 사라지고, 인생의 필멸성이 도리어 즐거운 것이 됩니다. 에피쿠로스는 『메노이케우스에게 보낸 편지*Letter to Menoeceus*』*에서 다음과 말했습니다.

> **삶에는 공포가 없습니다. 삶을 멈추는 데 아무런 공포도 없다는 것을 철저히 깨닫는 자들에게는 그렇습니다. 그러므로 죽음을 두려워한다고 말하는 사람은 어리석은 사람입니다. 그 일이 실제로 일어날**

---

* https://classics.mit.edu/Epicurus/menoec.html(2024. 8. 14 검색)

때 고통스럽기 때문이 아니라, 그 일이 일어날 가능성을 생각하면 고통스럽기 때문입니다. 죽음이 있을 때에는 아무런 성가심도 일으키지 않고, 기대에 근거 없는 고통만 일으킬 뿐입니다. 그러므로 가장 무서운 악인 죽음은 우리에게 아무것도 아닙니다. 왜냐하면 우리가 살아 있을 때에 죽음이 오지 않고, 죽음이 올 때는 우리가 없기 때문입니다. 그러므로 죽음은 산 사람에게나 죽은 사람에게나 아무것도 아닙니다. 왜냐하면 산 사람에게는 죽음이 없고 죽은 사람은 더 이상 존재하지 않기 때문입니다. 그러나 세상은 한때 사람들이 죽음을 모든 악 중 가장 큰 악으로 여겼으나, 다른 때는 그것을 인생의 악으로부터의 휴식으로 선택합니다. 현명한 사람은 삶을 폄하하지 않으며, 삶의 종말을 두려워하지 않습니다. 그에게는 삶에 대한 생각이 불쾌하지 않으며, 삶의 중단도 불쾌하지 않습니다.

따라서 삶의 필멸성은 제한된 수명에 더 많은 해를 더하는 것이 아니라, 불멸이 되고자 하는 소망을 없애줌으로써 도리어 즐거움을 주는 것입니다. 에피쿠로스주의자들이 단순한 음식을 즐기는 것도 마찬가지입니다. 음식에 여러 가지 향신료와 희귀한 별미를 더하는 대신, 음식이 특이하거나 비싸거나 귀할 것이라는 기대를 없애는 것입니다. 그래서 그들은 빵 한 조각을 가장 좋아합니다. 그것이 배고픔을 달래줄 수 있는 음식이자 완벽한 행복을 위해 필요한 전부라는 것을 알기 때문입니다. 에피쿠로스는 『메노이케우스에게 보낸 편지』에서 또 이렇게 썼습니다.

가난을 고통스러워하지 않는다면 평범한 음식도 값비싼 음식만큼이나 즐겁게 먹을 수 있습니다. 또 배고픈 입술에 빵과 물만큼 최고로 즐거운 것도 없습니다.

에피쿠로스에게는 모든 것이 그의 물질적 우주의 원자처럼 아주 깔끔하게 정리되어 있었습니다.

내가 아직 여기 있을 때 죽음은 없다. 죽음이 오면 나는 사라질 것이다. 그러니 무엇을 두려워할 것인가?

이처럼 죽음은 두려워할 것이 아니라고 주장한 에피쿠로스는 치료법도, 수술도, 진통제조차 없던 시대에 신장결석으로 죽었습니다. 그는 생애 마지막에 친구 이도메네우스에게 다음과 같은 편지를 썼다고 합니다. (하지만 그 진위 여부는 확실하지 않습니다.)

저는 제게 행복한 날, 제 인생의 마지막 날에 이 편지를 씁니다. 저는 소변을 볼 수 없는 고통스러운 무능력과 이질에 시달렸습니다. 특히 이질은 너무나 심해서 저는 격렬한 고통에 아무것도 할 수 없습니다. 하지만 제 모든 철학적 성찰을 떠올릴 때 찾아드는 마음의 명랑함이 이 모든 고통을 상쇄합니다. 저는 귀하가 메트로도로스의 아이들을 돌봐주시기를 간청합니다. 그 젊은이가 저와 철학에 보인 헌신에 걸맞은 방식으로요.*

---

* https://epicurus.net/en/idomeneus.html(2024. 8. 14 검색)

플루타르코스의 노년

플루타르코스는 노년이 50세부터라고 하며 가을에 비유한 점에서 아리스토텔레스에 가까웠으나, 『모랄리아』에 포함된 「늙어서도 나랏일에 참여해야 하는가?」*라는 글에서는(이 글이 과연 그의 글인가에 대해서는 의문이 있습니다) 다음과 같이 주장하여 그의 노년관이 플라톤에 가까움을 보여주었습니다.

카토는 우리가 노년에 속한 수많은 악에 비열함에서 오는 치욕을 자발적으로 추가해서는 안 된다고 말하곤 했다. 그리고 노인이 공직에서 물러나 여성에게 알맞은 집안일을 하거나 시골에서 추수하는 사람과 이삭 줍는 여성들을 감독하는 게으름과 비겁함, 나태함보다 더 수치스러운 것은 없다.

플루타르코스는 노인의 정치 참여를 적극 주장했습니다. 심지어 정치와 무관한 사람이라도 지금 당장 참여해야 한다고 했지요. 그리고 카토를 비롯하여 생애 마지막까지 정치에 참여한 사람들의 이름을 나열합니다.

플루타르코스는 루쿨루스(Lucullus)가 "군사 활동을 마친 후 목욕, 연회, 낮의 성교, 극도의 무관심, 새로운 건물 건립에 전념했으며 폼페이우스가 직책과 명예에 대한 사랑이 그의 나이에 적합하지 않다고 비난"한 것을 상기시킨 다음 폼페이우스가 "노인이 공

---

* https://penelope.uchicago.edu/Thayer/E/Roman/Texts/Plutarch/Moralia/An_seni_respublica_gerenda_sit.html (2024. 6. 27 검색)

직을 맡는 것보다 사치에 빠지는 것이 더 시기적절하지 않다고 말했다"고 합니다. 이어 "노인들과 함께 있는 아프로디테는 분노한다"고 하는 에우리피데스의 말을 상기시키면서 "자연은 모든 방법으로 추구하는 것이 당연하다. 쾌락과 즐거움에 있어서 노인들은 몇 가지 필수적인 쾌락을 제외하고는 모든 쾌락을 육체적으로 즐길 수 없다"고 하며 노인은 고고한 행실로 그에 대한 보상을 추구해야 한다고 주장합니다. 그리고 "노년기에 운동선수의 화환처럼 자신의 명성이 시들어가는 것을 허용하지 않고, 자신의 이전 행동에 대한 감사의 마음을 불러일으키기 위해 끊임없이 새롭고 신선한 것을 추가하여 더 좋고 오래 지속되도록 하는 것이 인간의 의무"라고 하지요. 플루타르코스에 의하면 노인들은 맹목적인 비판의 영향을 덜 받기 때문에, 그들이 권력을 잡으면 제도가 원활히 기능할 수 있습니다.

플루타르코스에게 "말과 행동이 활발하고 평판이 좋은 노인이 존경심을 불러일으키"는 반면, "하루 종일 침대에 누워 있거나 현관 구석에 앉아 수다를 떨며 코를 닦는 사람은 경멸의 대상"입니다. 그리고 노인 멸시에 대한 최고의 대처법은 정치 참여라고 플루타르코스는 주장하지요.

노인이 정치에 참여해야 하는 이유는 그가 신중함, 경험, 명예라는 장점을 가지고 있기 때문입니다. 플루타르코스는 앞서 본 네스토르를 예로 듭니다. 그리고 리쿠르고스가 젊은이들에게 마치 입법자인 것처럼 모든 노인에게 항상 순종하도록 가르쳤음을 상기시킵니다. 하지만 노인이 정치를 독점해서는 안 된다고 경고합니다. 세대 갈등을 유발할 수 있다는 것이지요.

플루타르코스의 비관적 입장은 기원후 2세기까지 이어집니다. 그리하여 루키아노스(Lucianus, 125~180 이후)는 『죽은 자들의 대화』 가운데 16번 '터프시온과 플루토의 대화'에서 노인을 다음과 같이 묘사합니다.

늙은이가 머리에 이빨 세 개만 가지고, 반쯤 눈이 멀고, 양쪽에 노예 두 명이 그를 떠받쳐주며 비틀거리고, 웅얼거리고 눈물이 흐르고, 삶의 기쁨이 없고, 살아 있는 무덤이며, 후배들의 조롱을 받으며 살아간다면, 모든 것이 뒤집힌 것입니다. 그리고 젊은이들은 힘과 아름다움의 전성기에 죽습니다. 그것은 자연에 어긋납니다. 어쨌든 젊은이들은 노인들이 언제 죽을지 알 권리가 있습니다. 그러면 때때로 그렇듯이 그들에게 관심을 헛되이 쏟지 않을 것입니다. 현재의 배치는 말 앞에 수레를 놓는 것입니다.*

---

* https://www.theoi.com/Text/LucianDialoguesDead1.html(2024. 6. 29 검색)

5
고대 로마의 노년

고대 로마의 노인

고대 로마는 기원전 8세기에 시작하여 서로마제국이 멸망한 기원후 5세기까지 12세기라는 긴 세월에 걸쳐 있습니다. 따라서 그것을 하나로 집약해 말하기란 불가능합니다. 고대 로마는 크게 왕국(기원전 753~509) 및 공화국(기원전 509~27) 시대 그리고 로마제국(기원전 27~395) 및 서로마제국(395~476) 시대 둘로 나눌 수 있습니다. 이 두 시대는 여러 가지로 다르지만, 여기서는 노인인 가부장의 역할에 따라 구분해보겠습니다. 가부장이 강력했던 시대가 공화정 시대이고, 가부장이 약화된 시기가 제정 시대입니다.

고대 로마가 확고한 기반을 다졌을 때 사유재산은 법적으로 보장되었고, 소유주인 귀족 노인들은 엄청난 존경을 받았습니다. 그들은 토지, 가옥, 주식을 보유했고, 상업과 고리대금으로도 돈을 벌었습니다. 로마의 부자들은 대부분 노인들이었으며, 이들이 원로원을 통해 권력도 장악했습니다. 그래서 기원후 2세기까지 로마는 소수 노인이 지배하는 보수적 국가였습니다.

원로원은 외교·재정·군사·재판 등 모든 국정의 결정권을 장악한 실질적인 통치 기구였습니다. 그 의원의 자격에 대해서는 공직을 맡은 경험을 최우선하고 그다음 어느 가문 출신인가와 재산을 보았으며, 임기는 종신이었습니다. 오늘날 한국에서 고위직을 지낸 자들이나 정치 가문 출신 또는 재산이 많은 자들이 국회의원이 되는 비율이 높은 것과 같았습니다. 공화정 초창기에 원로원은 평민을 노예로 매매하고 탄압하던 명문 귀족층(파트리키)의 아성 같은 곳이었고, 그 뒤에 평민들이 참여했지만 모두 명문가(nobiles, 노블레스) 출신이었습니다. 노인들의 투표권은 다른 투표권보다 과중해서 노인들에게 유리했습니다.

가정에서도 노인은 죽을 때까지 특권을 누렸습니다. 그들 가장의 권력은 절대적이어서, 사람을 물건과 마찬가지로 죽이고 절단하고 매매할 수 있었습니다. 아버지를 폭행하는 아들은 괴물로 간주되어 추방당했습니다. 청년은 결혼할 때 아버지는 물론 할아버지의 동의까지 받아야 했습니다. 그러나 시간이 흐르며 아들을 노예처럼 파는 일은 드물어졌습니다. 연극에도 우스꽝스러운 노인이나 음탕한 노인, 탐욕스러운 노인 등이 등장하기 시작했지요.

시대가 변화하여 노인의 특권이 줄어들었기 때문입니다. 이때 등장한 개혁파 그라쿠스 형제는 농민에게 토지를 배분하는 농업 개혁을 추구했으나 실패했고, 이로 인해 공화정 체제가 끝났습니다. 원로원은 약화되고 군인들이 권력을 잡아 황제가 되었습니다. 동시에 가부장의 힘도 약해졌습니다. 키케로의 『노년에 관하여』는 이러한 시대를 배경으로 합니다.

갈레노스의 노년

기원후 2세기에 살았던 고대 로마의 의사 갈레노스(Claudius Galenus, 129~199경)는 고대의 노화와 건강 개념 형성에 중요한 공헌을 했습니다. 그는 인체의 세밀한 모든 부분이 창조자에 의해서 완벽하게 설계되었다고 믿었으며, 그 창조자를 자연이라고 불렀습니다. 본질적으로 갈레노스는 네 가지 체액 이론(피타고라스)을 내부 열(히포크라테스와 아리스토텔레스)의 개념과 일신교와 영의 개념과 조화시켰습니다. 그는 네 가지 체액이 균형을 이루어야 건강하고 그러지 못할 때 병에 걸린다고 생각했습니다. 이때 프네우마(숨·호흡)가 신진대사를 조절한다고 했지요.

그에게 몸은 영혼의 도구이고, 체액에서 파생된 열이 몸에서 영혼을 유지합니다. 이 체액이 인생의 과정에서 점차 탈수되고 증발하는데, 젊은 시절과 중년기에는 그로 인해 모든 혈관이 넓어지고 모든 부분이 강해지며 최대의 힘을 얻지만, 시간이 지남에 따라 장기가 더욱 건조해져 기능과 활력이 점차 상실된다고 보았습니다. 그는 마르고 주름이 생기고 사지가 약해지고 움직임이 불안정해지는 노령의 상태는 모든 필멸자의 숙명이고 마침내 체액이 전부 증발하면 신체의 생명 열이 꺼지게 된다고 했습니다.

기독교도, 유대인, 이슬람 아랍인이 갈레노스 이론의 철학적 기초를 채택했습니다. 이는 노화에 대한 이전의 모든 아이디어에 대한 위대한 종합이며 정점이었습니다. 노화에 대한 접근 방식을 포함한 갈레노스의 전체 의학 시스템은 19세기까지 의학의 사상과 실천에 가장 권위 있는 영향을 미쳤습니다.

유베날리스의 노년

뒤에서 볼 철학자들과 달리 로마의 문학자들은 노년을 찬양하지 않았습니다. 가령 호라티우스(Quintus Horatius Flaccus, 기원전 65~8)는 '우울한 노년'을 노래했고, 오비디우스(Pūblius Ovidius Nāsō, 기원전 43~기원후 17)는 노년이 모든 것을 황폐화한다고 했습니다. 그러나 누구보다도 노년의 추악함을 적나라하게 노래한 시인은 유베날리스(Decimus Iunius Iuvenalis, 55~140)입니다. 그는 『풍자*Saturae*』 10번 「인간의 욕망의 허영심」에서 노년을 다음과 같이 노래했는데(25~28), 이 시는 우리말로 처음 번역되는 것입니다.

먼저 이전의 모습과는 너무나 다른 흉측하고 꼴사나운 얼굴을 보십시오. 피부로 쓰이는 보기 흉한 가죽을 보십시오. 늘어진 뺨과 타브라카*의 그늘진 숲속에서 늙은 턱에 새긴 것과 같은 주름살을 보십시오. 젊은이들은 여러 가지 면에서 다릅니다. 이 사람은 저 사람보다 잘생기고, 그는 다른 사람보다 더 강합니다. 하지만 노인들은 모두 비슷하게 보입니다. 그들의 목소리는 팔다리처럼 떨리고, 머리는 벗겨지고, 코는 어린 시절처럼 웅얼거립니다. 불쌍한 자들이여, 그들은 이가 없어 빵을 잇몸으로 씹어야 합니다. 그들은 아내와 자녀, 그리고 스스로에게 너무나 불쾌하게 여겨집니다. 유산 사냥꾼인 코수스조차도 혐오감을 느껴 그들을 외면합니다. 그들의 둔해진 입맛은 더 이상 와인이나 음식에 기쁨을 느끼지 못하며, 육체적인 즐거움은 오래전에 잊혔습니다.

---

* 튀니지에 있는 작은 해변 도시입니다.

〔중략〕 이 모든 것 외에도, 이제 차가워진 그의 몸에서 나오는 적은 피는 열이 날 때를 제외하고는 따뜻하지 않습니다. 온갖 종류의 질병이 그의 몸 안에서 춤을 춥니다. 〔중략〕 한 명은 어깨, 다른 한 명은 허리, 또 한 명은 엉덩이가 아픕니다. 또 다른 사람은 두 눈을 잃었고, 눈이 있는 사람을 부러워합니다. 또 다른 사람은 창백한 입술로 다른 사람의 손가락에서 음식을 받아먹고, 예전에는 저녁을 보기만 해도 턱이 벌어지던 사람이 이제는 금식하는 어미가 가득한 부리로 그에게 날아오는 제비 새끼처럼 입을 벌리고 있습니다. 하지만 사지가 끊어지는 것보다 더 나쁜 것은 노예들의 이름을 잊고, 어젯밤 그와 함께 저녁을 먹은 옛 친구의 얼굴도, 그가 낳고 키운 아이들의 얼굴도 알아볼 수 없는 쇠약한 정신입니다.

〔중략〕 그리고 그의 정신력이 예전처럼 강하더라도, 그는 아들들을 매장하러 데려가야 합니다. 그는 사랑하는 아내와 형제들의 장례용 화형대와 자매들의 재로 가득 찬 항아리를 지켜봐야 합니다. 이것이 장수의 벌칙입니다. 그는 재앙이 그의 집에 닥치는 것을 보고, 슬픔의 세상에서 살고, 끊임없는 애도와 비탄의 차림으로 늙어갑니다.

유베날리스가 노인을 이렇게나 비난하는 것은 그가 여론의 대변자였기 때문입니다. 뒤에서 보는 키케로나 세네카는 여론이 그렇다는 것을 인정하면서도 그것은 편견이라고 비난하며 반박했습니다. 그들은 정치적인 이유에서 노인을 옹호한 것이지만, 시인들에게는 정치적인 연줄이 없었습니다.

키케로의 노년

고대 그리스·로마는 물론이고, 서양에서, 아니 동서양 전체를 통틀어 가장 유명한 노년론은 키케로의 『노년에 관하여』일 것입니다. 노인들이 가장 훌륭하고 현명한 지도자라고 하는 그 책은, 유일하게 한글로 여러 번 번역된 노년에 대한 고대 저술입니다. 그래서 그리스·로마 문명이라는 권위를 힘입고, 대단히 권위 있는 노년론이자 유일한 노년론으로 회자됩니다. 그 결과 고대 그리스·로마에서는 노인들이 가장 훌륭하고 현명한 존재로 여겨졌다는 식의 오해도 생겨났지만, 천만의 말씀입니다. 고대에는 『노년에 관하여』 외에도 다른 노년론이 수십 권이나 있었으며, 키케로의 노년론도 당연히 그 앞의 노년론, 특히 플라톤 노년론의 영향을 받았습니다.

그러나 『노년에 관하여』를 단순히 노년 철학 담론으로만 보는 한국의 논의에는 의문이 있습니다. 키케로는 기원전 106년에 태어나 기원전 43년에 죽었습니다. 그는 원로원이 권력을 갖는 로마 공화정의 마지막 정치인이었는데, 원로원에 입성한 30대에 이미 공화정이 무너지고 있다는 위기의식을 느꼈습니다. 이는 그가 살해당하기 한 해 전에 쓴 그 책에 그대로 반영되었지요. 그러나 키케로가 옹호한 로마 공화정을 지금 우리가 '민주공화국'이라고 하는 공화정이라 오해해서는 안 됩니다. 키케로는 왕정과 같은 일인 독재에 반대하지만, 민중의 실질적 정치 참여를 봉쇄하는 엘리트 집단지도체제인 원로원 중심의 공화정을 지지했습니다. 따라서 원로원의 권위를 회복해야 한다는 희망, 지금까지 누렸던 원로원의 특권이 그대로 유지되어야 한다는 것이 그가 노년론을 쓴 취지였습니다.『노년에 관하여』는 특권계급인 원로원 노인들을 위한 책이었습니다. 지금 한국에 대입하여 말하자면, 대부분 부자 노인들로 구성된 국회의원들에게 '영원한 청년들, 힘내세요!' '힘을 내서 가난하고 건방진 놈들이 까불면 다 죽여버리세요!'라고 하는 식의 노년 찬양론을 썼다는 것입니다.

키케로는 부자들의 자유와 결속, 그것을 위한 권력 분립 및 원로원의 권위를 옹호하는 데 평생 헌신했으며, 가난한 민중의 요구는 사회의 안정과 질서를 깨트리는 선동적 행위라며 비난했습니다. 아테네 민주주의를 비판한 그는 참된 자유는 원로원의 권위를 따르는 것이라고 주장했습니다. 그래서 하층민을 옹호한 푸블리우스 클라우디우스(Publius Clodius, 기원전 93경~52)* 같은 정치인과 대립했고, 그가 제정한 곡물법에 따라 무상 곡물을 받기 위해 모인 가난한 민중을 '민회에 집단으로 참석하여 국가의 피를 빨아먹고 사는 저 비참한 반아사(半餓死)의 거머리들' '근성이 더러운 평민들' '먼지를 뒤집어쓴, 더러운 도시의 인간쓰레기들' '배 밑에 괸 더러운 물과 같은 도시의 쓰레기들' '가난에 찌들고 몸을 닦지 않는 자들' '사악한 자들'로 묘사할 만큼 멸시했습니다. 키케로는 천하고 지저분한 일에 종사하는 사람들이 정책을 결정하는 데 적극적으로 참여하는 것은 적합하지 않다고 주장했습니다. 그러나 그들 도시 빈민 중에는 과거에 로마군으로 전투에 참여했던 사람들이 많았습니다. 그들이 전장에서 돌아왔을 때는 그들의 땅이 이미

---

* 호민관이 되어 정적 키케로를 추방하고 폼페이우스에 대항하다가 부하 밀로(T. A. Milo)에게 암살되었습니다.

모두 원로원 귀족들의 소유가 되어 있었을 뿐입니다.

그런 상황에서 키케로는 원로원의 귀족 부자 노인들을 옹호하기 위해 '노인, 파이팅'이라는 구호를 외치며『노년에 관하여』를 썼습니다. 그리고 그 '노인, 귀족, 부자' 후배들이 고전이라면서 그 책을 두고두고 우려먹은 것입니다.『노년에 관하여』뿐만 아니라 우리가 고전이라고 하는 책들이 사실 대부분 그랬습니다. 19세기까지 서양은 반(反)민주주의 세상이었다고 해도 과언이 아니고, 그리스 이래 고전이라고 하는 책들은 대부분 반민주주의적인 부자 귀족들을 위한 책이라고 해도 과언이 아닙니다.

키케로와 플라톤

키케로는 플라톤을 계승합니다. 그러나 플라톤의 철인론은 지도자의 부패를 방지하는 방안도 고심했던 반면, 키케로의 국가론은 유산자의 결합을 촉구했다는 점에서 궤를 달리합니다.『노년에 관하여』에서 63세의 키케로는 원로원의 특권을 유지하기 위해 나이란 능력과 무관하다고 주장합니다. 그래서 80세에도 여전히 명석했던 대(大)카토(Marcus Porcius Cato, 기원전 234~149)를 대담자로 삼습니다. 대카토는 로마의 정치인이자 군인으로 85년을 살았는데, 생애 마지막까지 뛰어난 능력을 발휘했습니다. 키케로는 자신도 앞으로 이십여 년 이상을 더 살며 대카토처럼 장수하고 능력을 발휘할 것으로 생각했겠지만, 애석하게도『노년에 관하여』를 쓴 다음 해인 기원전 43년에 아주 비참하게 암살당했습니다.

키케로의『노년에 관하여』는 플라톤『국가』의 도입부를 거의 그대로 따르고 있지만, 그렇다고 해서 이 책의 가치가 떨어지는 것은 결코 아닙니다. 플라톤이 제시한 현인으로서의 노년에 대해 깊이 있고 실용적이기도 한 여러 논의를 펼치고 있기 때문입니다. 이 책은 두 젊은이가 대카토를 찾아가 노년에 대한 이야기를 듣는 것으로 구성되어 있습니다. 젊은이가 어떻게 해야 노년에 짐이 되지 않고 지낼 수 있는지 묻자, 탁월하고 지혜로운 카토는 답합니다.

> **"스스로 훌륭하고 행복하게 살 수 있는 수단을 전혀 갖지 못한 이들에게는 인생의 모든 시기가 힘겨운 법이야. 그러나 좋은 것을 모두 스스로 구하는 이들에게 자연법칙에 따른 필연적인 결과는 그 어떤 것도 불행으로는 보이지 않는다네."** (2.4)

키케로는 노년을 견디는 데 가장 필요한 것은 학문을 닦고 미덕을 실천하는 일이라고 합니다.

> **"노년에 관한 최선의 무기는 학문을 닦고 미덕을 실천하는 것이네. 미덕이란 인생의 모든 시기를 통해 잘 가꾸면 오랜 세월을 산 뒤에 놀라운 결실을 가져다주지. 왜냐하면 미덕은 생의 마지막 순간에도 결코 우리를 저버리지 않을 뿐 아니라**(이것이 가장 중요한 이유라네)**, 훌륭하게 살았다는 의식과 훌륭한 일을 많이 행했다는 기억은 가장 즐거운 것이 되기 때문일세."** (3.9)

카토는 자신이 지혜로운 이유가 자연법칙에 따르며 살기 때문이라고 말합니다. 이는 비단 노년뿐만 아니라 인생의 모든 시기에 해당하는 말입니다. 카토는 '자연은 연출자'라는 은유를 선보이며,

연출자인 자연에 맞춰 인생을 살아가는 것이 가장 바람직한 삶이라고 합니다.

> "그리고 인생의 매 단계에는 고유한 특징이 있네. 소년은 허약하고, 청년은 저돌적이고, 장년은 위엄이 있으며, 노년은 원숙한데, 이런 자질들은 제철이 되어야 거두어들일 수 있는 자연의 결실과도 같은 것이네." (10.33)

중용의 관점에서 인생의 시기를 바라보는 아리스토텔레스와 달리 키케로는 인생을 우리가 따라가야 할 하나의 길로 바라봅니다. 인생에는 시기마다 고유한 특징이 있는데, 노년은 원숙의 시기이며 결실을 맺어야 하는 시기입니다. 그리고 원숙을 이루기 위해 농사의 즐거움과 회식의 기쁨을 누려야 한다고 키케로는 말합니다.

> "농경의 즐거움은 노년에 의해 방해받지 않을뿐더러, 내가 보기에는 현인의 삶에 가장 잘 어울리는 것 같네. 그러한 즐거움은 대지와 거래를 하는데, 대지는 지불 명령을 거부하는 일 없이 자신이 받은 것을 가끔은 적은 이자를 붙여, 대개는 높은 이자를 붙여 되돌려주기 때문일세." (15.51)

> "회식의 즐거움을 나는 식도락의 쾌락보다는 친구들과의 만남과 대화에서 찾았다네. 우리 선조들은 친구들과의 회식을 '함께 살기(convivium)'라 했는데, 친목을 도모한다는 점에서 꽤 적절한 명칭이라 생각하네." (13.45)

플라톤이 그리는 노년처럼 키케로의 노년도 이상적인 모습, 현자로서의 노인상을 추구합니다. 몇 가지 현실적인 실천 방법을 말하기도 하지만 여전히 현자의 모습을 벗어나지 못합니다. 하지만 키케로에게 드리운 것이 플라톤의 그림자뿐만은 아닙니다. 로마 공화정의 몰락이라는 더 긴 그림자가 드리워져 있지요. 책의 첫머리에 키케로는 "지금 나를 괴롭히고 있는 시국을 마주하고"라고 썼습니다. 그가 『노년에 관하여』를 쓰던 기원전 44년, 키케로가 그렇게도 고수하고자 했던 로마 공화정은 카이사르파에 밀려 위기를 맞았습니다. 로마 공화정은 사실상 원로원 정치체제였고, 원로원을 뒷받침하는 사회는 강력한 가부장 사회였습니다. 키케로가 공화국 몰락 직전에 현자로서의 노인을 꿈꾸는 저술에 몰두한 것도 충분히 이해할 수 있겠지요? 결국 키케로는 이 책을 쓴 뒤 얼마 지나지 않아 정적들에 의해 살해당했습니다.

노년에 대한 불평과 반론

『노년에 관하여』에서 키케로는 카토로 하여금 노년에 대한 네 가지 불평과 이에 대응하는 노년의 장점 네 가지를 들게 하면서 삶에 대한 긍정적인 메시지를 전달합니다. 먼저 그 불평은 이렇습니다.

> **첫째, 노년은 우리를 활동할 수 없게 한다. 둘째, 노년은 우리 몸을 허약하게 한다. 셋째, 노년은 우리에게서 거의 모든 쾌락을 빼앗아 간다. 넷째, 노년은 죽음에서 멀리 떨어져 있지 않다.** (5.15)

카토는 첫 번째 불평인 사회적 소외에 대해 반론합니다. 비록 신체적 여건 때문에 정치적·군사적으로 활동하고 참여하기는 어렵더라도 경험을 토대로 사회적·정치적 조언을 할 수 있고 문학과 철학 분야에 종사할 수 있다고요.

큰일은 체력이나 민첩함, 신체의 기민함이 아니라, 계획과 권위, 현명한 성숙함에 의해서 이루어진다. 그리고 노년은 이러한 자질들이 사라지기는커녕, 도리어 그 반대로 가장 풍부하게 갖추어지는 시기다. (6.17)

위대한 나라들은 젊은이들에 의해 전복되고 노인들에 의해 지탱되고 회복되었다. 한창때의 젊은이들은 경솔하기 마련이고, 분별력은 늙어가면서 생긴다. (6.20)

키케로에 의하면 정신을 계속 사용하고 풍부하게 하는 일을 포기하지 않는 한, 노년은 자기 정신을 고스란히 보존할 수 있습니다. 이어 두 번째 불평인 육신의 쇠약에 대해서는 이를 지적 능력이 성장할 수 있는 기회로 활용할 수 있고, 오히려 노년에는 육체가 아니라 정신과 영혼에 힘을 쏟아야 한다고 카토는 역설합니다. 노년의 건강 문제는 "노년 일반이 아니라 나태하고 게으르고 꾸벅꾸벅 조는 노인들에게 해당하는 약점"이고(11.36) 이는 청년의 경우도 마찬가지라고 합니다. 나아가 카토는 말합니다.

노년은 이처럼 존경스러운 것이라네. 노년이 자신을 방어하고, 제 권리를 지키고, 누구에게도 종속되지 않고, 마지막 숨을 거둘 때까

지 제 영역을 지배한다면 말일세. (11.38)

또 쾌락이 줄어든다면 그로 인한 과오에서 멀어질 수 있고, 특히 노년은 정신과 영혼에 힘을 쏟아야 하는 시기로서 영혼의 쾌락에 집중하기 좋다고 할 수 있다고 합니다. 플라톤도 노년의 쾌락 감소에 대해서 말한 바 있는데, 키케로는 "세월이 젊은 시절의 가장 위험한 약점에서 우리를 해방해준다면, 그 얼마나 멋진 선물인가!(12.39)"라고 감탄합니다. 이어 농경의 즐거움에 대해 말하는데요, 그것이 쾌락의 감소와 어떤 관련이 있는지는 알 수 없습니다. 키케로는 노년의 권위가 청년의 쾌락보다 가치 있다고 말합니다.

권위란 높은 관직을 역임한 뒤 노년이 되어서야 생기는 것으로, 청년기의 모든 감각적 쾌락보다 더 값진 것이라네. (17.61)

여하튼 키케로는 '높은 관직을 역임한 노년'을 중시합니다.
마지막으로 네 번째 불평인 다가오는 죽음에 대해서는 앞의 세 가지 불평과는 어긋나는 논법을 펼칩니다. 죽음은 노년만이 아니라 청년에게도 갑자기 닥치는 것이고, 늙어서 죽는 사람이 매우 드물다는 것이 그 근거라고 합니다. 키케로에 의하면 모든 자연적인 것은 좋은 것이고, 죽음은 출생이 있으면 자연스럽게 뒤따라오는 것으로서 죽음 자체를 나쁘다고 할 수 없다는 것입니다. 인생은 자연에 순응하며 살아가는 과정이기에, 죽음을 받아들이는 것은 삶을 받아들이는 것이고, 따라서 삶을 이어가기 위한 노년의 올바른 방식이라고 합니다. 키케로는 인생에 대해 다음과 같이 말합니다.

> 인생의 행로는 정해져 있다. 자연의 길은 하나뿐이고, 그 길은 한 번만 가게 되어 있다. 그리고 인생의 각 단계에는 그 단계에 맞는 특징이 있다. 소년은 허약하고, 청년은 패기가 있고, 장년은 중후하고, 노년은 원숙하다. 어느 것이나 제철에만 거두어들일 수 있는 자연의 결실과도 같은 것이다. (10.33)

이러한 인생관 자체에는 큰 무리가 없지만, 키케로가 노년의 원숙함을 주장한 의도가 정치적으로 불순하지 않았는가에 대해 고민해볼 필요가 있습니다.

세네카의 노년

대표적인 후기 스토아학파 철학자로서, 로마제국의 폭군인 네로의 친구이자 스승으로도 유명한 루키우스 안나이우스 세네카(Lucius Annaeus Seneca, 기원전 4~기원후 65)는 키케로가 죽고 거의 한 세기 뒤에 키케로와 마찬가지로 원로원을 옹호하는 입장에서 노년론을 주장했습니다. 죽기 2년 전인 61세에 쓴 『루킬리우스에게 보내는 편지LEpistulae Morales ad Lucilium』는 세네카가 쓴 책 중에서 가장 널리 읽힙니다. 그 편지에 의하면 노년이란 자연과 마찬가지로 좋은 것이고, 노쇠를 야기하지 않습니다. 열두 번째 편지에서 세네카는 다음과 같이 말합니다.

> 노년을 소중히 여기고 사랑하자. 노년을 어떻게 활용해야 할지 안다면 즐거움이 가득하기 때문이다. 과일은 거의 상하는 순간에 그 맛을 전부 풍기게 된다. 청춘은 끝날 때 가장 매력적이다. 마지막 잔은

술꾼을 기쁘게 한다. 술잔은 그를 적셔주고 그의 취기에 마무리를 더해준다. (12.9)

기쁨과 즐거움으로 잠자리에 들자. '나는 살았다'고 말하자. 그리고 하느님께서 하루를 더 더해주시기를 기뻐하신다면, 우리는 기쁜 마음으로 그것을 환영해야 한다. 사람이 '나는 살았다!'라고 말하면, 매일 아침 일어나서 보너스를 받는 것이다. (12.9)

제약 속에서 사는 것은 잘못된 일이다. 하지만 아무도 제약 속에서 살도록 강요받지 않는다. (12.10)

세네카는 무위도식해서는 안 되고 후손을 위해 일해야 한다고 합니다. 그리고 나이가 들어도 배워야 한다고 말하지요. 여기까지는 키케로와 크게 다르지 않습니다. 그러나 나이가 들어 친구와 계속 친하게 지내려면 외모를 내버려두거나 무관심해서는 안 되고, 보기 좋게 가꾸어야 한다고 말하여 당황하게 합니다. 물론 한국식 외모지상주의는 아니고 노인이 외모를 가꾸지 않고 늙은 모습 그대로이면 친구를 잃기 쉽다고 경계하는 말이라 여겨지지만, 마음에 들지는 않습니다.

세네카는 '정치나 사업에 대한 야망을 버리고 평온함을 추구해야 하고, 높은 직책은 사양하고 휴식을 택해야 한다'고도 합니다. 그는 키케로나 플루타르코스와 달리 나이가 들어 공적인 일에 관여하는 사람을 멸시한 점에서 스토아학파답다고 생각됩니다.

또한 세네카에 의하면 노인은 젊음의 기쁨을 포기해야 합니다.

살아온 해를 헤아려보라. 그러면 어린이였을 때 욕망했던 것과 똑같은 것들을 욕망하는 것을 부끄러워하게 될 것이다. 너의 악행들이 너 자신보다 먼저 죽는 것을 보는 기쁨을 누리라. (27)

세네카에 의하면 진정한 노년은 지나온 세월의 햇수나 나이에 달려 있지 않습니다. 그가 말하는 진정한 노인은 현자입니다. 현자는 자신의 역할에 매달리지 않고 은퇴가 가져다주는 이점을 이용해야 합니다. 그러나 참을 수 없을 정도로 고통이 심하다면 계속 사는 것은 어리석은 일입니다. 다음은 편지 58 마지막 부분에 나오는 말입니다.

그리고 내 생각에 노년은 갈망하는 것이 아니라 거부하는 것이어야 한다. 사람이 즐길 만한 사람이 되었을 때 가능한 한 오랫동안 자기 자신과 함께 있는 데는 즐거움이 있다. 그러므로 우리가 판단을 내려야 할 문제는, 극심한 노년을 피하고 인위적으로 노년의 끝을 재촉해야 하는지, 아니면 노년이 오기를 기다리는 것이 아닌지이다. 자신의 운명을 무기력하게 기다리는 사람은 거의 겁쟁이에 가깝다. 마치 술병을 비우고 찌꺼기까지 빨아들이는 사람이 주정뱅이인 것과 같다. 하지만 우리는 또한 이런 질문을 할 것이다. '인생의 마지막이 찌꺼기인가, 아니면 가장 맑고 순수한 부분인가를 아는 것, 특히 육체가 전혀 쇠하지 않고, 여전히 건전한 정신과 감각이 일상적으로 영혼의 작동에 도움을 줄 때 그것을 아는 것에 관한 문제이다. [중략] 그러나 육체가 어떤 용도에도 쓸모없게 된다면, 왜 영혼을 해방시키지 않는가?

극심한 노령을 겪으며 손상 없이 죽음에 이른 사람은 거의 없고, 많은 사람이 무기력하게 누워서 자신을 활용하지 못한다. 그렇다면 자신의 삶이 끝날 것임을 알면서도 그 일부를 잘라내는 것이 더 잔인하다고 생각하는가? [중략] 노년이 나를 온전히 보존하고 나의 더 나은 부분에 관해서는 온전히 보존한다면 나는 노년을 버리지 않을 것이다. 그러나 노년이 내 정신을 산산이 부수고 다양한 능력을 산산이 조각내기 시작하고 생명이 아니라 생명의 숨결만 남긴다면 나는 무너지고 흔들리는 집에서 달려 나갈 것이다. [중략] 내가 고통을 항상 견뎌야 한다는 것을 알게 된다면 나는 떠날 것이다. 고통 때문이 아니라, 그것이 내가 사는 모든 이유에 대한 방해가 될 것이기 때문이다. 고통 때문에 죽는 사람은 약자이자 겁쟁이다. 하지만 이 고통을 당하며 사는 사람은 바보다. (58.33-36)

세네카가 무엇보다도 죽음이 악이고, 부는 선이며, 정치권력은 가치가 있고, 분노는 정당화된다는 생각을 거부하고 비판한 점에 공감할 수 있겠습니다만, 세계에서 가장 부유한 사람 중 하나였던 세네카가 가난은 악이 아니라고 주장한 것은 어떻게 이해해야 할지 의문입니다. 세네카의 삶이 논쟁과 음모로 가득 차 있었다는 사실에 비추어 볼 때, 삶의 가치에 대한 그의 헌신과 철학적 주장을 어떻게 이해해야 할지도 모르겠습니다. 친구이자 제자인 폭군 황제 네로와의 관계가 파탄에 이르자 네로의 명령에 따라 기원전 65년에 자살한 점에 대해서도 마찬가지입니다.

6
기독교의 노년

구약의 노년

560쪽에 이르는 조르주 미누아의 방대한 저술 『노년의 역사』는 제1장 '고대 중동'에 이어 제2장에서 구약에 대해 26쪽에 이르도록 상세하게 설명합니다. 하지만 대한민국은 기독교 국가가 아니기에, 이 책에서는 구약을 기독교의 일부로 보고 간단하게 설명해보려 합니다.*

『창세기』는 인간의 수명을 120세라고 합니다. 하지만 아담은 930세에 죽었고, 대홍수 시대의 노아는 950세에 죽었습니다. 대홍수 이전의 여러 족장들도 900세 전후까지 살았던 것으로 나오는

---

* 한국에서 노년에 대한 기독교의 논의는 보기 드물고 이해하기도 쉽지 않습니다. 가령 "성경은 노년의 특징을 부정적인 동시에 긍정적으로 언급하고 있다"고 하면서 부정적인 특징으로 백발, 시력과 청력과 미각과 치아의 약화 등의 신체적 노화를 들고, 긍정적 특징으로 "존경받는 백발도 있고, 존경받지 못하는 백발도 있다"고 합니다(최윤배, 「기독교 관점에서 본 죽음과 노년의 관계에 대한 연구」, 『구약논단』 제20권 제4호 통권54집, 2014, 72쪽). 그러나 신체의 약화는 부정적인 것이 아니라 객관적 사실에 불과하고, 존경 여부도 반드시 긍정적이라고 볼 수는 없습니다.

데, 이는 당시 지도자들이 신의 은총을 받아 장수했음을 강조하려는 의도로 과장한 것으로 이해할 수 있습니다. 대홍수 이후에는 신의 분노로 인해 인간의 수명이 줄어들지만, 여전히 지도자들은 최소 백 세 이상입니다. 역시 과장이라고 볼 수 있겠습니다.『시편』이나『잠언』등은 노인들이 존경받았고 신임을 얻었음을 수없이 말합니다. 가령 "살인자들과 사기꾼들은 자기 수명의 절반도 살지 못할 것입니다"*라고 저주하는 반면, "백발은 영광의 면류관이며 의로운 삶에서 얻어지는 것(잠언 16:31)"이라고 찬양합니다. 아마도 이 시기에는 노인이라고 해도 지도자급은 되어야 존경받았을 것입니다. 나머지 대부분은 노인이 되기 전에 일찍 죽었겠지요.

고대 이스라엘의 가장 위대한 종교 지도자이자 민족 영웅인 모세는 이집트 땅에서 박해받는 히브리 민족 레위 지파의 일원으로 태어났지만, 어려서 이집트 왕가에 입양되어 장년까지 고귀한 왕자 신분으로 부족함 없이 살았습니다. 그러나 40세에 히브리 동포가 학대받는 것을 보고 분개하여 그를 학대하던 이집트인을 살해하고 암매장합니다. 그 후 유목민인 미디안족의 땅으로 도망쳐 80세가 될 때까지 그곳에서 양을 치며 살았지요. 80세 노인인 그에게 신이 처음으로 명한 것은 이스라엘 원로들, 즉 노인들을 모으라는 것이었습니다. 그 뒤 홍해를 가르는 기적으로 히브리 사람들을 해방시킨 뒤에도 모세는 모든 일을 원로들과 함께 상의하고 수행했습니다.

---

* 시편 35편 23절입니다. 이하 성경의 인용은『현대인의 성경』, 생명의말씀사, 1985에 따릅니다.

십계명을 받음으로 하나님과 히브리 백성 사이 계약의 중개자가 된 모세는, '약속의 땅'인 가나안으로 들어가기 위해 백성들을 이끌고 광야에서 사십 년 동안 유랑 생활을 합니다. 그는 신의 명령에 따라 지도자 칠십 명을 불러 백성들을 책임지게 하는데, 그들이 종교와 재판 및 군사 등에 많은 권한을 행사하는 것이 구약의 여러 문서에 나타납니다.

모세는 120세에 죽을 때까지도 "눈이 흐리지 않았고, 기력이 쇠하지도 않았"습니다(신명기 34:7). 모세의 형 아론은 이집트를 탈출한 지 40년 되는 해에 123세로 죽었습니다. 모세 사후 그의 뒤를 이어 유대인들의 지도자가 된 여호수아는 110세에 죽었습니다. 그 뒤 판관들의 시대가 이어지는데, 그로부터 삼백 년 뒤 그들은 자신들이 백성을 다스리기에 너무 늙었다며 사무엘에게 왕을 세워달라고 요구합니다. 그리하여 사울이 왕이 되었지만, 원로들은 왕의 조언자 역할을 했습니다. 그런 역할은 다윗 왕이나 솔로몬 왕 때도 마찬가지로 이어졌습니다.

그러나 기원전 5세기부터는 노인의 지위가 약화되었습니다. 구약의 『욥기』를 통해 이 사실을 알 수 있습니다. 『욥기』 21장 7절은 그 전에는 선인(善人)이 더 오래 살았는데 이제는 "악인이 죽지도 않고 오래 살며 그 세력이 점점 강해진다"고 합니다. 또 욥은 "이제는 젊은 사람들이 나를 조롱하는구나!(욥기 30:1)"라고 한탄하고, 젊은이들은 "지혜롭게 하는 것은 나이가 아니라(욥기 32:6)"고 당당히 말합니다. 그래도 욥은 140세까지 장수했습니다. 그러나 기원전 3세기경, 노인이 된 솔로몬은 『전도서』에서 다음과 같이 자신의 늙음을 한탄합니다.

너는 아직 젊을 때, 곧 고난의 날이 오기 전에, 아무 낙이 없다고 말할 때가 되기 전에 너의 창조자를 기억하라. 네가 너무 늙어 해와 빛과 달과 별이 보이지 않고 슬픔이 떠날 날이 없을 때 그를 기억하려고 하면 늦을 것이다. 그때에는 너를 보호하던 팔도 떨 것이며 지금 강한 너의 다리도 약해질 것이다. 그리고 이빨이 거의 다 빠져 음식을 씹지도 못할 것이며 눈은 어두워서 보지 못할 것이다. 귀는 어두워서 거리에서 들려 오는 소리를 듣지 못할 것이며 음식을 씹는 소리가 적을 것이다. 깊은 잠을 자지 못할 것이며 음성도 떨릴 것이다. 그때 너는 높은 곳을 두려워할 것이며 걷는 것도 위험할 것이다. 머리는 온통 희어지고 거동하기가 불편해서 몸을 제대로 끌고 다닐 수 없을 것이며 모든 의욕과 정욕은 사라질 것이다. 그렇게 되면 조객들이 네 집을 찾아올 날도 멀지 않을 것이다.

은줄이 끊어지고 몸의 모든 기능이 정지되며 육은 본래의 흙으로 돌아가고 영은 그것을 주신 하나님께로 돌아가기 전에 너의 창조자를 기억하라.

전도자가 말한다. "헛되고 헛되며 모든 것이 헛될 뿐이다!"

(전도서 12:1~8)

시간이 흘러 기원전 2세기(167~164)에 쓰인 『다니엘서』 13장에는 수산나의 능욕 이야기가 나옵니다. 이는 노년을 악덕과 연관시킨 유일한 사례입니다. 다니엘은 기원전 6세기에 살았던 선지자이고, 수산나는 유대인으로 요아킴의 아내였습니다. 이들 부부는 바빌론에서 부유하게 살고 있었는데, 그들의 집에 출입하던 두 재판관 노인이 수산나에게 반해 음욕을 품고 욕망을 채울 기회를 호시탐탐 엿봅니다. 그러다 어느 날 정원에서 홀로 자고 있는 수산나에게 접근하지만, 다행히 수산나가 낌새를 알아채고 소리를 질렀기 때문에 계획은 수포로 돌아갔지요. 하지만 두 노인은 수산나에 대해 거짓 증언을 합니다. 수산나가 다른 남자와 정원에서 간통을 했다고요. 수산나는 모세의 율법에 따라 돌에 맞아 억울하게 죽을 위기에 처합니다. 그런 수산나의 절규가 하나님에게 미치고, 하나님의 영이 다니엘에게 임합니다. 다니엘이 수산나에게 죄가 없다고 주장하여 결국 수산나의 간통 여부를 다시 조사하게 되었습니다. 우선 다니엘은 두 노인에게 각각 따로 질문합니다. 수산나가 다른 남자와 간통한 장소가 정확히 어디냐고요. 한 사람은 아까시나무 밑이었다고 증언합니다. 그러나 다른 사람은 떡갈나무 밑이었다고 했습니다. 둘의 증언이 서로 일치하지 않음으로써 거짓 증언임이 밝혀졌습니다. 수산나는 무죄로 밝혀지고 두 노인은 사형당했습니다. 그날로부터 다니엘은 백성들 사이에서 명성을 떨치게 되었습니다.

이 이야기가 생소할지도 모르겠습니다. 뒤에 신교도의 성경에서 삭제되었기 때문입니다. 신교도들은 노인을 공경했거든요.

신약의 노년

신약성서에도 원로회의는 산헤드린(sanhedrin, '모여 앉는다'는 뜻)으로 자주 언급됩니다. 로마제국에서는 제국에 반대 투쟁을 하지 않는다면 식민지 고유의 종교와 자치활동을 인정했으므로 고대 이스라엘 사회에서 산헤드린은 상당한 영향력을 행사했습니다. 예수를 재판하여 처형 판결을 내리기도 했지요. 그럼에도 초기 기독교 공동체는 그것을 물려받았습니다. 바울은 선교 초기에 장로들을 뽑아 세우고, 예루살렘으로 장로들을 불러 작별합니다. 바울은 회의를 주재하고 선교와 교육을 담당하는 그들을 존경하라고 합니다. 베드로도 마찬가지로 권유했습니다.

그러나 구약의 『다니엘서』에서 보았던 것과 같은 노인에 대한 부정적 인식이 신약에도 나타납니다. 사람들이 모여 간음한 여인을 돌로 쳐 죽이려 한 장면을 보겠습니다. 예수가 너희 중 죄 없는 사람만 돌을 던지라고 말하자 제일 먼저 자리를 떠나간 사람들이 노인들이었지요. 또 바울은 『디도서』에서 노인들에 대하여 다음과 같이 가르치라고 합니다.

나이 많은 남자는 절제하고 존경할 만하며 자제할 줄 알고 건전한 믿음과 사랑의 인내로 생활하게 하시오. 나이 많은 여자들도 이와 같이 거룩한 생활을 하며 남을 헐뜯거나 술을 좋아하지 말고 선한 것을 가르치라고 하시오. (디도서 2:1)

예수 시대에 이르러 전통처럼 전해 오던 노인 존중은 끝나버린 것입니다.

중세의 노년

게르만족이 침입해 오고 기독교가 승리하며 고대 세계가 끝나고 중세가 시작되었습니다. 이 시기를 흔히 '암흑시대'라고 하지만, 엄밀히 말해 암흑시대는 5세기부터 10세기까지에 이르는 중세 초기(또는 전기)였습니다. 이 시대는 특히 노인들에게 암흑 같은 시기였지요. 당시 법은 사람이 살인을 저질렀을 때 지불해야 하는 배상금을 피해자의 나이에 따라 정했습니다. 당연히 노인의 경우가 가장 낮았지요. 게르만족 가운데 서고트족에서는 배상 금액이 10세 이상부터 오르기 시작하여 50세까지 높아졌다가 그 뒤로는 낮아졌습니다. 65세 이상 노인들의 살인 배상금은 10세 미만 아이들과 마찬가지로 최저였습니다. 피해자가 여성인 경우에는 생식능력에 따라 금액이 정해졌습니다. 60세 이상 여성을 살인했을 때는 배상금이 거의 부과되지 않았습니다.

 기독교가 서양의 이데올로기가 된 것은 로마제국의 국교가 되면서부터였습니다. 그러나 그것 또한 기독교가 그 가장 중요한 교리인 사랑을 포기하고 게르만족의 관습에 순응하여 세속화되었기에 가능한 일이었지요. 기독교는 처음에는 고대 그리스 사상과 대립했으나, 4세기 이후 교회가 제도화되면서 고대 그리스 사상을 받아들였습니다. 결국 기독교는 노예제도를 금지하지 않았던 것처럼, 그리스나 로마제국에서 부정적이었던 노인들의 운명도 개선하지 못했습니다.

 이 시기에는 노년에 대한 담론도 거의 없었습니다. 그나마 인생의 시기 구분만은 찾아볼 수 있습니다. 이는 최초의 철학자 피타고라스가 인생을 계절과 연관 지어 이십 년 단위로 유년기-봄, 소년기-여름, 장년기-가을, 노년기-겨울이라고 본 것의 연장이었으나, 중세에는 보다 다양한 논의들이 나왔습니다. 당시 기독교는 실제 노년에는 아무런 관심이 없었고, 실제로 노인들은 공적 생활에서 거의 배제되었습니다. 중세의 지도자인 교황들도 대부분 청년들이었습니다.

토마스 아퀴나스의 노년

미국의 법학자 밀러에 따르면, 토마스 아퀴나스(Thomas Aquinas, 1224~1274)는 기독교가 신이 젊기를 바라 예수를 한창때에 요절시켰다고 했다고 합니다. 중세 기독교를 대표하는 신학자인 그는 『출애굽기』 4장 13절에서 모세가 여호와에게 "주여, 제발 다른 사람을 보내소서"라고 한 말을 『신학대전』에 인용하면서 그렇게 설명합니다. 예수는 삶의 가장 완벽한 시기인 30세에 인류를 위해 삶을 포기함으로써 더 많은 사랑을 주고자 했습니다. 만약 예수가 늙어서 병들어 죽었다면, 인류를 위해 십자가에 매달려 고통받고 죽임당한 그 희생이 그토록 강렬하게 부각되지는 못했으리라는 것입니다. 하지만 서양미술사 전반에서 예수가 항상 노인처럼 그려진다는 점을 고려할 때 좀 의아한 이야기입니다.

보카치오의 노년

지오반니 보카치오(Giovanni Boccaccio, 1313~1375)의 『데카메론 Decameron』(1353)은 중세 기독교 세계를 풍자한 작품으로, 르네상스 시대를 예상케 합니다. 숙녀 일곱 명과 신사 세 명이 페스트를 피해 작은 성에 숨어듭니다. 그곳에서 그들은 무료함을 달래기 위해 하루에 한 사람당 한 가지씩 서로에게 이야기를 들려주는데, 작품은 이들이 열흘간 나눈 백 개의 이야기를 담고 있습니다. 그중 둘째 날의 열 번째인 '바르톨로메아의 이야기'는 돈으로 젊은 여인을 유혹하려는 늙은 부자를 풍자한다는 점에서 노인을 멸시하는 중세의 전통을 따릅니다.

　부유하고 머리가 좋지만 정력이 부족한 재판관이 살았습니다.

그는 자신의 부에 걸맞게 젊고 아름다운 여인 바르톨로메아를 선택해 결혼합니다. 작품은 바람기가 많은 피사 출신 여자라는 뜻으로 그를 '구더기를 먹고 사는 초록빛 도마뱀'이라고 묘사합니다. 재판관은 바르톨로메아와 첫날밤을 보낸 후에, 자신의 힘이 매우 부족함을 깨닫습니다. 그래서 달력에 온갖 종류의 명절과 축일, 축일 전야, 재판을 위해 근신해야 하는 날 등등을 최대한 많이 표시해서 바르톨로메아에게 보여주며 동침하는 것을 최대한 피하려 합니다.

그러던 중 해적이 습격해 와 바르톨로메아를 납치해 갑니다. 해적은 "달력을 갖고 있지 않았으므로" 밤마다 바르톨로메아와 함께 즐겼습니다. 나중에 재판관이 부인을 데려가려고 몸값을 들고 찾아왔지만, 바르톨로메아는 그를 모른 척하지요. 재판관이 이유를 묻자, 바르톨로메아는 대답합니다. "젊은 여자는 좋은 옷을 입고 맛있는 음식을 먹는 것보다, 부끄러워서 입 밖에 낼 수 없는 것을 더 바라고 있다는 것을 아셔야 합니다." 재판관이 매춘부같이 굴지 말라고 화를 내자, 바르톨로메아는 당신과 함께 살 때야말로 스스로가 매춘부같이 느껴졌다고 반박합니다. 하지만 해적과 함께 살면서부터는 부인이 된 것 같았다며 말합니다. "그때는 당신과 나 사이에 온갖 달력에 표시된 날짜들과 축일이 가로놓여 있었지만, 지금 해적은 직접 그 손으로 만져주고 그 입으로 물어줍니다." "당신은 아무리 쥐어짜봐야 쟁반 하나 정도의 소스도 나오지 않"는다고 비웃기까지 하지요.

결국 바르톨로메아를 포기할 수밖에 없었던 재판관은 미쳐버립니다. 거리를 헤매면서 누가 말을 걸면 "나쁜 구멍은 축일을 싫어해서 말이야"라는 말만 중얼거리지요. 결국 얼마 지나지 않아 세상을 떠납니다. 그리고 해적은 바르톨로메아가 자기를 깊이 사랑함을 깨닫고 정식으로 결혼합니다. 그리고 거룩한 날이니 철야기도니 사순절 따위는 거들떠보지도 않고 즐기고 또 즐겼다는 것으로 노인의 추악하고 서글픈 사랑 이야기는 막을 내립니다.

초서의 노년

14세기 영국의 제프리 초서(Geoffrey Chaucer, 1343경~1400)가 쓴 『캔터베리 이야기Tales of Caunterbury』는 영어로 인쇄된 최초의 책입니다. 작품은 성지순례를 하다 여관에 모인 서른 명이 여관 주인의 내기에 따라 각자 네 개씩 이야기를 하여 120개의 이야기를 모을 계획을 세웠으나, 완성된 이야기 스물두 개와 미완성 이야기 두 개를 남기는 데 그쳤다는 내용입니다.

장원의 청지기는 자신을 늙고 성마르며 여윈 존재로 서술하지만 동시에 빈틈없는 사업가로 묘사합니다. 그러나 다른 노인들은 젊은 아내에게 배신당하는 바보로 그려진다는 점에서 이 작품은 『데카메론』과 마찬가지로 중세적인 노인 경멸을 담은 이야기입니다.

가령 『캔터베리 이야기』의 열 번째인 '상인의 이야기(The Merchan's Tale)'에서는 늙은 남편 제뉴어리(January)가 돈으로 스무 살의 젊고 예쁜 메이(May)와 결혼합니다. 첫날 밤 제뉴어리는 정력제를 먹고 밤새 사랑의 열정을 쏟았지만, 얼마 안 가 메이는 젊고 잘생긴 하인과 함께 남편을 속입니다. 아내 메이가 그와 배나무 위에서 성관계를 맺고 있을 때 신들이 시력을 회복해주어 제뉴어리는 그들의 정사를 목격하게 됩니다. 하지만 메이는 자신이 젊은 남자와 사랑을 나눈 것은 그의 눈을 뜨게 하려는 그녀 나름의 기도였다고 변명하지요.

한편 일곱 번째 이야기인 '바스의 아내 이야기(The Wife of Bath's Tale)'는 완경기가 지난 바스의 아내가 연상인 네 남편과 잡다한 경험을 한 뒤에 스무 살이나 어린 다섯 번째 남편에게 만족한다는 이야기입니다. 그는 열두 살 때 첫 번째 결혼을 했는데, 이는 중세 유럽에서 소녀들에게 자기 몸에 대한 결정권이 없었음을 보여주는 것입니다. 그러나 첫 결혼 이후로는 스스로 남편을 선택하고 '자신을 팔아'가며 자기 몸에 대한 통제력과 소유권을 어느 정도 되찾고 그 이익을 취하게 됩니다. 그가 한 번 이상 재혼한 미망인이라는 사실은 중세의 관습을 근본적으로 무시하는 것으로, 여성에 대한 전통적인 이상에 미치지 못하는 여러 가지 면에 대해 유쾌하게 고백하는 한편, 애초에 그러한 이상을 구축한 것은 남성이라는 점도 풍자합니다.

『데카메론』과 『캔터베리 이야기』 열 번째 이야기는 노인의 성적 불능과 인위적으로 성능력을 회복하려는 음탕함을 풍자합니다. 하지만 『캔터베리 이야기』 일곱 번째 이야기는 자신의 삶을 장악하는 늙은 여성이 주인공이라는 점이 돋보이지요.

이 두 작품 외에도 중세 말의 모든 문학은 악과 혐오, 영혼과 육신의 쇠락, 우스꽝스러움이라는 주제로 오로지 노년을 희화화합니다. 여자는 30세, 남자는 50세면 노인이 되고, 60세에는 모두 죽는다고 합니다. 특히 남자 노인보다 여자 노인을 더 심하게 풍자합니다.

7
도연명의 노년

도연명

도연명(陶淵明, 365~427)은 동진(東晉, 317~420) 말년부터 진과 송이 교체되던 시기에 살았습니다. 동진은 중국의 서진(西晉) 왕조가 유연(劉淵)의 전조(前趙)에게 멸망한 뒤 사마예(司馬睿)에 의해 강남(江南)에 세워진 진(晉)의 망명 왕조로, 서진과 구별하여 동진이라고 부릅니다. 초기에 화북지방에서 온 한족 피난민에게 세금을 감면해주는 등 유랑민을 적극적으로 받아들이고 개간을 장려했습니다. 그 결과 원래 습기가 많아 수자원이 풍부한 강남은 화북지방과 겨룰 정도로 번영하게 되었습니다.

그러나 화북을 차지한 이민족 왕조 전진(前秦)이 남하해 오며 동진은 위기를 맞았습니다. 383년 비수대전(淝水大戰)에서 승리하여 위기를 넘겼지만, 국정이 혼란에 빠졌고 사대부 지주들은 그 틈에 많은 토지를 겸병하고 소작농과 노비를 부려 먹으며 각종 특권을 누렸지요. 그래서 399년에는 손은(孫恩, 미상~402)이 이끈 한족 농민 반란이 터졌습니다. 420년 유유(劉裕)가 이를 진압하고 송(宋) 왕조를 세워 제위에 오르면서 동진은 멸망했습니다.

도연명은 가난한 시골 출신 사대부로서 이처럼 어지러운 시대를 살았습니다. 29세에 처음 벼슬하였으나 13년간 네 번이나 그만뒀습니다. 다섯 번째에는 석 달 만에 사직하고 고향으로 돌아가 농사를 지으면서 42세부터 62세까지 이십 년을 살았습니다. 당시 42세면 노인에 속했습니다. 노년에 속세에서 출세하기를 포기하고 당시 낮은 계층인 백성들과 함께 농사지으며 산 것인데 나름대로 권력과 단절하려는 의지의 결과였다고 볼 수 있습니다. 그때는 누구나 농사를 지었으니 도연명이 농사를 지었다 해도 대수롭지 않다 생각할 수도 있습니다만, 당시 사대부가 벼슬을 포기하고 시골에서 농사짓는다는 것은 대단히 큰 사건이었습니다. 중국의 현대 소설가 장웨이(張煒, 1956~)는 『도연명의 유산』에서 다음과 같이 말합니다.

도연명이 그러한 사람과 가장 다른 점은 진정으로 한 구석으로 물러나서 노동하고 자기 힘으로 생활할 수 있었다는 점이다. 이는 보기엔 가장 간단하고 기본적인 선택인 것 같지만, 실제로는 가장 난이도가 높다. 당시의 지식층 가운데 이렇게 실행한 사람이 없었고, 최소한 기록도 많지 않았기 때문에, 도연명도 특이하게 보여 후세 사람들이 그를 '은사'(隱士)로 명명하기까지 이르렀다. 이것은 도연명이 위진시대에 살아간 길이 간단하여 실행하기 쉬운 것처럼 보이지만, 실제로는 일종의 '발명'임을 충분히 설명한다. (장웨이, 74쪽)

'발명'이라고 함은 보통 물질적인 것을 새로 만듦을 뜻하지만 이 글에서는 새로운 삶의 태도를 처음으로 만들었다는 의미로 쓰였습니다. 그것이 도연명의 「귀거래사」에서 나타나는 새로운 삶의 추구입니다.

「귀거래사」

시골에 들어와 농사를 짓기 시작하고 반년 뒤에 도연명은 시를 썼습니다. 자신이 살아온 길을 돌아보는 노년의 자각과 다시는 정치에 나서지 않겠다는 결의가 담긴 이 시가 바로 「귀거래사歸去來辭」입니다. 이 시는 단순한 전원시가 아닙니다. 속세와의 인연을 끊고 자유-자치-자연으로 돌아가겠다는 선언이지요.

> 자, 돌아가자!
> 전원이 메말라가는데 어찌 돌아가지 않겠나?
> 마음을 몸의 노예로 만들고
> 어찌 슬퍼하여 서러워만 할 것인가?
> 지난 일은 탓해야 소용없고
> 앞으로 바른길 좇는 것이 옳다.
> 길을 잃은 것이 그리 오래지는 않았다.
> 지난날은 그릇되고 지금이 옳다.
> 배는 유유히 흔들리고
> 바람은 가볍게 옷깃을 날리는데,
> 나그네에게 고향길을 물으며
> 새벽빛이 희미함을 한스러워한다.
> 저 멀리 우리 집 대문과 처마가 보이자
> 기쁜 마음에 급히 줄달음친다.

아이종은 기쁘게 맞이하고
어린 자식은 문 앞에서 기다린다.
세 갈래 길은 황폐해졌으나
소나무와 국화는 아직도 꿋꿋하다.
아이를 끌고 방으로 들어가니
술이 술동이에 그득하구나.
술병과 술잔을 들고 스스로 잔을 쳐서
뜰의 나뭇가지 바라보며 웃는다.
남쪽 창에 기대어 의기양양하니
작은 집이지만 편안한 곳이다.
정원을 날마다 걷다 보면 즐거운 정취 생겨나고
문은 달아놓았지만 늘 닫혀 있다.
지팡이에 늙은 몸 의지하여 거닐다가 쉬며
때로 고개 들어 멀리 바라본다.
구름은 무심히 산을 넘고
새는 지쳐 둥지로 돌아온다.
해가 뉘엿뉘엿 지려는데
외로운 소나무를 어루만지며 서성인다.
돌아가자!
모든 사귐 그쳐 어울리지 않고
세상과 내가 서로 가는 길 다르니
어찌 다시 벼슬길 구하겠는가?
이웃과 정다운 이야기로 기뻐하고
거문고와 책을 즐겨 시름을 달래고

농부가 봄이 이르렀음을 알리니
이제 서쪽 밭에 나가 땅을 갈아야지.
작은 수레를 부르거나
작은 배를 저어,
깊은 골짜기 시냇물을 찾고
험한 산을 넘어 언덕을 지난다.
나무들은 싱그럽게 우거지려 하고
시냇물은 조금씩 흘러 물줄기를 이룬다.
만물이 때를 얻음을 부러워하고
내 삶은 끝나가는구나.
모든 것이 끝난다.
세상에 남아 있을 날이 얼마 없으니
마음 내키는 대로 살자.
애를 써서 무엇을 할 것인가?
돈도 지위도 바라지 않고
천국에 대한 기대도 없다.
맑은 날 혼자 거닐고
지팡이 세워놓고 김을 매기도 한다.
동쪽 언덕에 올라 노래 부르고
맑은 냇가에서 시를 지으며
잠시 자연에 맡겼다가 돌아갈 뿐이니,
천명을 즐길 뿐 무엇을 의심하리?*

---

* 歸去來兮 田園將蕪胡不歸 既自以心爲形役 奚惆悵而獨悲

도원명은 전원이 메말라가기에 농사를 짓는다고 합니다. 마음을 몸의 노예로 만든 과거에서 벗어나 바른길을 좇고, 모든 사귐을 그쳐 어울리지 않고 세상과 서로 다른 길을 가고 마음 내키는 대로 살고자 돌아간다고 합니다. 돈도 지위도 바라지 않고 천국에 대한 기대도 없기에 돌아간다고 합니다. 벼슬을 좇아 마음이 몸의 노예가 된 잘못된 길에서 벗어나 사람들과 떨어져 농사지으며 마음대로 살겠다는 새로운 삶의 선언이지요.

「농사를 권함」

농사짓는 삶에 대한 도연명의 또 다른 시를 한 편 더 보겠습니다. 「농사를 권함勸農」에서 도연명은 "도도하게 자급자족하고, 순박하고 진실"한 삶을 추구하며 그것이 인간의 본래 삶이자 최초 사회의 모습이었다고 합니다. 순임금도 우임금도 농사를 지었다는 것이

悟已往之不諫 知來者之可追 實迷塗其未遠 覺今是而昨非
舟搖搖以輕颺 風飄飄而吹衣 問征夫以前路 恨晨光之熹微
乃瞻衡宇 載欣載奔 僮僕歡迎 稚子候問 三徑就荒
松菊猶存 携幼入室 有酒盈樽 引壺觴以自酌 眄庭柯以怡顔
倚南窓以寄傲 審容膝之易安 園日涉以成趣 門雖設而常關
策扶老以流憩 時矯首而遐觀 雲無心以出岫 鳥倦飛而知還
景翳翳以將入 撫孤松而盤桓 歸去來兮 請息交以絶遊
世與我而相違 復駕言兮焉求 悅親戚之情話 樂琴書以消憂
農人告余以春及 將有事於西疇 或命巾車 或棹孤舟
旣窈窕以尋壑 亦崎嶇而經丘 木欣欣以向榮 泉涓涓而始流
善萬物之得時 感吾生之行休 已矣乎 寓形宇內復幾時
曷不委心任去留 胡爲乎遑遑欲何之 富貴非吾願 帝鄕不可期
懷良辰以孤往 或植杖而耘耔 登東皐以舒嘯 臨淸流而賦詩
聊乘化以歸盡 樂夫天命復奚疑

지요. 그래서 도연명은 공자를 비판합니다.『논어』「자로」편에서 공자의 제자 번수(樊須)가 농사일 배우기를 청합니다. 공자는 "나는 늙은 농부만 못하다"라고 답하지요. 그 뒤 다시 번수가 채마밭 가꾸기를 배우고자 청하자 공자는 "나는 채마밭 가꾸는 늙은이만 못하다"고 합니다. 그러고는 번수가 나간 뒤에 "소인(小人)이구나! 번수여!"라고 외쳤다는데,* 이는 농사일은 소인이나 하는 일이라는 가치 판단이 들어 있는 말이라는 것이지요. 도연명은 번수를 두둔하며, 후직(后稷)**이 사람들에게 농사일을 가르친 것이 세상을 구하고 백성을 구제하는 구세제민의 방안이었다고 합니다.

멀고 먼 오랜 옛날
처음 사람이 생겨났다.
편안하게 자급자족하고
순박하고 진실하였다.
꾀와 교활함이 생겨나자
물자 공급이 어려워졌다.
누가 백성을 넉넉하게 해줄까?
실로 철인에게 의존할 뿐이다.

* 樊遲請學稼 子曰 吾不如老農 請學爲圃 曰 吾不如老圃 樊遲出 子曰 小人哉 樊須也
** 중국 신화의 등장인물로 유우씨로부터 희성을 받았다고 합니다.『사기』에 의하면 제곡 고신씨의 정비인 강원이 거인의 발자국을 밟고 임신해서 낳았다고 합니다. 유우씨 아래서 농사와 관련된 직책을 맡았다고 전해지며 중국에서는 염제 신농씨와 함께 농경의 신으로 여겨집니다. 조선에서도 후직을 농사의 신으로 모셨습니다.

철인은 누구였나?
바로 후직이었다.
백성을 풍요하게 해준 것은
실로 씨 뿌리고 심는 일이었다.
순임금도 몸소 농사짓고
우임금 역시 농사지었다.
멀리 주나라 법전에도
여덟 가지 다스림의 시작이 양식이라 했다.
화락한 좋은 덕망
부드러운 바람 맑고 따듯하다.
아름다운 넓은 들판
하고많은 남녀들
때를 쫓아 다투는데,
뽕 따는 아낙들은 밤중에 일어나고
농부는 일하다가 들에서 잠들었다.
제철은 지나가기 쉽고
부드러운 비 오래가기 어려웠다.
익결은 부부가 함께 나섰고
장저와 걸닉은 나란히 밭 갈았다.
저 현명하고 통달한 인물들
여전히 밭일에 힘을 들였다.
하물며 뭇 백성들이야
옷자락 끌고 팔짱 끼고 지내겠나?
사람의 삶은 근면한 데 있으니

근면하면 모자람이 없다.

편안히 스스로 편안하게 지냈다.

한 해가 저무는데 무엇을 바랄까?

곡식을 모아두지 않았다.

굶주림과 추위 번갈아 몰아닥쳐도

나같은 무리들이야

부끄러움 품지 않을 수 있겠는가?

공자는 도덕에 열중하여

번수를 비루하게 여겼다.

동중서는 거문고와 책을 즐겨

전원을 밟지도 않았다.

만약에 초연할 수 있어

고답한 길에 자취를 던진다면,

감히 옷깃 여미며

덕의 아름다움 삼가 찬양하리라.*

---

*

悠悠上古 厥初生民 傲然自足 抱朴含眞 智巧旣萌 資待靡因
誰其贍之 實賴哲人 哲人伊何 時惟后稷 贍之伊何 實曰播殖
舜旣躬耕 禹亦稼穡 遠若周典 八政始食 熙熙令德 猗猗原陸
卉木繁榮 和風淸穆 紛紛士女 趨時競逐 桑婦宵興 農夫野宿
氣節易過 和澤難久 冀缺携儷 沮溺結耦 相彼賢達 猶勤壟畝
矧伊衆庶 曳裾拱手 民生在勤 勤則不匱 宴安自逸 歲暮奚冀
擔石不儲 飢寒交至 顧余儔列 能不懷愧 孔耽道德 樊須是鄙
董樂琴書 田園不履 若能超然 投迹高軌 敢不斂衽 敬贊德美

도연명에 의하면 삼대 이래의 성현들은 이상사회를 만들고자 했으나 실패했고, 그 뒤 유가가 다시 사회를 구제하려고 했지만 진시황의 분서갱유로 실패했으며, 진나라 이후에는 경전과 문헌을 지키는 유생들밖에 없었습니다. 그리하여 그가 꿈꾼 도화원은 상고시대의 순수에 대한 갈망이었습니다. 진시황 시대에도 그런 순수한 사람들이 있었는데 그들은 도화원에 숨었다고, 도연명은 생각했습니다.

「도화원시와 기」

도연명이 그린 도화원 이야기에는 기(記)도 있고 시(詩)도 있습니다. 기가 주(主)이고 시는 부(副)입니다. 문체는 서로 다르지만 「도화원시와 기桃花源詩幷記」는 아나키 유토피아를 그립니다. 다음은 「도화원기」입니다.

> 진나라 태원 연간에 무릉 사람으로 고기잡이하는 이가 있었다. 하루는 물길을 따라가다가 길을 잃었는데, 홀연히 눈앞에 복숭아꽃 숲이 나타났다. 양쪽 강을 끼고 수백 보 거리에 온통 복숭아나무뿐이며 다른 잡목은 하나도 없었다. 또한 향기로운 풀들이 싱싱하고 아름답게 자랐고 복숭아 꽃잎이 바람에 날고 있었다.
> 어부는 이상하게 여겨 계속 앞으로 나가 복숭아 숲 끝에 무엇이 있는지 알고자 했다. 숲은 강 상류에서 끝났고 그곳에 산이 있었으며, 산에는 작은 동굴이 있고 그 속으로 희미하게 빛이 보였다. 어부는 배에서 내려 동굴 속으로 들어갔다. 동굴은 처음에는 몹시 좁아 사람이 간신히 통과할 수 있었으나 수십 보를 더 나가자 갑자기 탁 트이

고 넓어졌다.

땅은 평탄하고 넓고, 집들이 반듯하게 늘어섰으며, 기름진 논밭과 아름다운 연못, 뽕나무와 대나무 숲이 우거져 있었다. 논밭과 두렁이 서로 이어지고, 닭과 개 우는 소리가 들려 왔다. 이 마을에서 오가며 농사짓는 남녀의 옷차림은 다른 고장 사람들과 같았고, 누런 머리 노인이나 더벅머리 아이나 다들 즐거운 듯 안락해 보였다.

사람들은 어부를 보자 크게 놀라며 어디서 왔느냐고 물었다. 어부가 자세히 대답하자 그들은 어부를 집으로 데리고 가서 술을 내고 닭을 잡아 대접했다. 다른 마을 사람들도 어부가 왔다는 말을 듣고 와서 저마다 물었다. 집주인은 말했다. "우리 선조가 진나라 때 난을 피해 처자와 마을 사람들을 이끌고 이 절경으로 와 다시 나가지 않았으므로 결국 바깥세상 사람들과 단절됐습니다."

지금이 어느 때냐고 묻는 것을 보니, 그는 한나라는 물론 그 뒤로 위나라와 진나라가 있었다는 사실도 모르는 듯했다. 어부가 지난 역사를 하나하나 자세히 이야기해주자 모두 놀라며 탄식했다.

다른 사람들도 저마다 어부를 자기 집으로 초대해서 술과 밥을 대접했다. 어부는 며칠을 묵은 후 작별하고 떠났다. 마을 사람들은 당부했다. "바깥세상 사람들에게 말하지 마십시오."

마을을 벗어나 배를 얻어 타고 돌아오는 길에 어부는 여러 군데 표식을 했다. 읍에 이르자 태수를 찾아 그대로 보고하니, 태수는 즉시 사람을 파견하여 어부가 표식한 곳을 찾아가게 했다. 하지만 결국 길을 잃고 도화원으로 통하는 길을 찾지 못했다. 남양의 유자기는 고결한 은사였다. 그 소리를 듣고 기꺼이 찾아가보려 했으나 찾지 못하고 병들어 죽었다. 그 후로는 뱃길을 찾는 사람이 다시없었다.*

이 「도화원기」는 다음의 「도화원시」를 이해하기 위한 설명입니다.

진(秦)나라 폭정이 세상을 어지럽혀
현자들은 세상에서 몸을 숨겼다.
은둔자들도 상산으로 갔지만
그들 역시 이곳으로 피해 왔더라.
은신해 갔던 발자국은 묻혀 사라지고
도화원으로 오던 길도 황폐해버렸다.
서로 도와 농사짓고

*

晉太元中 武陵人捕魚爲業 緣溪行 忘路之遠近 忽達桃花林。
夾岸數百步 中無雜樹 芳草鮮美 落英繽紛
漁人甚異之 復前行 欲窮其林。 林盡水源便得一山。 山有小口 髣髴若有光。
便舍船從口入。
初極狹 纔通人 復行數十步 豁然開良
土地平曠 屋舍儼然 有良田美池桑竹之屬。 阡陌交通 鷄犬相聞。
其中往來種作男女衣著 悉如外人 黃髮垂髫 並怡然自樂。
見漁人 乃大驚 問所從來 具答之 便要還家 設酒殺鷄作食
自云: 先世避秦大亂 率妻子邑人來此絶境不復出焉 遂與外人間隔。
問今是何世乃不知有漢 無論魏晉。 此人一爲具言 所聞皆歎惋。
餘人各復延至其家 皆出酒食。 停數日 辭去。 此中人語云: 不足爲外人道也。
旣出 得其船 便扶向路 處處誌之。 及郡下 詣太守 說如此。
太守卽遣人隨其往 尋向所誌 遂迷不復得路。
南陽劉子驥 高尚士也。 聞之 欣然規往。 未果 尋病終。 後遂無問津者。

해가 지면 편히 쉰다.
뽕과 대나무 무성하고
콩과 기장을 철 따라 가꾼다.
봄엔 누에가 긴 실을 뽑아내고
가을엔 오곡이 익어도 세금이 없다.
길은 황폐해 오가기 어렵고
닭과 새가 서로 우짖는다.
제사도 옛 법 그대로고
옷도 새로 지은 것이 없다.
어린이들은 멋대로 길에서 노래하고
백발노인들은 즐겁게 서로 찾는다.
풀 자라니 온화한 봄철임을 알고
나무 시들면 바람이 찬 겨울임을 안다.
비록 달력도 책도 없지만
사계절 변천으로 일 년을 알 수 있다.
기쁜 낯으로 마냥 즐겁게 살고
애써 꾀나 재간을 피우지도 않는다.
흔적 없이 가리운 지 오백 년 만에
홀연히 신비의 세계가 나타났으나,
순박한 도원경과 야박한 속세가 맞지 않아
이내 다시 신비 속으로 깊이 숨었노라.
잠시 속세에 노는 사람에게 묻노니
먼지와 소음 없는 신비경을 아는가?
바라건대 사뿐히 바람을 타고

높이 올라 나의 이상향을 찾으려 한다.*

이 시에서 가장 중요한 구절을 꼽자면 "가을엔 오곡이 익어도 세금이 없다"일 것입니다. 즉 추수 후에도 세금을 안 바친다는 것이지요. 비록 환상에 불과한 이야기지만 당시 농민들에게는 염원 그 자체, 가히 혁명적인 표현이었을 것입니다. 결국 도연명의 귀농은 그 자체로 당시의 지배층에 대한 반발이었습니다. 모든 유토피아가 그렇듯 그것은 당시 현실에 대한 풍자이자 비판이었습니다.

자연으로 돌아가

도연명은「자연으로 돌아가 농촌에서 살다 3歸園田居3」에서 농사의 힘겨움을 다음과 같이 그림처럼 묘사합니다.

> 남산 아래에 콩 심으니
> 풀만 무성하고 콩 싹은 드물다.
> 새벽 일찍 일어나 밭에 잡초 매고
> 달빛을 받으며 호미 메고 돌아온다.
> 초목이 무성하여 길은 좁고

---

*
嬴氏亂天紀 賢者避其世 黃綺之商山 伊人亦云逝 往迹浸復湮 來逕遂蕪廢
相命肆農耕 日入從所憩 桑竹垂餘蔭 菽稷隨時藝 春蠶收長絲 秋熟靡王稅
荒路曖交通 鷄犬互鳴吠 俎豆猶古法 衣裳無新製 童孺縱行歌 斑白歡游詣
草榮識節和 木衰知風厲 雖無紀歷志 四時自成歲 怡然有餘樂 于何勞智慧
奇蹤隱五百 一朝敞神界 淳薄旣異源 旋復還幽蔽 借問游方士 焉測塵囂外
願言躡輕風 高擧尋吾契

저녁 이슬에 옷 다 젖는다.
옷 젖는 것 아깝지 않으나
다만 바라기는 어긋남이 없었으면.*

농촌은 결코 아름답지만은 않습니다. 「자연으로 돌아가 농촌에서 살다 4」에서 시인은 황폐한 마을에 대해 노래합니다.

오랜만에 산과 못에 가 노닐며,
넓은 숲과 들판을 마냥 즐기네.
자식과 조카들은 손에 손잡고,
덤불 헤쳐 황폐한 마을로 가네.
언덕 위 무덤 사이 서성이려니,
옛사람의 거처가 어렴풋하여라.
우물과 부엌 터는 흔적만 남고,
뽕나무와 대나무도 그루터기뿐.
나무하는 사람에게 물어보나니,
여기 사람들 모두 어찌 되었소.
나무하는 이 나에게 하는 말이,
모두 죽어서 남은 이가 없다오.
한 세대에 세상 바뀐다 하더니,
이 말은 참으로 빈말이 아니네.

* 種豆南山下 草盛豆苗稀 晨興理荒穢 帶月荷鋤歸
  道狹草木長 夕露沾我衣 衣沾不足惜 但使願無違

인생은 환상인 양 변하여 가니,
끝내는 공(空)과 무(無)로 다시 가누나.*

 마을 하나가 금방 없어질 정도로 도연명의 시대는 어려웠던 것입니다. 그런 때에 도연명은 직접 농사를 짓고 농민들과 친구가 되었습니다. 그는 농민의 순박한 인품과 감정을 찬양하고 그들과의 우의를 소중하게 생각했습니다. 「잡시雜詩」에서 그는 모든 사람이 형제라고 노래합니다.

인생은 뿌리도 꼭지도 없는 것.
길 위의 먼지처럼 부질없이 나부낀다.
흩어져 바람 따라 떠도니
이는 이미 무상한 몸이라.
세상에 태어나면 형제 된 것이니
어찌 반드시 골육끼리만 친할까?
기쁜 일 생기면 마땅히 즐기리니
한 말의 술 있으면 이웃을 불러 모으게.
청춘은 다시 오지 않으니
하루에 새벽 두 번 오기 어려워라.

*

久去山澤遊 浪莽林野娛 試携子姪輩 披榛步荒墟 徘徊邱壟間
依依昔人居 井竈有遺處 桑竹殘朽株 借問採薪者 此人皆焉如
薪者向我言 死沒無復餘 一世異朝市 此語眞不虛 人生似幻化
終當歸空無

때가 되면 마땅히 힘써 노력할지니
세월은 사람을 기다리지 않는다네.*

도연명은 속세에서 출세하기를 단념한 뒤 늙음과 죽음에 대한 불안으로 갈등하다가 운명에 순응하는 길을 택합니다. 「형영신形影神」 제3수의 마지막에서도 다음과 같이 노래하지요.

늙은이나 젊은이나 다 같이 한번은 죽는 것.
잘나고 못난 것 다시 헤아릴 길 없다.
매일 취하면 혹 잊을 수 있으나
술이 목숨 늘이는 물건 아닌 것이다.
선을 행함은 언제나 기뻐해야 할 일이나
누가 마땅히 너를 위해 칭송해줄 것인가?
심하게 생각하면 우리 삶을 해치니
마땅히 운명에 맡겨 가야 하리라.
큰 변화 속 물결 따라가야 하리.
기뻐하지도 않고 또 두려워하지도 않는다.
다해야 할 것이면 다해버려야 하지.
다시 혼자만 근심 많이 하지들 말아라.**

---

*   人生無根蒂 飄如陌上塵 分散逐風轉 此已非常身 落地爲兄弟
    何必骨肉親 得歡當作樂 斗酒聚比鄰 盛年不重來 一日難再晨 及時當勉勵
    歲月不待人
** 老少同一死 賢愚無復數 日醉或能忘 將非促齡具 立善常所欲 誰當爲汝譽
    甚念傷吾生 正宜委運去 縱浪大化中 不喜亦不懼 應盡便須盡 無復獨多慮

이 시에서 말하는 '큰 변화(大化)'란 유아기, 소년기, 노년기, 죽음으로 이어지는 네 단계를 말합니다. 도연명은 스스로 자신의 죽음을 애도하는 조시 「자제문自祭文」과 자기의 장례를 노래하는 「만가시挽歌詩」도 썼습니다. 「자제문」은 이승에서의 삶을 기우(寄寓)라 하여 말 그대로 잠시 남의 집에 의탁하여 사는 것, 이승을 떠나는 것은 역려지관(逆旅之館)이라 하여 잠시 머물던 여관을 떠나 영원히 본래의 집으로 돌아가는 것으로 노래합니다. 인생을 살면서 욕심도 미련도 갖지 말자고 스스로를 경계하는 뜻으로 보입니다. 도원명은 실제로도 평생을 그렇게 살아갔던 것입니다. 이승의 삶이 너무나 고달팠는데 사후에도 그러면 어떡하나 염려하는 것으로 제문의 끝을 맺고 있는 것이 안타깝습니다. 「만가시」는 "삶이 있으면 반드시 죽음 있으니 / 일찍 죽는다고 명 짧은 것은 아니다"*로 시작하여 "다만 한스러운 건 세상에 있을 적에 / 술 마시는 게 흡족하지 못했던 것이다"**라는 유머를 구사합니다. 이 시를 쓴 뒤에 도연명은 곧 죽었습니다만, 이처럼 웃으며 죽는 것이야말로 최고의 죽음이라 할 수 있지 않겠습니까?

---

*   有生必有死 早終非命促
** 但恨在世時 飲酒不得足

8
중세 동아시아의 노년

중세 동아시아

서양사에서 사용되는 중세라는 개념을 서양 이외의 역사에 사용하기에는 문제가 많습니다. 하지만 여기서 중국의 중세란 도연명이 살았던 위진남북조시대(220~589)부터 수나라·당나라 시대(581~987)와 송나라(960~1270)를 거쳐 원나라(1271~1386)까지를 말합니다. 한국사나 일본사에서는 그보다 뒤의 시대를 중세라고 보는 경향이 있습니다. 특히 한국사에서는 고려 전후를 중세로 보지만 여기서는 신라시대까지 거슬러 올라가 살펴보겠습니다. 하지만 중세 동아시아로부터 전해 오는 노년에 대한 정보는 한정적입니다. 여기서도 몇 편의 시나 문장으로 짐작해보는 정도에 그치게 되어 아쉽습니다.

두보의 노년

두보는 당나라의 이백과 함께 중국 역사상 가장 위대한 시인으로 불립니다. 그러나 자연과 함께 풍류를 즐기는 도교적인 내용을 담은 이백의 시와 달리, 두보의 시는 사회풍자와 교훈적인 주제를 담

아내어 유교적입니다. 그래서 이백을 도교의 신선(神仙), 두보는 유교의 시성(詩聖)이라고 합니다. 하지만 두보가 유교적인 애국 시인으로 불리게 된 것은 송나라 시대 유가의 충군(忠君) 사상에 의해 과장된 측면이 있습니다.

두보는 48세에 낮은 벼슬을 사직하고 처자와 함께 청두(成都)에 정착해 성 밖에 완화초당(浣花草堂)을 세우고 살았습니다. 두보가 49세에 쓴 시「강마을江村」에는 전란을 피해 떠도는 궁핍한 생활 가운데 제대로 먹지 못하고 고생하느라 50세가 되기도 전에 늙어 약에 의존해야 했던 자신의 모습이 그려집니다.

> 맑은 강 한 굽이 마을을 감싸고 흐르니
> 기나긴 여름 강촌은 만사가 한가롭다.
> 절로 가며 오는 것은 집 위의 제비고
> 서로 친하며 가까운 것은 물 가운데 갈매기다.
> 늙은 아내는 종이에 그려 장기판을 만들고
> 어린 아들은 바늘 두드려 고기 낚을 바늘을 만든다.
> 많은 병에 필요한 것은 오직 약물이니
> 미천한 이 몸이 또 무엇을 바랄까?*

여름철 강마을의 한가롭고 평화로운 모습에 흠뻑 젖어들던 중 끝에서 늙고 병든 시인에게 필요한 것은 약물뿐이라는 묘사를 만

---

* 淸江一曲抱村流 長夏江村事事幽 自去自來梁上燕 相親相近水中鷗 老妻畵紙爲棋局 稚子敲針作釣鉤 多病所須唯藥物 微軀此外更何求

나 깜짝 놀랐습니다. 시의 앞 부분과 뒷 부분이 대비되어 노년의 고통이 더욱 선연하게 드러나는 것 같지요? 50세의 '백두옹' 두보가 쓴 「난을 피하여」에서는 어지러운 세상에서 시인이 받아야 했던 고통이 그대로 드러납니다.

> 쉰 살 머리 하얀 늙은이
> 남북으로 난리를 피해 다녔지.
> 해진 옷으로 마른 몸을 감싸고
> 분주하여 자리조차 따뜻할 겨를이 없었지.
> 이미 노쇠한 몸에 병마저 찾아들고
> 온 천하가 한결같이 도탄에 빠졌네.
> 하늘과 땅 사이 만 리 안에
> 몸을 누일 언덕조차 찾지 못했네.
> 처자식 또 나를 따라다녔지만
> 돌아보니 모두 비탄에 빠졌었지.
> 고향 언덕엔 잡초 무성하고
> 이웃들 저마다 흩어졌네.
> 돌아갈 길 이로부터 길을 잃었으니
> 상강의 언덕에 눈물 다 쏟으리.*

---

* 五十白頭翁 南北逃世難 疏布纏枯骨 奔走苦不暇 已衰病方入 四海一塗炭 乾坤萬里內 莫見容身畔 妻孥復隨我 回首共悲嘆 故國莽丘墟 隣里各分散 歸路從此迷 涕盡湘江岸.

이후 54세 때 귀향할 뜻을 품고 청두를 떠나 양쯔강(揚子江)을 내려가 기주(夔州)의 협곡에서 이 년 동안 체류합니다. 그리고 다시 이 년간 더 방랑한 뒤 배 안에서 병을 얻어 후난성(湖南省)의 동정호(洞庭湖)에서 58세에 병사했지요. 두보가 죽기 직전인 767년에 기주에서 중양절을 맞아 홀로 높은 곳에 올라가 지은 시가 다음의 「등고登高」입니다.

> 바람 빠르고 하늘 높은데 잔나비 울음소리 슬프고
> 물가 맑고 모래 흰데 새 날아 돌아오네.
> 가없이 지는 나뭇잎 서걱서걱 떨어지고
> 다함 없는 긴 강은 출렁출렁 흘러오네.
> 만 리 밖 슬픈 가을에 늘 길손 되어,
> 백년 인생에 병 많은데 홀로 누대에 올랐네.
> 간난에 시달려 흰 살쩍에 한스러운데,
> 노쇠하여 이제 탁주마저 끊었네.*

백거이의 노년 시

백거이(白居易, 772~846)**는 고려 말의 우탁(禹倬, 1262~1342)부터 조선 중기의 윤기(尹愭, 1741~1826)에 이르기까지 한반도의 많은 문인들에게 영향을 준 9세기 당나라의 시인입니다. 그는 가난한 학자

---

*   風急天高猿嘯哀 渚淸沙白鳥飛 無邊落木蕭蕭下 不盡長江滾滾 萬里悲秋常作客 百年多病獨登臺 艱難苦恨繁霜鬢,
**   백낙천(白樂天)이라고도 합니다.

집안에서 태어났지만, 29세에 진사 급제하여 71세까지 여러 벼슬을 거쳤습니다. 755년 안록산(安祿山)의 난 이후 정치 개혁이 이루어져 비교적 낮은 가계 출신에게도 기회가 열린 덕분이었지요.

백거이는 초기에 '신악부(新樂府)'라 불리는 사회나 정치 비판을 담은 풍유시(諷喩詩)들을 많이 지었으나, 43세에 좌천당한 뒤에는 일상의 작은 기쁨을 주제로 한 한적시(閑適詩)를 많이 썼습니다. 그의 풍유시로 「두릉의 늙은이杜陵叟」가 있습니다.

> 두릉의 노인 두릉에 살면서
> 해마다 척박한 밭 백 이랑에 씨를 뿌린다.
> 3월에 비 안 오고 마른 바람 불더니
> 보리 싹 피어나지 못한 채 누렇게 말라버렸고,
> 9월에 서리 내리고 초가을부터 쌀쌀하더니
> 벼 이삭 패기도 전에 모두 퍼렇게 말라버렸다.
> 관리는 이를 훤히 알면서도 상부에 알리지 않고,
> 세금 급히 거두고 가혹하게 징수해 실적만 올리려 한다.
> 뽕밭을 잡히고 땅을 팔아 관가에 세금을 냈으니
> 내년 의식을 어찌 해결하나?
> 내 몸에서 옷을 벗기고
> 내 입에서 양식을 앗아 갔다.
> 사람들 학대하고 해치면 그것이 곧 승냥이요 이리지.
> 굳이 갈고리발톱과 톱날 어금니로 사람을 먹어야만 승냥이인가?
> 누군지 몰라도 황제에게 상주하니,
> 백성의 민폐를 알게 된 임금이 측은히 여겨

백마지에 은혜로운 말씀 적어서
경기 지역은 올해 세금을 면제토록 하셨다.
어제 아전이 문 앞에 나타나
칙령을 들고 와서 마을마다 붙이건만,
열 집이면 아홉 집은 세금을 다 낸 뒤니
우리 임금 높은 은혜 거짓으로 받은 게 되었다.*

세금 외에도 궁시(宮市)라는 잔혹한 수탈 방법이 있었습니다. 환관 수백 명을 시장에 보내 황궁에 필요한 일용품을 헐값에 사들이는 것이었지요. 백거이의 「숯 파는 노인賣炭翁」은 숯차를 궁정으로 끌고 가는 환관의 횡포를 고발합니다. 1천 2백여 년 전 쓰였지만, 오늘날 우리 주변 가난한 노인들의 노동하는 삶을 노래한 시라고 해도 전혀 손색이 없습니다.

숯 파는 노인, 남산에서 나무를 베어 숯을 굽고 있네.
얼굴은 먼지와 재를 한가득 뒤집어써 그을음 색이고
양 귀밑머리는 세었고 열 손가락은 새까맣게 되었네.
숯 팔아 돈 생기면 무엇에 쓸까?

*
歲種薄田一頃餘 三月無雨旱風起 麥苗不秀多黃死 九月降霜秋早寒
禾穗未熟皆靑乾 長吏明知不申破 急斂暴徵求考課 典桑賣地納官租
明年衣食將何如 剝我身上帛 奪我口中粟 虐人害物卽豺狼
何必鉤爪鋸牙食人肉 不知何人奏皇帝 帝心惻隱知人弊 白麻紙上書德音
京畿盡放今年稅 昨日里胥方到門 手持尺牒牓鄕村 十家租稅九家畢
虛受吾君蠲免恩

몸에 걸칠 옷과 입에 넣을 음식이라네.
가련하게도 몸에 걸친 것은 홑옷이지만
마음으로는 숯값이 싸질까 봐 날씨가 춥기를 바란다네!
밤사이 성 밖에 눈이 한 자나 쌓였으나,
새벽에 숯 실은 수레를 몰고 얼어붙은 길을 삐걱거리며 왔네.
시장 남문 밖에 이르러 진흙 속에서 쉬었다네.
펄럭이며 말 타고 오는 두 사람은 누구일까?
누런 옷의 환관과 흰옷의 졸개들이 달려오네.
손에 문서를 들고 칙명이라 외치면서
수레를 돌려 소를 몰아 북쪽으로 끌고 가네.
수레에는 천여 근 넘는 숯이 있건만
대궐 심부름꾼이 몰아가니 아까운들 어찌하나!
붉은 명주 반 필과 비단 한 길을
소머리에 매어 보내고 숯 값으로 친다네!*

백거이의 노년 시들은 한반도 시인들에게 영향을 미쳤습니다. 백거이는 노년을 즐겁게 수용하는 시를 많이 썼기에 그의 노년 시를 탄로시(歎老詩)라고 하지 않고 영로시(詠老詩)라고 합니다. 그러나 백거이도 처음부터 영로시를 썼던 것은 아닙니다. 가령 40세에

---

* 伐薪燒炭南山中 滿面塵灰煙火色 兩鬢蒼蒼十指黑 賣炭得錢何所營 身上衣裳口中食 可憐身上衣正單 心憂炭賤願天寒 夜來城外一尺雪 曉駕炭車輾冰轍 牛困人飢日已高 市南門外泥中歇 翩翩兩騎來是誰 黃衣使者白衫兒 手把文書口稱敕 迴車叱牛牽向北 一車炭重千餘斤 宮使驅將惜不得 半疋紅紗一丈綾 繫向牛頭充炭直

쓴 「탄로삼수歎老三首」에서 그는 자신의 늙음을 깨닫고 놀랍니다.

새벽에 일어나 거울에 비추어보니
모습과 그림자 모두 적막하네.
젊은 시절은 나에게서 떠나가고
백발은 빗질하는 대로 떨어지네.
모든 변화는 천천히 이루어지니
천천히 쇠하는 것 보고도 알지 못했네.
다만 두려운 건 거울 속 얼굴
오늘 아침이 어제보다 늙은 것이라,
인생이 백년도 되지 않으니
길이 즐거움 누릴 수는 없겠지.
누가 천지의 마음을 이해하여
거북이나 학처럼 장수하겠는가?
내 듣기로 좋은 의사로
고금에 편작*을 일컬으니,
만병은 다 고칠 수 있어도
늙음을 고칠 약은 없구나.**

* 편작(扁鵲, 기원전401~310)은 약 2500년 전 춘추전국시대에 살았던 발해군(현 하북성과 산동성) 출신 명의입니다.
** 晨興照青鏡 形影兩寂寞 少年辭我去 白髮隨梳落
萬化成於漸 漸衰看不覺 但恐鏡中顏 今朝老於昨
人年少滿百 不得長歡樂 誰會天地心 千齡與龜鶴
吾聞善醫者 今古稱扁鵲 萬病皆可治 唯無治老藥

시인은 늙음을 고칠 약이 없다고 개탄합니다. 오십 대까지도 그렇게 개탄하다가 60세에 들어서면서부터는 늙음을 긍정하는 영로시를 쓰기 시작합니다. 다음은 그의 시「거울을 보며, 늙음을 즐거워하다 覽鏡喜老」입니다.

아침에 거울을 들여다보니
구레나룻 온통 백발이 되었네.
나이가 예순네 살이니
어찌 늙지 않겠나?
식구들은 내 늙음을 아쉬워하고
서로 탄식하지만,
나는 홀로 미소 지으니
그 누가 내 뜻을 알겠는가?
웃음을 그치고 술상 내오라 한 뒤
거울을 뒤로하고 손 들어 수염을 쓰다듬는다.
너희들 이리 와 편히 앉거라.
조용히 내 살아온 지난 삶을 들어보아라.
살아온 삶의 역정이 비록 고달팠지만 연연할 것이 없으면
늙어가는 것 역시 슬퍼할 일도 아니다.
살아온 것이 소중하다면
앞으로 늙어가는 것도 그렇게 오래오래 살아갈 만한 것이리라.
늙지 않는다면 요절했을 터
요절하지 않았으니 늙은 것을,
살아서 늙는 게 요절보다 나은 것이라는

이 이치는 의심할 나위 없다네.
옛사람도 그에 대해 한 말씀 하셨지,
인생칠십고래희, 자고로 덧없는 인생 칠십살이가 드물다고
내 올해로 고희에 여섯 살이 모자라는데
세운(歲運)이 좋으면 고희까지는 그럭저럭 살 수 있겠구나.
만약에 그렇게라도 될 수 있다면
아흔에 태산(泰山) 자락에서 거문고 타며 즐기는 영계기(榮啟期)*도 부럽지 않겠구나.
기쁠 수는 있어도 탄식할 일 아니니
자 또 한 잔 이 술잔 가득 부어보거라.**

「달재낙천행達哉樂天行」에서는 곧 닥쳐올 죽음을 초연하게 맞이

---

* 영계기(榮啓期, 기원전571~474)는 공자와 같은 시대를 살았던 현인으로 그에 대해서는 『열자(列子)』「천서편(天瑞篇)」과 『공자가어(孔子家語)』「육본편(六本篇)」에 거의 같은 내용이 다음과 같이 전합니다. 공자가 태산에 놀러 갔을 때에 영계기를 만났는데 그는 사슴 가죽 옷에 새끼띠를 둘렀고 거문고를 뜯으며 노래를 불렀습니다. 공자가 묻기를 "선생이 즐기는 바는 무엇이요?" 하니, 그가 대답하기를 "내가 즐기는 것이 심히 많으나 하늘이 만물을 낳음에 오직 사람이 귀한 것인데 내가 사람으로 태어났으니 첫째 즐거움이요, 남자는 높고 여자는 낮은 것인데 나는 남자인 것이 둘째 즐거움이요, 사람이 태어나 해와 달을 보지도 못하기도 하고 기저귀를 면하지 못하고 죽는데 나는 나이가 이미 구십이 넘었으니 셋째 즐거움이라"고 하였습니다.

** 今朝覽明鏡 鬚鬢盡成絲 行年六十四 安得不衰羸 親屬惜我老 相顧興歎咨 而我獨微笑 此意何人知 笑罷仍命酒 掩鏡捋白髭 爾輩且安坐 從容聽我詞 生苦不足戀 老來何足悲 生苟可戀 老即生多時 不老即須夭 不夭即須衰 晚衰勝早夭 此理決不疑 古人亦有言 浮生七十稀 我今欠六歲 多幸或庶幾 倘得及此限 何羨榮啟期 當喜不當歎 更傾酒一巵

할 수 있는 노년의 안온한 삶을 노래합니다. 이 시를 보면 백거이가 노장사상에 심취했음을 알 수 있습니다.

> 통달했구나, 백낙천 통달했구나!
> 낙양에 떠나와서 십삼 년 되었으니
> 칠순이 되자 이내 벼슬을 사직하고,
> 봉록이 줄기 전에 벼슬을 사직하고,
> 〔중략〕
> 지금 내 나이 이미 71세로
> 눈 어둡고 수염 희고 정신 흐리니,
> 아마도 내 몫 다 쓰지 못하고
> 아침 이슬보다 빨리 황천에 가리라.
> 하나 죽기 전까지는 더 산다고 나쁠 것도 없으니,
> 허기지면 먹고 즐거우면 마시며 조용히 잠을 자리라.
> 사나 죽으나 별반 좋을 것도 나쁠 것도 없노라.
> 깨닫고 달통했노라, 백낙천은 달통했노라.*

---

* 達哉達哉白樂天
　　分司東都十三年
　　七旬纔滿冠已挂
　　半祿未及車先懸 [중략]
　　吾今已年七十一
　　眼昏鬢石頭風眩
　　但恐此錢用不盡
　　即先朝露歸夜泉
　　未歸且住亦不惡

신라 향가 「헌화가」의 노년

다음은 한국 중세의 노년의 모습을 살펴보겠습니다. 고려시대 승려 일연(一然, 1206~1289)이 쓴 『삼국유사』 권2 '수로부인조(水路夫人條)'에 전해 오는 내용입니다. 성덕왕대 순정공(純貞公)이 강릉 태수로 부임해 가다가 해변에서 점심을 먹게 되었는데, 근처 높은 돌산 위에 철쭉이 많이 피어 있었습니다. 순정공의 부인 수로가 그 꽃을 꺾어줄 사람이 없느냐고 물었습니다. 모두가 할 수 없다고 답하던 그때, 암소를 끌고 가던 노인이 꽃을 꺾어 바치겠다고 나섭니다. 그때 그가 부른 노래가 「헌화가」입니다. 그 현대어 풀이는 다음과 같습니다.

붉은 바위 끝에, 암소 잡은 손을 놓게 하시고
나를 부끄러워하지 않으신다면
꽃을 꺾어 바치겠습니다.

이때 부끄러움의 이유가 자신이 노인이기 때문인지, 아니면 소 몰이 농부이기 때문인지, 둘 다인지는 알 수 없지만, 수로부인이나 순정공에 대한 배려나 두려움 등으로 그렇게 말한 것으로 보입니다. 이 노래의 해석은 다양합니다. 젊은 여인을 사모하고 동경하여 꽃을 바쳤다고 생각할 수도 있지만, 남편 앞에서 그랬을 리는 없을

飢餐樂飮安穩眠
死生無可無不可
達哉達哉白樂天

것 같습니다. 아름답고 고귀한 신분의 여인에 대한 노년 백성의 은근한 사랑 표현이 아니었을까요? 신라시대에 노인이 아름다운 유부녀에게 사랑을 표현할 수 있었다니 조선시대는 물론이고 지금보다도 더 개방적인 시대가 아니었을까요? 『프랑스 여자는 80세에도 사랑을 한다』는 책을 빌려 말하자면 '신라의 노인은 80세에도 사랑을 한다'고나 할까요? 참으로 멋진 시대가 아닙니까? 적어도 지금보다는요.

우탁의 노년

이제 고려 후기의 대학자 우탁이 지은 시조를 봅시다. 이 시조는 최초의 우리말 시조로, 구전되어 오다가 한글 창제 후 문자로 기록되었습니다. 스스로 늙었음을 자괴하는 내용이지요.

> **늙지 말려이고 다시 젊어 보려타니
> 청춘이 날 속이고 백발이 거의로다.
> 이따금 꽃밭을 지날 제면 죄지은 듯하여라.***

시인은 늙음을 한탄합니다. '청춘의 꽃밭'에 머무를 수는 없고, 그곳을 지나칠 수밖에 없는 것이 인생의 자연스러운 추세이고 자연의 삶이므로 굳이 죄의식을 가질 필요는 없는데도요. 물론 한반도 최초의 시조가 젊음과 청춘을 되돌릴 수 없음을 개탄하는 시라

---

* 우탁은 1334년 죽었고 한글 반포가 1446년이니 이 시조는 적어도 백 년 이상 구전되어온 셈입니다.

고 해서 그것이 한국인의 고유한 정서라고 할 수는 없을 것입니다. 하지만 퇴계 이황이 백세의 스승으로 부른 우탁이 그러했다면, 일반 백성들은 늙음에 대해 더욱 비관적이었을 것이라 추측할 수 있습니다.

누구보다 자연의 이치를 잘 알았을 유학자 우탁은 죄의식을 느끼면서도 한편으로 젊음을 회복하고자 합니다.

춘산에 눈 녹인 바람 건듯 불고 간 데 없다.
적은덧 빌어다가 머리 위에 불리고저
귀밑에 해묵은 서리를 녹여볼가 하노라.

젊음에 대한 옛사람들의 열망이 얼마나 컸는지를 알 수 있는 대목입니다.

한 손에 가시 들고 또 한 손에 막대 들고
늙는 길 가시로 막고 오는 백발 막대로 치려터니
백발이 제 먼저 알고 지름길로 오더라.

늙는 길을 가시로 막고 오는 늙음을 막대로 쳐내보려 해도 늙음이 오는 것을 어쩔 수 없다는 절망 어린 한탄입니다. 그래서 우탁이 늙음을 즐겨 수용했는지 아닌지는 알 수 없습니다. 자신보다 4세기나 앞서 살았던 백거이보다 늙음을 받아들이기가 힘겨워 보이네요. 이는 현세 초탈적인 노장사상에 젖은 백거이와 달리, 우탁은 현세 긍정적인 유학자이기 때문인지도 모르겠습니다. 우탁은 고려 말엽 충북 단양 지방의 토착 세력 집안에서 태어나 백성이든 임금이든 잘못된 일은 고쳐야 한다는 신념하에 상소를 올린 것으로 유명하고, 당시 원나라에서 들어온 정주학을 연구하여 성리학의 선구자로 불립니다.

『방장기』의 노년

일본 가마쿠라 시대(鎌倉時代, 1185~1333)의 가인(歌人) 가모노 초메이(鴨長明, 1155~1216)의 수필집 『방장기方丈記』(1212)는 『츠레즈레구사徒然草』 『마쿠라노소시枕草子』와 더불어 일본 3대 수필이라 일컬어집니다. 책이 나오고 팔백여 년 뒤인 2016년에 처음 우리말로 번역 출간되었는데, 책의 부제는 '한 평 안에서 얻은 평안의 이야기'입니다.

일본에서 가인이란 와카(和歌, 단가 형식의 고전 시)나 단가(短歌)를 짓는 사람을 말하지만, 근대 이전에는 지금보다 그 지위가 훨씬 높았습니다. 가모노 초메이도 유명한 가인이었으나, 쉰 살에 출가하여 심산에서 세상을 등졌습니다. 그는 『방장기』에서 그전의 도시 생활에서는 맛볼 수 없는 자유로움을 만끽하며 살아왔다고 술회하지요.

> **단 한순간이라도 마음의 불안을 안정시킬 수 있을 것인가? – 인간으로 태어난 이상 그렇게 될 것 같지는 않다.** (25단)

> **얻고자 하는 것이라고는 아무것도 없다.** (27단)

예순 살이 된 가모노 초메이는 다시 은거하기 위해 임시 오두막을 짓습니다. 언제 어디로든 이사할 수 있도록 아주 간편하게 지은 조립식 오두막이었는데, 넓이는 불과 다다미 네 장 정도였으며 높이도 2미터가 되지 않았습니다. 가모노 초메이는 도시에서는 거듭되는 화재로 많은 집이 불타 없어졌는데 자신의 집은 안전하고 마음에 딱 맞는다고 느꼈습니다. 세상에서 집 짓는 관습을 보면 자기를 위하기보다는 남이나 재산 또는 소나 말을 위해 만드는 경우가 많은데, 자기 집은 자신을 위해 만든 것이라고 했지요. 자신은 혼자이고 아무한테도 폐를 끼치지 않기 때문입니다.

세속의 원망을 마음에 간직하지 않고 억척스러워하지도 않으며, 그저 한가함 속에 조용하게 지내는 것을 소중하게 생각하는 것은 근심 없는 나날을 즐거움으로 삼고 있기 때문이다. (32단)

내 한평생의 즐거움은 선잠을 자고 있는 듯 가볍기 그지없으며…. (33단)

살아보지 않고 그 누가 이 좋은 기분을 확실하게 안다고 할 수 있겠는가? 어느 누구도 이런 마음을 알 리가 없다. (34단)

가모노 초메이는 목숨이 얼마 남지 않은 노년에 한탄할 것도 없으나, 자신이 모습은 승려이지만 마음은 번뇌에 물들어 있다고 개탄합니다. 방장의 암자는 비마라힐*을 흉내 냈지만, 정신적인 깊이에서는 주리반특**의 발뒤꿈치에도 못 미친다면서요. 그는 스스로 질문합니다. 이것은 전세(前世)의 죄 때문일까? 아니면 추잡한 속념 때문일까? 하지만 아무 대답도 하지 못하고, 그저 나무아미타불만 두세 번 외워본다는 것으로 책은 끝납니다.

『도연초』의 노년

『방장기』가 쓰이고 120년 뒤인 1330년경에 승려 요시다 겐코(吉田兼好, 1283~1352)는 『도연초』를 썼습니다. 이는 '무료하고 쓸쓸[徒然]하여 쓴 수필[草]'이라는 뜻으로 약 칠백 년 뒤인 2004년에 우리말로 번역되었습니다. 『방장기』와 달리 불교색이 그렇게 짙지는 않지만, 저변에 흐르는 정신은 역시 불교입니다. 작가는 "명이 길면 망신살이 뻗치게 마련이다. 길어도 사십을 다 못 채우고 죽는 것이 보기 싫지 않고 적당하다고 하겠다(7단)"고 하지만, 그렇게 쓸 때의 나이가 이미 48~49세였습니다. 여하튼 이 말에 따르면 지금 칠십이 넘은 나는 망신살이 뻗쳐도 크게 뻗쳤겠습니다.

그 문장 앞에서 저자는 "사람만큼 수명이 긴 것도 없다"면서 "아쉽고 섭섭하다 생각하면 천년을 산다 해도 하룻밤의 꿈과 같지 않을까. 언제까지나 살아남지 못할 이 세상에서 보기 흉하게 노쇠한 자기의 몰골을 보아서 무엇할까"라고 말합니다. 그리고 제49단에서 "옛 무덤은 대개가 나이 젊어서 죽은 사람들의 것"이라고 하지

---

* 인도 비야리국의 장자로, 거사로서 학덕이 뛰어난 사람입니다.
** 부처의 제자 중 가장 머리가 나쁜 사람이었습니다.

요. 몸을 보양해보았자 기다리고 있는 것은 오직 늙음과 죽음뿐이며, 이 두 가지 결말은 매우 급하고 빠르게 다가오며 잠시도 머물지 않으니 결단을 내려야 한다고 충고합니다.

모든 관계를 내던져버려야 할 때가 왔다. 신의도 지키지 말자. 예의도 아랑곳하지 말자. 이런 심정을 이해해주지 못하는 그런 사람들로부터는 미치광이라는 말을 들어도 좋다. 제정신을 잃었다든가 인정머리가 없는 놈이라는 말을 들어도 상관없다. 욕을 먹어도 태연하다. 칭송을 받았댔자 관여할 바가 아니다. (112단)

그리고 나이 오십에 이르러서도 능숙해지지 않는 것이 있다면 단념해버리는 게 좋다고 합니다. 노인이라고 남들이 삼가서 비웃지 못하는 것을 기회로 삼아 여러 사람 속에 끼여 얼굴을 내놓고 있는 것은 꼴불견이고 야비하다는 것이지요.

나이를 많이 먹으면 모든 일을 중단해버리고 한가한 몸이 되는 것이 보기에도 좋다. 속세의 번거로운 잡사에 관여하며 평생을 보낸다는 것은 정말 어리석기 짝이 없다. 알고 싶다고 생각되는 일은, 이를테면 학문을 닦는 데 있어서라면 그 대강의 요점이 이해되거든 대충 알았다는 정도로 그만두는 게 좋다. 그보다도 애당초부터 그러한 소망을 걸지 않고 또 부러워하지도 않고 지내는 것이 최고로 좋다. (151단)

그리하여 저자는 다음과 같이 결론 내립니다.

예정하던 소망이 모두 허물어지는가 하면, 어쩌다가 또 들어맞는 수도 있어서, 점점 더 사물의 결과를 어림잡을 수도 없는 것이다. 다만 세상사란 무상하여, 정해진 일이 없다는 것을 알아두는 것만이 진실이고 틀림이 없다. (189단)

제2부
근대 이후의 노년

9
르네상스의 노년

르네상스 사회의 변화와 노년

르네상스는 노년에 적대적이었습니다. 르네상스기에도 서양에서 노인은 무시당했습니다. 청춘의 그리스를 흠모해 그것을 부활하고자 시도한 르네상스 휴머니스트들은 노년을 어둠의 중세처럼 저주했기 때문입니다. 그러나 현실에서는 반드시 그렇지 않았습니다. 많은 노인들이 여러 분야에서 활약하고 있었으니까요. 가령 영국의 엘리자베스 1세는 70세까지, 오스만투르크의 쉴레이만 1세는 72세까지, 포르투갈 왕 엔리케는 68세까지, 로마 교황 율리우스 2세는 70세까지, 코시모 데 메디치는 75세까지 통치했습니다. 정치가만이 아니라 예술가들도 노년에 창조적이었습니다. 미켈란젤로는 89세까지, 티치아노는 99세까지 활동했습니다. 다빈치도 67세에 죽었고, 62세에 죽은 조르조 바사리(Giorgio Vasari, 1511~1574)가 정리한 『미술가 열전』에 나오는 14세기부터 16세기까지의 이탈리아 예술가 47명 중 72퍼센트가 60세를 넘겼습니다. 중세와 마찬가지로 르네상스도 노인이 지배하는 시기였습니다.

그러나 그런 노인들은 역시 예외라고 보아야 합니다. 대부분의 노인들은 가난한 무명으로 살았으니까요. 평균수명이 로마 시대 이래 크게 달라지지 않았으니, 노인이 될 때까지 살기도 힘들었지요. 고대부터 15세기까지는 여성이 남성보다 일찍 사망하여 남자 노인이 여자 노인보다 훨씬 많았던 반면, 16세기에 오면 귀족층에서는 여성 인구가 급증했습니다. 출산 환경이 보다 위생적으로 개선되었기 때문입니다. 그래서 뒤에서 보듯이 문인들이 늙은 여성을 증오하는 글을 많이 쓰게 되지요.

16세기에도 세대 갈등은 존재했습니다. 특히 르네상스와 동시에 이루어지는 종교개혁에서 개혁파는 젊은이들이고, 노인들은 반대파였습니다. 마르틴 루터(Martin Luther, 1483~1546)가 95개 조항을 교회 문에 붙일 때의 나이가 34세였고, 그를 지지한 사람들도 대부분 삼십 대였습니다. 루터의 영향을 받아 프랑스 종교개혁의 시발점이 된 연설문을 썼을 때 장 칼뱅(Jean Calvin, 1509~1564)은 24세였고, 종교개혁의 핵심 문서인 『기독교 강요Institutio Christianae Religionis』를 완성했을 때의 나이는 26세였습니다. 독일의 농민 봉기를 주도했을 당시 토마스 뮌처(Thomas Münzer, 1489~1525)는 28세였고요. 반면 전통을 수호하려 했던 사람들은 대부분 오십 세 이상이었습니다. 물론 소수의 예외도 있었지만 대체로 그러했지요.

프랜시스 베이컨(Francis Bacon, 1561~1621)도 노인들은 소심하여 나쁜 통치자가 된다고 비판합니다. 『삶과 죽음의 역사History of Life and Death』에서 '나이 듦'으로 인하여 나타나는 다양한 육체적 현상들은 물론 노년에 얻게 되는 칭송받을 만한 성품으로 절제된 욕망, 신중함, 조심성, 지조, 겸양 등을 제시하고 있습니다. 하지만 탐욕, 의심 많음, 과거에 대한 미련과 집착, 역정을 내는(peevishness) 성격 등을 부정적인 속성으로서 제시하기도 합니다.

카스틸리오네(Baldassare Castiglione)도 『궁정론Il Cortegiano』(1528)에서 노년을 적대시합니다. 그 책에 나오는 궁정인들은 17세에서 47세 사이의 장년들이고 대부분 삼십 대이므로 당연히 노년을 혐오합니다.

『라 셀레스티나』

『라 셀레스티나La Celestina』(1470)는 세계문학에서 처음으로 노파가 주인공으로 등장하는 작품입니다. '만일 스페인에 『돈키호테』가 없었다면 대신 그 영광을 누렸을 작품'이라 할 만큼 높이 평가받으며, 스페인 사실주의 문학의 선구가 되었을 뿐만 아니라 세계문학사의 원형 중 하나를 이루었습니다.

귀족 명문가의 미남자 칼리스토가 어느 날 사냥하던 중 우연히 멜리베아를 보고는 첫눈에 반합니다. 칼리스토는 정복욕에 사로잡히지만, 멜리베아는 그를 완강히 거부합니다. 이에 칼리스토는 교활한 하인 셈프로니오에게 이러한 괴로운 사정을 알리고는 도움을 청하지요.

셈프로니오는 간교한 뚜쟁이 노파 셀레스티나에게 중매를 청하라고 조언합니다. 셀레스티나는 자신이 거느리고 있는 창녀를 이용해 칼리스토의 두 하인 셈프로니오와 파르메노를 자기 편으로 끌어들입니다. 두 하인은 근본적으로 인간성이 달랐지만, 계략에 빠져 쾌락과 물욕의 노예가 되었고 셀레스티나와 동맹을 맺습니다.

셀레스티나는 멜리베아를 만나 특유의 설득력으로 그의 가슴에 칼리스토에 대한 사랑의 불을 지핍니다. 순결과 욕망 사이에서 괴로워하던 멜리베아는 마침내 격정을 참지 못하고 자신의 사랑을 고백하지요. 이로써 첫 번째 장애물은 해결되었지만, 작품에 등장하는 모든 인물을 기다리는 또 다른 장애물이 있었으니, 바로 죽음입니다. 죽음은 호시탐탐 셀레스티나의 세계에 살고 있는 사람들을 데려갈 기회를 엿봅니다.

지속적으로 위협해 오는 죽음 앞에서 인물들은 기를 쓰고 삶에 집착합니다. 죽음이 언제 자신을 데려갈지 모른다는 두려움은 사람들을 한시도 쉬지 않고 서둘러 살아가게 합니다. 급하고도 맹렬한 삶에 대한 욕구가 비극적인 종말을 잉태하고 있습니다. 이것이 셀레스티나 세계의 법입니다.

에라스무스의 노년

당대의 대표적인 지성인이자 르네상스를 대표하는 휴머니스트였던 에라스무스(Desiderius Erasmus, 1466~1536)가 『바보예찬 *Encomium Moriae*』(1511)에 쓴 글을 보면 당시에 늙은 여성에 대한 편견이 얼마나 심했는지를 짐작할 수 있습니다.

> **그러나 무엇보다도 가장 재미있는 것은 저승에서 막 돌아온 송장 같은 늙은 여성들이 항상 '인생은 달콤하다'고 중얼거리는 것을 보는 것이다. 그들은 암캐처럼 뜨끈뜨끈하고, 그리스인들이 흔히 말하는 염소 냄새가 난다. 그들은 아무리 늙었더라도, 여전히 울부짖으며, 매일 얼굴을 칠하고, 손에서 거울을 놓지 않고, 은밀한 곳의 털을 뽑**

고, 자주 축 처진 혐오스러운 젖꼭지를 내보이고, 때로는 날카롭게 떨리는 목소리로 사그라져가는 욕정을 일깨우려 든다. 처녀들 틈에 끼어 술을 마시고, 춤을 추고, 연애편지를 쓴다. 이런 것들은 실제로 어리석은 미친년들이라고 비웃음을 당한다.＊

심지어 마녀로 오인되기도 했습니다. 1565년에서 1640년 사이에 파리고등법원이 마법사와 마녀로 판결한 여성의 평균 나이는 50세 이상이었습니다.

에라스무스는 노파뿐 아니라 남자 노인도 비난했습니다. 『바보예찬』에서 노인을 으뜸가는 바보라 비난하며, 나이 들면 다시 어린애가 되어 둘 사이에 아무런 차이가 없다고 주장합니다.

그들 사이에는 한 사람이 다른 사람보다 머리에 주름살과 나이가 더 많다는 것 외에 무슨 차이가 있겠는가? 그렇지 않으면, 그들의 머리카락의 밝기, 이가 제대로 없는 입, 허약한 몸, 우유에 대한 사랑, 끊어지는 말, 수다, 장난, 건망증, 부주의, 그리고 간단히 말해서, 그들의 다른 모든 행동은 일치한다. 그리고 그들이 노년에 더 가까이 다가갈수록, 그들은 어린아이의 모습으로 뒤로 물러나, 그들처럼 삶에서 죽음으로 넘어갈 때까지, 삶을 아쉬워하지도, 죽음에 대한 감각도 없이 세상을 떠나게 된다.

이는 다행스러운 일이라며, "인생에 대한 경험이 많아 강한 정신

＊ https://ccel.org/ccel/erasmus/folly/folly.iii.html (2024.6.30 검색)

력과 날카로운 판단력을 가진 그 노인과 대화하거나 우정을 맺을 사람이 누구겠는가?"라고 묻습니다. 그리고 노인들은 현자들처럼 고통을 겪지 않고, 삶의 부담도 깨닫지 못하므로 행복한 존재라고 하지요. 에라스무스는 자신의 동향인이 바로 그렇다고 말합니다.

> **나이가 들어도 크게 달라지지 않는 브라반트 사람들(Brabanders)을 칭찬하는 것은 참으로 옳은 일이다!** 그들은 나이가 들수록 점점 더 어리석어진다. 그들보다 더 유쾌한 대화를 나누거나 노년의 비참함을 덜 인식하는 나라는 거의 없다. 상황이나 생활 방식에 있어서나 그들에게는 내 친구인 네덜란드인들이 가장 가깝다. 그리고 그들은 나를 숭배하는 사람들이어서 흔히 내 이름인 '미치광이'로 불리는데, 왜 그들을 내 동포라고 부르지 말아야 할까? 그들은 이 사실을 부끄러워하기는커녕 오히려 자랑스러워한다.

에라스무스는 노년이란 거추장스럽고 자신이나 남에게 짐이 되는 것이며, 죽음에 이르는 가장 끔찍한 불행인 반면, 청춘은 최고의 행복이라고 합니다.

> **삶은 인간을 지루하게 만들지 않는다.** 삶에 집착할 이유가 적을수록 인간은 더욱더 삶에 집착한다. 네스토르의 나이에 이르러 거의 사람의 모습도 남지 않은 노인들, 말을 더듬고 이가 없고, 백발이거나 대머리인 노인들, 또는 아리스토파네스의 말을 빌리자면, "더럽고, 휘어지고, 비참하고, 주름지고, 대머리이고, 이가 없어도" 악착같이 삶을 즐기려는 노인들이야말로 내 단골손님들이다. 그래서 어떤 사

람은 백발을 염색하고, 어떤 사람은 대머리를 가발로 가리고, 어떤 사람은 돼지에게서 빼 왔을 새 이를 박고, 어떤 사람은 숫처녀에게 열렬한 사랑에 빠져서 젊은 남자도 부끄러워할 것보다 더 많은 미친 짓을 하며 젊어 보이려고 한다. 무덤에 한 발을 넣은 늙고 비뚤어진 사람이 통통한 젊은 처녀와 결혼하는 것을 보는 것은 너무나 흔한 일이어서 사람들은 거의 칭찬받을 일인 줄 안다.

이처럼 무자비한 비판은 우리가 앞에서 본 그리스·로마의 전통에서 비롯된 것으로 이 점에서도 르네상스는 그리스·로마를 부활시킨 것입니다.

모어의 노년

에라스무스는 자신의 친구인 영국의 대법원장 토머스 모어(Thomas More, 1478~1535)가 집을 한 채 빌려 노인들을 부양했다고 합니다. 『유토피아Utopia』 제1권에서 모어는 노인은 사회에 유해하므로 수도원에 감금하자는 주장을 물리치고, 노인의 은퇴를 부정하며 그들을 사회에 복귀시키려 시도합니다. 유토피아에서 모든 직업은 종신직이고 모두 하루 여섯 시간만 일합니다. 연장자들은 정의와 존경의 대상으로서 젊은이들의 시중을 받습니다. 이러한 노인 우대는 플라톤의 영향을 받은 것으로, 당대의 다른 유토피아 주장자들과는 다른 점입니다.

다른 유토피아에는 기생충, 노망, 죽음, 죄 같은 것은 없습니다. 따라서 캄파넬라의 『태양의 나라』, 베이컨의 『새로운 아틀란티스』, 세르반테스의 『라 갈라테아』, 라블레의 텔렘 수도원에는 노인이 아예 나오지 않습니다. 사람들은 노년이라는 악몽을 잊고 싶어 하기 때문입니다. 그러니 모어의 『유토피아』는 그런 점에서 유토피아 문학의 예외입니다. 노인의 존재를 인정하고 그들을 부양해야 한다고 주장하기 때문입니다.

모어의 유토피아에서 가족은 최고령자에게 종속됩니다. 최고령자가 망령을 부리면 다음 고령자가 가장이 되지요. 여행하려면 아버지와 아내의 동의를 얻어야 합니다. 노파도 존경받고 사제가 될 수 있습니다. 노인들은 자기 경험을 나누어줌으로써 젊은이들의 혈기를 누그러뜨릴 수 있습니다. 식사 자리에서 최고령자 둘이 행정관 부부와 함께 상석에 앉고, 젊은이들과 늙은이들이 섞여 앉게 하는 것도 같은 취지입니다. 음식도 노인이 먼저 먹습니다만, 모어는 노인이 쓸모없어지면 자살하는 것이 최선이라고 말하여 충격을 줍니다. 개인의 이익보다 공공의 이익이 우선이기 때문입니다.

몽테뉴의 노년

몽테뉴(Michel Eyquem de Montaigne, 1533~1592)의 『에세 *Essai*』는 방대합니다. 그래서 주제별로 뽑아 선집을 만들기도 하는데, 우리나라에도 『나이 듦과 죽음에 대하여』라는 선집이 나와 있습니다. 그런데 정작 나이 듦에 관한 글인 제1권 57장 「나이에 대하여」가 전혀 나오지 않는다는 것이 기이합니다. 이 글에서 38세의 몽테뉴는 30세 이전의 자기 인생을 돌아봅니다.

> **나에 대해 말하자면, 30세 이후 정신과 육체가 더 나아졌다기보다 더 못해졌고, 진보했다기보다 퇴보한 것이 확실하다. 시간을 잘 활**

용하는 사람은 나이가 들어감에 따라 지식과 경험이 늘어날 수 있다. 그러나 강한 활력, 신속함, 단호함과 같은 것, 좀 더 우리 자신에게 속한 것들은 퇴색하고 무기력해진다.

몽테뉴는 나이를 먹고 경험을 많이 쌓는다고 저절로 현명해지는 것은 아니라고 합니다. 육체와 정신이 쇠퇴하면서 스스로 부족하고 유한한 인간임을 깨닫는 것 자체가 일종의 지혜라고 말하지요. 그는 은퇴 이후를 살며 얻은 다양한 깨달음을 전하는데, 뒤늦게 쓴 『에세』 제3권 2장에서도 다음과 같이 자신은 노년 이후 발전하지 않고 퇴보했다고 썼습니다.

요컨대 나는 노년이 가져오는 우연한 회한이 싫다. 옛날에 쾌락에서 해방된 것은 나이 탓이라고 말한 사람은 나와는 다른 의견이었다. 나는 나이가 내게 직면하게 하는 무력함을 도저히 감사할 수 없다. 〔중략〕 노년에는 우리의 욕망도 줄어든다. 그 뒤에는 깊은 포만감이 우리를 사로잡는다. 그러나 거기에 대해 어떤 자각도 없다. 괴로움과 나약함은 우리에게 비열하고 불건전한 덕을 야기한다. 나는 노년에 장렬하고 주의 깊게 반항한다. 그럼에도 지금 나의 이성은 가장 방탕했던 나이에 내가 갖고 있던 이성과 똑같다고 생각된다. 그만큼 나이를 먹어감에 따라 내 이성은 약해지고 악화되었던 것이다. 더구나 내 이성이 더 훌륭해졌다고 생각하지 않는다. 이제 내 이성은 자기 자신 이외에 아무것도 판단하지 못하며, 그 이성에는 그 어떤 새로운 명석함도 없음을 나는 안다.
내가 비참하고 불행한 노년에 이르러 건강하고 열렬하며 활기찼던 한창 시절보다 불행하고 불운한 노년을 더 좋아해야 한다면, 그리고 내가 과거에 어떠했다는 것이 아니라 이제 더 이상 그렇지 않다는 것으로 나를 평가하려 한다면 수치심과 질투를 느낄 것이다. 〔중략〕 젊은 시절에나 노년에나 내 지혜는 똑같았을지 모르지만, 예전에 나의 예지는 지금보다 더 많은 공을 쌓았고, 더 활동적이고 더 우아했다. 지금 나의 지혜는 흐르지 않고 고여 있으며, 힘겹게 움직이는 잔소리쟁이가 되었다. 〔중략〕

늙어가면서 시큼해지고 퀴퀴한 냄새가 나지 않는 영혼은 전혀 보이지 않거나, 아주 드물게 보인다. 인간은 성장과 퇴락을 향해 모두 함께 움직인다. 소크라테스의 지혜와 그의 정죄에 관한 여러 정황을 관찰하면서 나는 그가 70세의 나이에 고통을 겪을 것을 두려워하여 어떤 식으로든 공모를 통해 그 자신이 그것에 기여했다고 감히 믿을 수 있다. 그의 마음의 고상한 움직임은 비좁아지고 그의 평소의 광채는 흐려진다. 매일 나이가 들면서 많은 지인들이 어떤 이상한 변화를 겪는 것을 보는지! 이것은 강력한 질병이며 자연적으로 그리고 눈에 띄지 않게 우리에게 은밀하게 침투한다. 그것이 우리에게 부과하는 불완전성을 피하기 위해서는 방대한 연구와 큰 예방 조치가 필요하다.

노년을 찬양하면서도 풍자한 고대와 달리, 몽테뉴는 노년을 멸시하지도 찬양하지도 않고, 있는 그대로 묘사합니다. 플라톤이나 키케로의 도덕적 낙관주의와 같이 노인들이 현명하다고 주장하지도 않습니다.

르네상스 시와 희곡에 나타난 노년

르네상스 회화나 조각의 특징은 젊은 몸의 아름다움을 찬양한다는 것입니다. 그런 르네상스에서 노인의 몸은 추악한 것일 수밖에 없지요. 시문학에 나타난 노년의 모습도 예외가 아닙니다. 피에르 드 롱사르(Pierre de Ronsard, 1524~1585)의 다음 시는 16세기를 상징합니다. 당시 스무 살의 시인이 사랑에 빠진 어린 소녀를 위해 쓴 시이지요.

> 님이여, 오늘 아침에 핀 장미
> 진홍빛 드레스가 태양에
> 저녁이 되면
> 진홍빛 드레스의 주름과
> 그 색깔이 님의 것과 얼마나 흡사한지 보러 오세요.
>
> 아아! 얼마나 짧은 시간에
> 님이여, 님이
> 그 아름다움을 위에서부터 떨어뜨렸는지 보세요!
> 자연은 정말 잔인해요.
> 그런 꽃이
> 새벽부터 황혼까지만 지속된다니!
>
> 그러니 님이여, 나를 믿으신다면,
> 그대의 청춘이 꽃필 때
> 가장 푸르고 싱그럽게 피어날 때

그대의 젊음을 누리세요, 누리세요.
이 꽃처럼 그대의 청춘도
나이 들어 시들기 전에.

르네상스에 노년은 적이었기에, 그것을 물리치기 위해 온갖 싸움이 벌어졌습니다. 약물과 마법, 요술 등 모든 수단이 강구되었지요. 그러나 모두 헛수고였습니다. 이번에는 롱사르가 육십에 쓴 '마지막 시'를 읽어봅시다. 다음의 시는 앞서 본 시로부터 사십 년이 지나 쓰였습니다.

이제 뼈만 앙상한 내 몸은 해골과 같아.
살은 빠지고 힘줄은 늘어지고 근육은 물러나고 바싹 마른 몸에
죽음의 화살은 가차 없이 날아와 박혔네.
몸이 떨려 차마 내 팔을 바라볼 수도 없네.

아폴론과 그 아들, 두 위대한 명의(名醫)도
내 병은 고칠 수 없어, 그들의 의술도 내겐 소용없지.
잘 있게나, 즐거운 태양아! 나의 눈은 벌써 가려져 간다.
내 몸은 아래로 내려간다, 만물이 사방으로 흩어지는 곳으로

어느 친구가 이 앙상한 모습을 보고
자리에 누운 나를 위로하고 내 얼굴에 입 맞추고
죽음으로 잠들어가는 내 눈을 닦아주며

슬프고 눈물 괸 눈으로 돌아가지 않겠는가?
잘 있게나, 나의 동무들! 잘 있게나, 나의 벗들!
내가 먼저 가서 자네들 자리 미리 준비하겠네.

그 전에 시인은 연인에게 '늙어짐'이라는 제목의 소네트를 바칩니다.

그대 늙어, 촛불 밝힌 어느 밤에
불가에 앉아 이야기하겠지.
〔중략〕
그대는 난롯가에 쭈그린 노파가 되어,
나의 사랑을 그리워하고
그것을 뿌리친 그대의 잔인한 교만을 뉘우치리라.
진정 그대에게 말하노니 오늘을 사세요, 내일을 기다리지 말고
오늘 꺾으세요, 삶의 장미꽃을.

같은 주제의 수많은 시와 소설이 16세기에 전 유럽을 풍미했습니다. 노년을 저주하는 작품도 마키아벨리(Niccolò Machiavelli, 1469~1527)의 〈클리치아*Clizia*〉(1525)를 비롯하여 수없이 쓰이고 유럽 전역에서 자주 공연되었습니다. 〈클리치아〉는 니코마코라는 70세의 음란한 피렌체 노인이 어린 시절부터 키워온 고아 소녀 클리치아에게 매력을 느끼는 이야기를 중심으로 전개됩니다. 니코마코는 정력을 되살리고자 최음제까지 복용하여 사람들의 비웃음을 삽니다. 니코마코의 아들도 소녀에게 관심을 갖고 결혼하고 싶

어 하지만 두 남자 모두 가문의 가장에게 조종당합니다.

  16세기에 노인들이 공격받은 이유는 그들에게 로마 시대와 같은 가장의 권위가 없었기 때문이었습니다. 이제 노인은 젊은이들의 경쟁자가 된 것입니다. 그러나 하층 계급이나 상층 계급 노인들은 문제가 되지 않았습니다. 경멸받은 노인들은 신흥 부자, 즉 신분 상승에 성공한 부르주아 노인들이었지요. 젊은이들은 부와 성에 대한 박탈감과 욕구 불만을 터뜨렸습니다. 부르주아 노인들은 인색하게 굴어서 성공했다고 여겨졌으며, 특히 돈으로 젊은 여성들을 매수한다는 비난을 받았습니다.

셰익스피어의 노년

나는 『셰익스피어는 제국주의자다』라는 책을 쓴 적이 있지만, 나이가 들면서 생각하게 된 점은 '셰익스피어는 반노인주의자!'라는 것입니다. 그의 작품은 모조리 청춘 예찬이지, 노년에 대해서는 한 치의 연민도 보이지 않기 때문입니다. 그 대표 격인 〈리어왕 King Lear〉을 차치하더라도, 그 밖의 작품에서도 노년은 멸시나 부정의 대상입니다. 영문학자들은 〈템페스트〉의 프로스페로를 리어왕과 대조되는 긍정적인 노인상이라 보기도 하지만, 겨우 마흔 정도 된 프로스페로를 어든의 리어왕과 같은 노인으로 볼 수 있을까요? 〈템페스트〉 안에서도 프로스페로가 스스로를 노인으로 의식했다고 볼 수 있는 구절은 하나도 없습니다.

  우리에게 가장 유명한 르네상스 노년 문학을 꼽자면 셰익스피어(William Shakespeare, 1564~1616)의 〈리어왕〉일 것입니다. 리어왕의 나이는 극 중에 나오지 않지만 팔십 대로 보기도 합니다.* 〈리어왕〉은 셰익스피어가 1605년에 쓴 작품이지만, 로마 침략 이전 영국을 배경으로 한 레이르왕(King Leir) 전설에 근거하여 창작되었을 것으로 추정됩니다. 그 전설이 중세부터 오랫동안 유명했다는 것은 당시 서구에서 자식들이 아버지를 유기하는 일이 흔했음을 말해주지요.

셰익스피어 연극에서 노인이 주인공인 작품은 〈리어왕〉이 유일합니다. 이 작품을 셰익스피어의 4대 비극 중에서도 가장 규모가 크고 처절한 비극성이 돋보이는 걸작이라고 하지만, 나는 그렇게 생각하지 않습니다. 사실 〈리어왕〉은 대단히 웃기는 작품입니다. 프랑스의 앙드레 지드는 〈리어왕〉을 보고 너무나도 인위적인 작품이라고 말했는데, 누구나 이 말에 공감할 수 있을 것입니다. 그 정도로 구성이 엉성하고 인위적이어서 웃긴 작품이라고 말하는 것입니다.

우선 리어가 자신을 사랑한다는 장녀와 차녀에게는 유산을 주었지만, 막내는 그런 말을 하지 않았기에 유산을 주지 않는다는 시작부터 너무나 웃깁니다. 최소 십수 년 동안 세 딸을 보았을 텐데 어떻게 한두 마디 말로 그 효성을 평가한단 말인가요? 게다가 막내딸이 일부러 그런 말을 하지 않았다는 것도 억지스럽습니다.

나아가 연극 끝에 다시 등장하기까지 사라져버리는 셋째 딸이 마지막에 리어와 다시 만나 진실한 부녀애를 나눈다는 것도 그렇

---

* 돈키호테가 가출하는 나이는 51세지만 당시로서는 노인이었고, 그의 모험을 치매 탓으로 보는 해석도 있습니다.

습니다. 너무나도 뻔하고 상투적인 결말이 아닙니까? 권선징악이라는 전통적인 주제를 다룬 전통 연극이라는 점을 감안하더라도 너무나 우습습니다. 그보다 더 웃긴 것은 이런 작품을 보고 걸작이라 말하는 소위 영문학자라는 사람들의 해설이지요.

그러나 가장 웃긴 자들은 역시 〈리어왕〉을 '인민의 연극' '사회주의 연극'이라고 하는 소위 마르크스주의자들일 것입니다. 리어가 두 딸에게서 쫓겨나 황야를 방랑하다가 어쩌다 만난 거지에게 동정을 사는 장면을 두고 하는 말인데, 그런 설정 자체도 웃기는데 그 말 몇 마디에 '사회주의' 운운하는 것은 얼마나 우습습니까? 한마디로 〈리어왕〉은 웃기는 비극, 웃기기에 비극입니다.

리어가 그렇게 말도 안 되는 행동을 한 것은 노망났거나 중대한 착오 상태에 있었기 때문이라고 생각하지 않을 수 없습니다. 결국 리어는 오이디푸스처럼 정처 없이 떠도는 신세가 됩니다. 무엇보다 리어는 자식들의 사랑을 물질과 양으로 환산하며 선물을 통하여 여생의 안위를 보장받고 싶어 하는 노인의 부정적인 모습을 그대로 보여줍니다.

셰익스피어 소네트의 노년

셰익스피어의 소네트(Sonnet, 1590)에는 미남과 그의 라이벌 시인, 다크 레이디라는 세 젊은이가 등장합니다. 따라서 이는 청춘의 시이지 노년의 시가 아닙니다. 노년에 대한 시가 없는 것은 아니지만 2번 소네트나 73번 소네트에서 보듯 노년의 서글픔을 표현한 시조차 젊은이에게 노년을 경고하기 위함입니다. 먼저 2번 소네트는 사십이 되면 아름다움이 퇴색하기 시작한다고 노래합니다.

마흔 번의 겨울이 그대 이마를 덮치고
아름다움의 밭에 깊은 도랑을 팔 때면
지금은 사람의 눈을 끌던 청춘의 자랑스러운 활옷은
쓸모없는 누더기가 되어버리리라.

이어 73번 소네트는 노년이 된 자의 비참함을 노래합니다.

그대 나에게서 늦가을을 보리라.
시든 잎새가 몇 잎 또는 하나도 없이
삭풍에 떠는 나뭇가지
고운 새들이 노래하던 이 폐허가 된 성가대석을.
나에게서 그대 석양이 서천에
이미 넘어간 그런 황혼을 보리라.
모든 것을 안식 속에 담을 제2의 죽음,
그 암흑의 밤이 닥쳐올 황혼을,
그대는 나에게서 이런 불빛을 보리라.
청춘이 탄 재, 임종의 침대 위에
불이 붙게 한 연료에 소진되어
꺼져야만 할 불빛을,
그대 이것을 보면 안타까워져
오래지 않아 두고 갈 것을 더욱더 사랑하리라.

이 시에서 셰익스피어는 노년의 시작과 씨름하기 위해 흐르는 세월을 하루나 계절의 변화와 같은 자연스러운 은유로 표현합니다. 궁극적으로 죽음의 불가피성이 연인의 생애 동안 사랑을 더욱 강하게 만든다고 암시하지요. 노년은 황혼이고 밤이며 겨울인 반면, 청춘은 여름이고 대낮입니다. 당대의 문학적 표현처럼 셰익스피어에게도 노년은 서글픈 세월입니다.

셰익스피어 희극의 노년

〈로미오와 줄리엣〉에서 줄리엣은 만 13세, 로미오는 명시되지는 않지만 16~18세로 알려져 있습니다. 당시 가톨릭교회는 여자 12세 이상, 남자 14세 이상이면 가족의 동의 없이도 결혼할 수 있게 했습니다. 남녀 주인공을 둘러싼 인물들은 서로 반목하는 양가의 부모들을 비롯하여 대부분 장년이거나 노년들로 청춘의 비극을 부르는 세력입니다.

〈뜻대로 하세요 As You Like It〉(1599) 2막 7장에 나오는 인간의 일곱 시절에 대한 제이퀴즈(Jaques)의 독백을 봅시다.

> 온 세상은 무대이고
> 모든 남자와 여자는 단지 배우일 뿐입니다.
> 그들에게는 출구와 입구가 있습니다.
> 그리고 한 사람이 그 시절에 많은 역할을 담당하는데,
> 그의 행위는 일곱 시절에 걸쳐 이루어집니다.
> 처음에는 아기가 간호사의 품에 안겨 울부짖으며 토를 합니다.
> 그러고 나서 징징거리는 남학생은 가방을 들고
> 빛나는 아침 얼굴을 하고 달팽이처럼 기어가며
> 마지못해 학교에 갑니다. 그리고 연인은

용광로처럼 한숨을 쉬며 애처로운 발라드를
애인의 눈썹에 댑니다. 그런 다음 군인은
이상한 맹세로 가득 차 표범처럼 수염을 기른 채
명예를 질투하고, 갑작스럽고 빠른 싸움으로
대포 입에서도
거품 명성을 추구합니다. 그리고 정의는
좋은 모자를 쓴 아름다운 둥근 배에
엄숙한 눈과 격식을 갖춘 턱수염과 함께
현명한 톱과 현대적인 순간들로 가득 차 있습니다.
그래서 그는 자신의 역할을 수행합니다. (2.7.166)

이어 여섯 번째 시절인데, 이때부터가 노년에 해당합니다.

여섯 번째 시절은
슬리퍼를 신은 여윈 늙은이로 변합니다.
콧등에 안경을 걸치고 옆구리에 지갑을 낀
고이 간직한 젊은 시절에 입던 바지는
시든 정강이에 너무나도 헐렁한 바지로 바뀝니다.
세상은 그의 줄어든 정강이에 비해 너무 넓습니다.
그리고 그의 굵고 사내다운 목소리는
다시 유치한 가성으로 바뀌고, 뻑뻑거리는 피리 소리를 냅니다.
모든 것의 마지막 장면, 이상하고 다사다난한 이 역사를 끝내는 것은
두 번째 유치함과 단순한 망각,
이빨도 없고, 눈은 멀고, 입맛도 떨어지고, 모든 것이 사라지는 것입

니다. (2.3.47-55)

이 독백은 세상을 극장의 무대에, 남자와 여자는 이 무대의 배우이자 연주자에 비유합니다. 역할을 맡은 배우들은 공연 중에 입장하고 퇴장하기를 되풀이합니다. 인생에도 입구와 출구가 있습니다. 사람들은 태어나고 죽고, 우리 삶에 들어오고 나가지요. 배우가 인생에서 다양한 역할을 수행하는 것처럼 남성과 여성도 서로 다른 역할을 수행하거나 인생의 7단계, 즉 서로 다른 단계를 거치게 됩니다.

첫 번째 역할 또는 단계는 유아 또는 아기입니다. 아기는 간호사의 품에 안겨 토하기 전에 울고 낑낑댑니다. 두 번째 단계는 어린이입니다. 그 얼굴은 빛이 납니다. 학교를 좋아하지 않고 집 밖으로 나가기를 꺼리기 때문에 책가방을 들고 가능한 한 천천히 걷습니다. 연인의 역할은 인생의 세 번째 단계입니다. 그는 젊고 어리석으며 열정적으로 사랑에 빠져 소녀의 아름다운 눈썹을 묘사하는 슬픈 사랑 노래를 부릅니다. 네 번째 단계에서 남자는 군인의 역할을 합니다. 그는 수염을 기르고, 맹세를 하며, 명예를 추구하는 야망이 있어서 전쟁에서 위험을 감수합니다. 다섯 번째 단계에서 인간은 판사의 역할을 합니다. 값비싼 고기를 먹어서 살찐 그는 삶의 경험과 자신이 얻은 지식을 사용하여 스스로 생각하기에 현명한 말과 조언, 좋은 결정을 제한합니다.

여섯 번째 삶의 단계에서 남자는 너무 말라 바지가 헐렁해지고, 허약한 노인이 됩니다. 이 단계는 아기나 아이로 돌아가는 것에 비유됩니다. 노인이나 어린아이나 모두 목소리가 높고 성인에게 의

존합니다. 일곱 번째이자 마지막 단계는 극심한 노년기 또는 두 번째 유년기입니다. 아주 나이 많은 남자는 아기처럼 다른 사람에게 의존합니다. 노인은 이도 없고, 죽기 전에 기억력, 청각, 감각 통제력을 잃습니다. 독백은 남성의 경험에 중점을 두지만, 여성 삶의 일곱 단계도 생각해볼 수 있습니다.

그런데 앞서 본 〈뜻대로 하세요〉의 독백 뒤에 제이퀴즈의 형 올란도가 망명에 따라온 애덤과 함께 나타나고, 거의 80세인 애덤은 다음과 같이 이의를 제기합니다.

> **비록 늙어 보이지만 건강하고 원기 왕성합니다.**
> **젊은 시절, 거칠고 드센 숲을**
> **내 몸에 들이부은 적이 없기 때문입니다.**
> **허약과 무기력의 길을**
> **뻔뻔스럽게 추구하지도 않았기 때문입니다.**
> **그리하여 내 나이는 활기찬 겨울로서**
> **서리가 내렸지만 온화합니다. 함께 가게 해주십시오.**
> **여느 젊은이 못지않게 모시겠습니다.** (2.3.47-53)

애덤은 제이퀴즈의 서술을 뒤집고 절제해 산다면 각자가 주체가 될 수 있다고 선언합니다.

르네상스 회화와 민화의 노년

르네상스 회화에는 노인을 그린 초상화가 많습니다. 교황이나 귀족, 부자들은 자신들이 원하는 멋지고 이상적인 모습을 담은 초상화를 주문했습니다. 따라서 그들이 초상화 속 모습 그대로일 것이라고 착각해서는 안 됩니다. 주문하여 그린 그림에서 외에 노인들은 대체로 추악하게 그려졌습니다. 앞서 본 문학의 경우와 마찬가지입니다. 가령 술에 취한 노아나 실레노스, 목욕하는 수산나를 훔쳐보는 두 노인, 추악한 노파 등입니다.

가령 독일 화가 뒤러(Albrecht Dürer, 1471~1528)가 1506년 그린 〈학자들 사이의 그리스도〉*가 있습니다. 이 그림은 성경 속 한 장면을 담고 있습니다. 유월절을 위해 성가족이 예루살렘으로 순례를 갑니다. 그때 열두 살 된 예수가 없어져서 가족들이 급히 찾으니 그때 그리스도는 성전에서 학자들과 논쟁을 벌이고 있었다는 것입니다. 완전히 부드럽고 절제된 모습으로 그려진 순진한 아이 예수와 여섯 학자들의 묘사가 극명하게 대조됩니다. 왼쪽 상단에 있는 사람은 거의 파묻히다시피 완고하게 성경을 들여다보고, 그 아래 있는 남자는 베레모에 바리새인의 관습적인 상징을 달고 있습니다. 위 남자와는 반대로 책을 덮고 아이의 주장을 이해하려고 주의를 기울입니다. 예수 옆 오른쪽에 보이는 가장 나이 많은 학자는 자기 생각을 반박하며 논쟁하는 아이를 방해하려는 듯 당당한 손으로 물리적 공격을 가하기까지 합니다. 그림 중앙에 있는 이 두 쌍의 손은 학자와 교사를 표현하는 이탈리아의 특징적인 모티브였습니다.

청년, 장년, 노년 나이에 따라 달라지는 모습을 담은 그림도 많이 그려졌습니다. 가령 티치아노(Tiziano Vecellio)의 〈콘서트〉

---

* 이를 '동방박사들 사이의 예수'로 번역(보부아르, 229쪽)하는 것은 잘못입니다.

(1510경)에 그려진 세 사람의 남성상이 있습니다. 발둥(Hans Baldung, 1484~1545)은 나이에 따라 변화하는 여성들의 모습을 담았습니다. 〈인생의 세 시기와 죽음〉(1540~1543)과 〈죽음과 소녀〉(1509~1511), 일곱 가지 몸의 변화를 보여주는 〈여성의 일곱 나이〉(1544)가 그것입니다. 〈인생의 세 시기와 죽음〉은 갓 태어난 아기가 아름다운 여인에서 중년 부인을 거쳐 모래시계를 보며 죽음을 기다리는 노인으로 변하는 모습을 그렸습니다. 한 여성의 생로병사, 희로애락, 기승전결이 모두 담겨 있는 것이지요. 달빛 아래 선 고목과 올빼미 등의 우울하고 허무한 느낌의 배경 아래에 전쟁과 화염이 그려져 있습니다.

15~16세기에는 '젊음의 샘'이 민화의 주제로 유행했습니다. 주로 판화로 제작되었지만 독일 화가 루카스 크라나흐(Lucas Cranach the Elder, 1472~1553)가 1546년에 그린 유화 패널 그림도 있습니다. 그림 속에서 나이 든 여성들은 그 분수에서 목욕하고 활력을 되찾아 음악과 춤, 맛있는 음식을 즐깁니다. 이 동화 같은 그림을 통해 크라나흐는 특수한 목욕을 통해 치유와 활력을 되찾을 수 있다는 믿음에 근거한 중세의 실제 목욕 문화를 자세히 보여줍니다.

이처럼 상투적이고 정형화된 그림을 그린 화가들과 달리, 네덜란드의 할스나 렘브란트(Rembrandt Harmens zoon van Rijn, 1606~1669), 조르조네(Giorgione, 1478~1510)는 있는 그대로의 노인상을 사실적으로 그렸습니다. 할스는 실제의 노인들을 유쾌하게, 렘브란트는 〈눈먼 호메로스〉나 〈호메로스의 흉상을 바라보고 있는 아리스토텔레스〉(1653) 같은 역사적 인물이나 성경 속 노인, 〈성경을 읽는 노부〉(1631) 등을 우아하고 고상하게 그렸습니다.

〈학자들 사이의 그리스도〉

〈콘서트〉

9. 르네상스의 노년

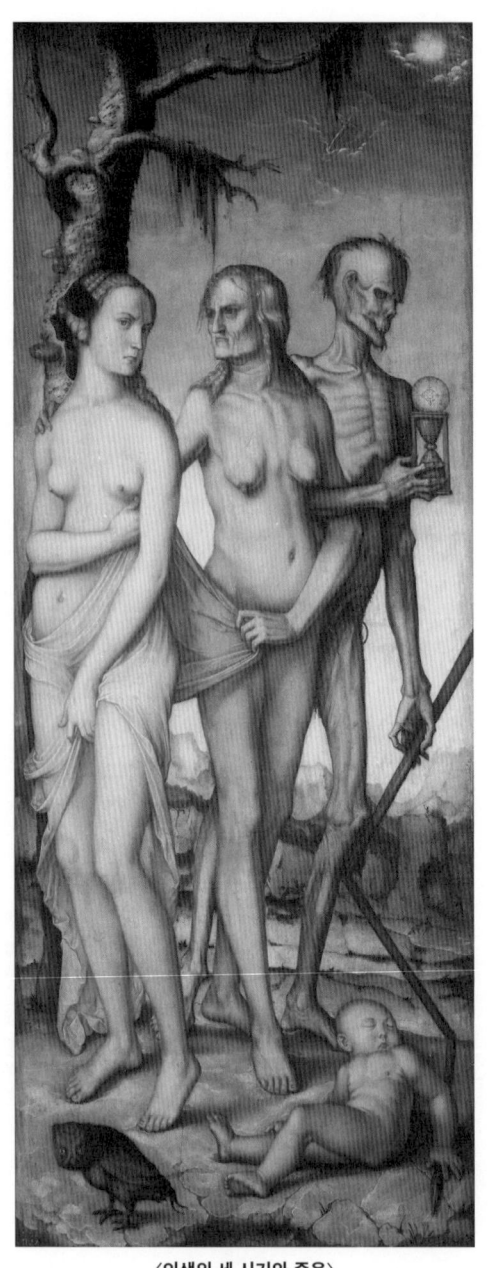

〈인생의 세 시기와 죽음〉

이처럼 노화를 긍정적으로 다룬 작품도 많이 있습니다. 프랑스 작가 마르셀 프루스트는 그의 통찰력 있는 소설인 『잃어버린 시간을 찾아서』의 마지막 권에서 노년 또는 시간이 인간에게 미치는 영향을 묘사했습니다. 그에게 노년은 '결국 인간 상태 중 가장 비참한 것(591쪽)'입니다. 그는 노년을 '정상'이라 하기는 했지만, '어지러운' 것이거나 '살아 있는 장대'라고 불렀습니다. 그러나 잘 알려지지 않은 프루스트의 에세이들이 있습니다. 그중 하나에서 프루스트는 19세기 영국의 예술 및 건축 비평가이자 자신이 크게 존경하는 존 러스킨이 17세기 네덜란드 화가 렘브란트의 그림 전시회를 방문하는 장면을 상상합니다. 러스킨은 매우 늙고 병들어 죽어가고 있었지만 렘브란트의 〈노년의 자화상〉을 보고 깊이 감동하고 영적으로 고양됩니다. 이는 어디까지나 프루스트가 상상한 허구의 일화이지만, 그가 의도한 메시지는 분명합니다. 즉 렘브란트의 그림이 노화의 존엄성을 드러낸다는 것이지요.

실제로 렘브란트의 강력한 자화상은 노년의 존엄성을 넘어 인간 존재의 존엄에 대한 비전을 제공합니다. 그의 그림 중 상당수가 노인, 동시대 인물 및 역사적 인물을 담았습니다. 특히 〈호메로스의 흉상을 바라보고 있는 아리스토텔레스〉와 〈감옥에 갇힌 사도 바울〉과 같은 작품은 특히 노년과 관련된 명상적 미덕과 영적 추구를 묘사합니다. 〈독서하는 노파〉와 〈논쟁하는 두 노인〉 같은 그림은 노인이 여전히 가지고 즐길 수 있는 놀라운 집중력과 강렬한 지적 참여를 보여줍니다. 렘브란트의 가장 잘 알려진 작품 중 하나인 〈탕자의 귀환〉은 노인이 젊은이에게 사랑의 원천이 됨을 강력하게 나타냅니다. 더 정확히 말하자면 노인은 이 세상 안팎에서 찾

〈호메로스의 흉상을 바라보고 있는 아리스토텔레스〉

렘브란트 노년의 자화상

을 수 있는 가장 큰 사랑의 통로가 됩니다. 그러나 〈노파의 초상화〉가 포착했듯이 다른 시대와 마찬가지로 노년은 어려움과 슬픔이 있습니다. 그러나 렘브란트의 예술 세계에 나타난 노인들의 얼굴과 몸짓 하나하나는 노화에도 불구하고 인간적 존엄성을 보여줍니다.

조르조네의 〈라 베키아 *La Vecchia*〉(1502~1508)에서는 주름진 노파의 반신이 관중을 비스듬히 바라보며 자신을 가리킵니다. 입은 무언가를 말하려는 듯 벌어져 있고, 소매에서 나온 종이 조각에는 'CoL TeMPo'라고 쓰여 있습니다. 콜 템포, 시간이라는 뜻입니다. 여성의 피부와 치아, 머리카락에서 나이가 느껴집니다.

라 베키아

10
바로크의 노년

17세기의 노년

바로크(barocco)란 르네상스 이후 17세기에서 18세기에 걸친 서양의 예술(미술, 음악, 건축)을 일컫는 말입니다. 따라서 일반적인 역사 구분 단위로 사용하기에는 문제가 있지만, 이 책에서는 17~18세기 서양을 일컫는 말로 사용하겠습니다.

 17세기의 평균수명은 20~25세였습니다. 영양 부족 상태에서 중노동을 해야 했던 데다가 위생 또한 불결했기 때문입니다. 아이들의 절반이 돌이 되기 전에 죽었지요. 거의 매일이 기근인 와중에 영주는 농민을, 고용주는 노동자를 착취했습니다. 이 시기에 노인들은 대체로 고통받았습니다. 청년들이 사회의 권력을 잡았고, 권위주의적이고 절대주의적인 사회는 노인과 여성, 아이들을 배척했습니다. 농민과 장인 사이에는 가족 부양 제도가 있었고 교회의 지원도 있었지만 형편없었습니다.

 반면 부르주아 계층에서 노년은 가치 있다 여겨졌으며, 가족 또한 이상화되었습니다. 부모들은 모든 아버지는 아들에 대한 생사여탈권을 가진다는 16세기 프랑스 법학자 장 보댕(Jean Bodin,

1530~1596)의 주장에 근거하여 자녀들의 혼처를 결정했습니다. 1576년에 발간된 보댕의 『국가에 관한 6권의 책Les Six Livres de la Republique』*은 우리말 번역으로 각각 300쪽 전후인 6권의 방대한 책입니다. 이 책은 유럽 전역에 번역되어 널리 읽혔습니다. 특히 영국 국교는 1606년에 보댕의 사상을 채택했습니다. 보댕은 뒤에 홉스와 로크에게도 영향을 끼치게 되는 주권(souveraineté) 개념을 처음으로 정립했습니다. 『국가에 관한 6권의 책』에서는 절대군주론의 이론적 토대(명령권, 절대권, 불가분력, 영속력)와 국가의 주권에 관한 법적 개념들을 정립했지요. 보댕은 리슐리외 추기경과 당대 법학자들에게 영향을 끼쳤기에, 프랑스 절대주의의 창시자 중 한 명으로서 평가받기도 합니다.

영국의 청교도**들은 보댕이 주장한 대로 군주가 백성의 아버지여야 하고, 가장은 가족 내에서 절대자여야 한다고 주장했습니다. 청교도들은 금욕의 상징인 노인들을 존중했고 장수는 덕의 표시로 여겨졌습니다. 1642년 청교도혁명으로 올리버 크롬웰(Oliver Cromwell, 1599~1658)을 중심으로 한 청교도들이 권력을 잡게 되자, 이들은 영국 전역에 자신들의 엄격한 도덕을 강요했습니다. 특히 퇴폐적이라고 비난해왔던 극장들을 폐쇄했지요. 그러나 1660년

---

* 우리말 번역본은 2013년에 나왔습니다. 제1권은 국가·권리·주권론, 제2권은 정체론, 제3권은 행정·사법론, 제4권은 국가·행정론, 제5권은 국가·외교론, 제6권은 재정·정의론을 다룹니다.

** 청교도(淸敎徒, Puritans)는 로마 가톨릭교회의 핵심인 교황제도 중심주의로부터 영국 국교회의 순결(purity)과 복음 중심주의를 추구하며 16세기에서 17세기에 활동한 개신교도들입니다.

찰스 2세가 복위하며 왕정복고 시대가 돌아왔습니다. 이 시기의 귀족들은 노인에게 격분했고, 노인의 위상은 하락했지요. 극장도 다시 문을 열었고, 여자 배우가 여자 역할을 연기했습니다. (그전에는 남성들이 연극의 모든 배역을 연기했습니다.) 그리고 귀족들은 새로운 연극에 갈채를 보냈습니다.

코르네유의 노년

몰리에르, 코르네유, 라신은 17세기 프랑스의 위대한 3대 극작가지만, 한국에서는 딱히 인기가 없습니다. 특별히 연극을 좋아하는 사람이라고 해도 17세기 프랑스 고전극을 좋아하기는 어려울 것입니다. 지금 우리에게 17세기 프랑스 희곡 작가들은 멀기만 합니다. 셰익스피어와는 비교할 수도 없을 정도지요. 하지만 그들은 17세기 프랑스 문학을 대표하는 사람들이었던 만큼, 그들 작품에 나타난 노인상을 간단하게나마 다뤄보고자 합니다.

먼저 노인들이 무시당했던 17세기에 피에르 코르네유(Pierre Corneille, 1606~1684)는 돈 디에고와 오라스라는 위엄 있는 노인상을 창조했습니다. 돈 디에고는 〈르 시드 Le Cid〉(1637)의 주인공인 시드의 아버지입니다. 〈르 시드〉는 코르네유의 성공작인 동시에 프랑스 고전극의 기초를 확립한 최초의 고전주의 작품으로 유명합니다. 우리에게는 찰턴 헤스턴이 주인공 역을 맡고 소피아 로렌이 그 애인으로 나오는 〈엘 시드 El Cid〉(1961)라는 미국 영화로 알려진 11세기 스페인의 영웅입니다. 코르네유의 희곡 이래 쥘 마스네(Jules Massenet, 1842~1912) 등의 오페라로도 유명한 기사도와 십자군의 이상에 충실한 영웅이지요.

카스티야 왕국의 수도 세비야에 사는 노장(老將) 돈 디에고의 아들 로드리고와 남작의 딸 쉬메네(Chimene)는 연인입니다. 그러나 약혼식이 얼마 남지 않은 어느 날, 그들의 사랑은 위기를 맞습니다. 쉬메네의 아버지인 남작이 디에고가 왕세자의 무술 지도자로 승격된 것을 시기하여 그의 뺨을 때린 것입니다. 디에고는 수치심을 느끼며 1막 5장에서 다음과 같이 절규합니다.

> 오 분노여, 오 절망이여! 오 늙음이라는 적이여!
> 이런 치욕을 당하려고 이토록 오래 살았단 말인가?
> 전장에서 백발이 성성해진 이유가 단 하루 만에
> 그 많은 월계관이 퇴색하기 위해서인가? (코르네유, 44쪽)

전장에서 공훈을 많이 쌓았으니 삶의 정점으로서 빛날 것이라 믿었던 노년. 그러나 도리어 뺨을 맞는 엄청난 치욕을 당하고, 디에고는 분노합니다. 그리하여 아들 로드리고에게 복수하여 자신의 명예를 회복해달라고 부탁합니다. 1막 6장에 나오는 말입니다.

> 더 말하지 말라. 나도 너의 사랑을 안다.
> 모욕 속에 사는 것은 살 가치가 없다.
> 모욕한 자가 소중할수록 모욕도 더 큰 것.
> 이제 치욕이 무엇인지 알았으니, 나와 너의 복수를 하라.
> 나와 같은 아버지의 당당한 아들임을 보여라.
> 운명이 내게 주는 불행에 짓눌려서
> 불행을 탄식하러 가노라.

자, 달려라, 날아가라, 우리의 복수를 하라. (코르네유, 46쪽)

아버지는 자식이 부모와 가문에 다해야 할 의무와 명예를 근거로 아들을 설득합니다. 그러나 아들인 로드리고는 아버지의 복수와 연인에 대한 사랑 사이에서 고민합니다.

오, 신이여! 기이한 고통이여!
이 모욕에 부친이 고통받고,
모욕을 준 사람이 쉬메네의 부친이라니.
내 속의 격한 투쟁이라니!
내 사랑과 내 명예가 서로 대치되다니.
부친의 복수를 하자니 연인을 잃겠고,
한쪽은 심정을 태우고 또 한쪽은 팔을 붙잡네. (코르네유, 47쪽)

결국 로드리고는 쉬메네의 아버지를 살해합니다. 쉬메네는 로드리고를 사랑하지만 왕에게 그를 처벌해달라고 요구하지 않을 수 없었습니다. 이때 디에고는 아들에게 이슬람교도를 격파하여 왕의 총애를 되찾으라는 중요한 조언을 전합니다. 이야기 끝에 쉬메네는 개선하고 돌아온 르 시드의 사랑을 다시 받아줍니다.

〈르 시드〉에서 갈등을 만드는 자도 노인 디에고이고, 그 갈등을 해결하는 자도 노인 디에고라는 점을 주목하여 보려 합니다. 16세기는 아직 근대국가가 완성되지 못하고 중세적 봉건 체제가 잔존하여 봉건귀족과 왕이 갈등하는 시기였습니다. 이런 시대에 코르네유는 왕이 구현하려는 법과 봉건적 가치인 명예가 조화를 이루기를 바랐습니다. 그리고 노인인 디에고에게 그 조화를 이루는 담당자이자 갈등 해결사라는 중요한 역할을 부여한 것입니다.

코르네유는 당시 유럽 국가의 롤모델이었던 로마의 건국 과정으로부터도 교훈을 얻으려고 했습니다. 〈르 시드〉의 돈 디에고가 봉건 질서의 수호자였다면, 또 다른 비극 〈오라스*Horace*〉(1640)의 주인공은 로마 질서의 수호자입니다. 이 작품의 무대는 기원전 7세기경 건국 초기의 로마입니다. 코르네유는 티투스 리비우스의 『로마사』에 나오는 호라티우스와 쿠리아티우스 집안의 전투를 소재로 채택해 이 작품을 썼습니다. 오라스는 호라티우스의 프랑스식 표기이며, 작품 속 퀴리아스는 쿠리아티우스의 프랑스식 표기입니다. 한편 퀴리아스의 조국 알바는 알바롱가를 가리킵니다. 알바롱가란 로마의 시조 로물루스가 태어난 곳으로서 베르길리우스의 『아이네이스』에도 등장하는 곳입니다. 즉 로마와 알바의 전투는 한 핏줄 사이에서 벌어진 갈등과 싸움인 셈입니다.

본래 한 핏줄 한 민족이 두 도시로 갈라져 내전을 벌이게 되었으니, 가족이 적으로 나뉜 꼴입니다. 연인들이 갈라지고, 모두가 갈등에 빠지지 않을 도리가 없습니다. 〈오라스〉에 등장하는 인물들은 모두 사랑과 의무, 가족과 국가 사이 갈등 속에서 찢기는 존재들입니다.

로마의 늙은 기사 오라스는 로마를 상징하는 성스러운 존재입니다. 그가 주장하는 정의는 속물인 원로원 의원도 항복시키는 절대적 정의입니다. 그러나 자신의 아들이 로마를 배신하자 오라스는 로마와 스스로를 위해 고뇌합니다. 갈등 속에서 가장 강력한 힘을 발휘하는 것이 사랑이지만, 사랑은 개인적인 정념에 속할 뿐,

가문의 명예나 국가의 구원이라는 더 큰 의무에 우선할 수는 없습니다.

코르네유는 56세인 1662년에 쓴 희곡 〈세르토리우스*Sertorius*〉와 66세인 1672년에 쓴 〈퓔세리*Pulchérie*〉에서 사랑에 빠진 노인의 감정, 특히 자책의 심정을 절절하게 표현했습니다. 이 작품들은 당대의 늙은 귀족들에게 찬양받았습니다. 노인을 연인으로 등장시킨 것은 코르네유가 처음이라는 이유에서였습니다. 물론 그 사랑하는 노인은 그의 다른 모든 희곡에서처럼 귀족이었고, 코르네유 연극의 주된 고객들도 당연히 귀족들이었습니다.

몰리에르의 노년

몰리에르(Molière, 1622~1673)는 코르네유, 라신과 함께 17세기 프랑스의 위대한 3대 극작가로 꼽힙니다. 독일어를 '괴테의 언어', 영어를 '셰익스피어의 언어', 스페인어를 '세르반테스의 언어', 이탈리아어를 '단테의 언어'라 말하는데, 프랑스어는 '몰리에르의 언어'라 불릴 정도로 그의 비중은 큽니다. 20세기 미국의 문학비평가 해럴드 블룸은 몰리에르를 '유일하게 셰익스피어에 필적하는 인물'이라 평했습니다.

몰리에르의 작품에는 노인들이 많이 나오지만, 그의 노인들은 고대 작가들의 노인들처럼 대체로 부정적으로 그려집니다. 의심 많고 바보 같은 구두쇠이며 잘 속는 데다 불만이 많은 소심한 노년들입니다. 가령 〈남편들의 학교*L'École des maris*〉(1661)에 나오는 스가나렐(Sganarelle)은 질투가 심한 40세의 폭군 노인으로 자신이 유혹한 여성에게 사기를 당합니다. 그러나 예외도 있습니다. 스가

나렐보다 스무 살 연상인 60세 아리스트(Ariste)는 자유롭고 현명한 멋쟁이 노인으로 자신이 결혼하고자 하는 여인으로부터 사랑을 받습니다.

〈아내들의 학교 L'École des femmes〉(1662)의 주인공은 질투심으로 가득 찬 43세 늙은 귀족 노인 아르놀프입니다. 그는 위선적이고 약삭빠르지만, 순진한 처녀 아녜스와 경솔한 젊은이 오라스에게 당하고 마는 어리석은 노인입니다. 그는 고아 소녀 아녜스를 외진 곳에 가둬두고 하인의 감시 속에서 키워 아내로 삼으려고 합니다. 그렇게 아녜스는 철저한 무지 가운데 양육되었지만, 자신의 본성을 발견하고 이에 이끌려 용기 있게 사랑을 택합니다. 자신을 다그치며 강압적으로 구속하려 드는 아르놀프에게 자신이 무엇을 잘못했느냐 따지며 나리는 자신을 감동시키지 못한다고 답하지요.

정숙하고 절대복종하는 아내를 맞이하기 위한 아르놀프의 엄격한 훈육은 사랑의 감정을 통해 진실을 자각하게 만드는 자연의 섭리에 반하는 것이었습니다. 또한 개인의 자발성과 이성, 진실이라는 감정의 학교 앞에서 무력했지요. 감시를 피해 사랑하는 남자와 달아나려는 아녜스에게 아르놀프는 말합니다. "빌어먹을! [중략] 누군가 당신을 아주 좋은 학교에 보내주었나 보군."

〈아내들의 학교〉는 인간의 자발성과 자유를 신뢰하고 모든 금욕주의적 논리에 저항하면서, 무지와 인습, 외압과 맹목적인 복종에 조화될 수 없는 자연(본성)을 제시합니다. 이 작품은 아녜스를 통해 개인의 자유와 인간 존엄성의 근간을 뒤흔드는 그 어떤 이념도 정당화될 수 없음을 만천하에 고발합니다. 여기 표명된 몰리에르의 사상, 즉 어떤 속박이나 지배적인 관념도 폭력을 정당화할 수는 없다는 자유주의 사상은 당대인들에게 문화적 충격을 주었습니다.

다음은 〈시기꾼 타르튀프Le Tartuffe ou L'imposteur〉(1664)입니다. 독실한 종교인인 척하는 전형적인 사기꾼 타르튀프가 부르주아 노인 오르공에게 사기를 치려 합니다. 돈, 여자, 음식에 매우 탐욕스러운 타르튀프는 위선자의 상징입니다. 반면 파리의 부르주아 오르공은 본래 다정하고 현명한 인물이었지만 타르튀프를 만나고 현혹되어 그를 맹목적으로 의지하며 비이성적인 행동을 하는 폭군이 됩니다. 반면 오르공의 아내이자 현명하고 이성적인 인물인 엘미르는 타르튀프의 정체를 간파하고 폭로하는 데 중요한 역할을 합니다. 극중 타르튀프가 종교를 모욕하는 발언 때문에 종교인들의 분노를 사서 한때 상연을 금지당했지만, 루이 14세의 비호로 공연되어 성공을 거둔 작품입니다.

〈강요된 결혼Le Marriage forcé〉(1664)의 주인공 스가나렐은 53세의 부자로 젊고 요염한 이십 대 도리메네와 결혼하고 싶어 하지만, 도리메네는 말이 많고 돈에만 관심 있습니다. 고민하며 철학자들을 찾아다녀봐도 쓸모가 없던 중에, 스가나렐은 집시들을 만납니다. 그들은 도리메네가 그를 속일지도 모른다고 말하지요. 그렇게 다니다 리카스트를 만나고서도 그가 도리메네의 연인인 줄을 깨닫지 못합니다. 극중 스가나렐은 도리메네와 파혼하려 하지만, 그의 아버지 알칸토르가 도리메네의 동생 알시다스를 데려와 협박하자 어쩔 수 없이 도리메네와 결혼하기로 하지요.

또 〈수전노L'Avare〉(1668)의 아르파공은 오로지 돈 생각밖에 없는 고리대금업자 노인으로 집안 살림에는 최소한의 지출밖에 하지 않습니다. 혼사에 있어서도 자식들 감정이나 행복보다는 금전적 이해관계를 우선시해서, 딸은 지참금을 요구하지 않는 늙은이에게 시집보내고 아들은 부유한 과부에게 장가보내려 합니다. 그 자신은 60세에 아들이 사랑하는 젊고 아름다운 여인과 결혼하려 하면서도 그녀에게 지참금이 없다는 사실 때문에 망설이기까지 하지요. 이처럼 사랑보다 이해관계가 우선인 그이기에 결말부에서 아들이 아버지의 돈 궤짝을 감추고서 여자와 돈 궤짝 중 하나만 선택하라고 다그치자 주저없이 돈 궤짝을 선택하는 것이지요.

〈사기협잡 Fourberies〉(1671)에 나오는 아르강뜨와 제롱뜨는 60세가 넘은 노인들이자, 자식들을 정략결혼시키려 하는 권위주의에 젖은 노인들입니다. 그러나 아버지들이 여행을 떠난 사이 그 자식들은 각자 미천한 신분의 여인들과 사랑에 빠져 제롱뜨의 하인 스카팽에게 도움을 청하고, 스카팽은 젊은이들의 사랑을 지키기 위해 부자 주인들을 골려먹게 됩니다. 이 연극은 두 집안의 자식들이 사랑한 미천한 여인들이 각각 부자 노인들의 딸이라는 '출생의 비밀'이 나중에 밝혀지고 두 집안이 겹사돈을 맺는 것으로 끝납니다.

18세기의 노년

18세기 유럽은 경제가 좋아지면서 인구가 증가하고 평균수명도 길어셨습니다. 그러나 장수는 여전히 상류층에게만 주어지는 특권이었습니다. 하층 계급은 노년까지 살아남아도 거지가 되기 십상이었습니다. 프랑스에서 상호부조 모임은 1791년 르 샤플리에 법(Loi Le Chapelier)에 의해 금지되었습니다. 영국에서는 1782년 구빈법이 만들어져 최하층의 생활이 조금은 개선되었고, 노동조합이 만들어져 실업과 질병에 공동 대처할 수 있었습니다. 영국에서 기술 발전은 경제를 발전시키고 카페를 발전시켰습니다.

프랑스를 중심으로 낙관적인 계몽사상이 등장하면서 18세기 초부터 채찍질이 죄악시되기 시작했습니다. 1767년에는 아예 금지되었지요. 노인은 가족의 통일성과 영구성을 상징하는 존재로서 중시되었습니다. 재산 양도를 통해 가족의 재산을 축적할 수 있게 되었고, 부르주아 개인주의가 꽃피었으며, 자본주의의 바탕이 되었습니다. 재산을 소유한 늙은 가장이 경제적 권세를 누리자 아이들과 노인들을 찬양하는 사람들이 늘어나, 1789년 대혁명 이후 노인들은 혁명 축재를 주도하는 영광을 누렸습니다. 1793년 8월 10일 혁명 기념 축제에서는 86개 코뮌의 80대 노인 86명이 코뮌들의 깃발을 들었습니다. 당시에는 자선과 박애가 강조되었고 자선 단체가 많이 만들어져 노인과 맹인, 임산부 들이 돌봄을 받았습니다. 그러나 노년은 존경받을지언정 사랑받지는 못했습니다.

스위프트의 노년

문학사에서 조너선 스위프트(Jonathan Swift, 1667~1745)만큼 노인을 잔혹하게 그린 작가는 다시없을 것입니다. 『걸리버 여행기Gulliver's Travels』 제3권을 썼을 때 그는 55세로 당시로서는 노년이었습니다. 그때 그는 바네사와 이별하는 등 가장 어려운 시절을 보내고 있었습니다. 그래서일까요, 그 뒤에 쓴 제4권에서는 인간을 야후(Yahous)라고 부르며 경멸합니다. 특히 노년을 경멸하지요.

제3권 9~10장에 나오는 럭나그(Luggnagg)는 일본 남동쪽에 있는 섬입니다. 그곳에 사는 스트럴드브러그(Struldbrug)족은 영원히 죽지 않고 계속 나이를 먹는 자들입니다. 그곳 사람들이 불멸의 삶을 산다는 이야기를 듣고 걸리버는 놀랍니다. 그리고 죽음에서 해방된 그들이 부유하고 고상하며, 부패를 없애기 위해 투쟁하고, 탐구와 발견이라는 위대한 목표를 위해 살리라고 상상하지요. 그러나 그곳 사람들은 말합니다. "불멸의 삶이라는 구상은 당치도 않으며 부조리합니다. 왜냐하면 그것은 젊음, 건강, 활력의 영원한 지속을 전제로 해야 하기 때문입니다."

그들은 왼쪽 눈썹 위에 붉은 점을 가지고 태어나기에 쉽게 알아볼 수 있습니다. 붉은 점은 노년기에 검은색으로 변합니다. 스트럴드브러그들은 80세가 되기 전까지는 평범하게 살아가지만, 80세가 되면 법적으로 사망한 것으로 간주됩니다. 그 즉시 생계를 위한 적은 돈을 제외한 모든 재산이 상속인에게 계승됩니다. 80세 이상 스트럴드브러그들은 토지를 매수하거나 임대 계약을 할 수 없습니다. 민형사를 포함한 어떤 소송에서도 증인이 될 수 없으며, 심지어 거래에도 참여할 수 없습니다. 탐욕은 노령에 필연적으로 따르는 결과이므로 그 불사신들을 그냥 두었다가는 온 나라의 시민권력을 독점하게 될 텐데, 또 관리 능력은 부족하여 결국 나라를 멸망시킬 것이기 때문입니다. 결국 그들은 멸시와 미움의 대상이 됩니다.

보마르셰의 노년

18세기 프랑스의 극작가 피에르 오귀스탱 카롱 드 보마르셰(Pierre Augustin Caron de Beaumarchais, 1732~1799)는 시민 계급을 주제로 당시의 특권계급을 풍자한 연극 작가로 유명합니다. 그는 특권계급의 전형으로 연극 사상 처음으로 '나이 들어 욕정에 불타 주변 사람들을 놀라게 하고 세상마저 뒷걸음치게 만드는 노인상'을 창조한 사람으로도 잘 알려져 있습니다. 그의 작품을 프랑스대혁명이라는 역사적 사건의 예고편이라고도 하는데, 거기 나오는 노인들은 그러한 대변화라는 청춘에 방해가 되는 장애물일 뿐이었습니다.

보마르셰의 걸작인 피가로 3부작 중 첫째 작품 〈세비야의 이발사 또는 무용한 경계심 Il barbiere di Siviglia, ossia L'inutile precauzione〉(1775)에는 사랑에 빠진 노인 의사 돈 바르톨로(Don Bartholo)가 등장합니다. 그는 젊은 알마비바(Almaviva)* 백작이 사랑하는 로지네(Rosine)의 후견인입니다. 로지네 또한 백작에게 호감을 가지고 있지만, 돈 바르톨로는 그녀를 가두고 자신과 결혼하기를 강요합니다. 그래서 추악한 삼각관계가 형성되지만, 피가로가 개입하여 젊은 두 남녀는 결혼하고 늙은 의사가 패배합니다. "서로 사랑하는 젊은이들이 노인네 하나를 속이기로 작정했는데, 그걸 막으려고 한다면 그야말로 '무용한 경계심'(보마르셰, 85쪽)"이라는 것입니다. 늙은 의사 돈 바르톨로는 낡아빠진 사고방식과 가치관을 가진 꼰대의 전형입니다. 1막 3장에서 그는 말합니다.

마음대로 말해서 미안하지만 세상을 두둔할 게 뭐 있느냐? 사상의 자유, 만유인력, 전기, 종교적 관용, 종두법, 키니네, 백과사전, 드라마… 이 모든 게 바보 같은 거 아니냐? (보마르셰, 20쪽)

* '생생한 영혼'이라는 뜻입니다.

돈 바르톨로는 의사이면서도 종두법에 반대합니다. 사상의 차원에서는 물론, 자신의 전문 분야인 과학에 있어서도 보수 반동의 전형인 것입니다. 피가로는 그런 그를 다음과 같이 묘사합니다.

단신에 통통하고 초로(初老)에 접어들어 머리는 희끗희끗하고 수염은 면도를 했지요. 간교하면서도 무감하고 호시탐탐 감시하며 꼬치꼬치 캐묻고 으르렁대며 불평을 늘어놓는 스타일이지요. 〔중략〕 거칠고 인색하죠. 처녀를 좋아하면서도 지독하게 질투해서 상대방이 끔찍하게 싫어하지요. (보마르셰, 22~23쪽)

백작이 그 말을 듣고 "내가 그런 인간을 벌주면서 행복해질 수 있다면 좋은 일이지"라고 말하자, 피가로는 "그건 공적으로도 사적으로도 좋은 일입니다. 도덕을 바로 세우는 일 가운데 최고니까요"라고 답합니다(보마르셰, 23쪽).

이어지는 〈피가로의 결혼 Le nozze di Figaro〉은 백작과 로지네가 결혼하고 삼 년 뒤를 그립니다. 그 무렵 백작은 로지네에 대한 사랑이 식어 피가로의 약혼녀이자 하녀인 쉬잔에게 눈독을 들이기 시작합니다. 쉬잔은 백작의 꿍꿍이를 직감하고는 피가로에게 알립니다. 피가로로서는 믿을 수 없는 배신이었지요. 피가로는 쉬잔과 백작 부인과 연대해 계략을 세우고 우여곡절 끝에 쉬잔과 혼례를 치릅니다. 이 작품에도 바르톨로가 등장하는데, 그는 피가로의 생부로 밝혀집니다. 이밖에도 피가로와 결혼을 꿈꾸는 나이 든 하녀 마르슬린이 피가로의 생모로 밝혀지는 황당한 해프닝이 벌어지지만, 딱히 그밖에 비난할 만한 노인은 등장하지 않습니다.

그러나 5막 3장에 나오는 피가로의 긴 독백은 낡은 신분 세습제와 노인들로 상징되는 귀족이라는 신분을 비판합니다.

"신분, 많은 재산, 사회적 지위가 있어 자랑스러우시겠지만 과연 나리는 그것들을 얻기 위해 무엇을 하셨나요? 그저 태어나는 수고 말고 전혀 한 게 없는 평범한 사람들에 불과하지요." (보마르셰, 197~198쪽)

1784년 코메디프랑세즈 극장에서 〈피가로의 결혼〉 첫 막이 올랐을 때 인파가 밀려들어 세 명이 압사했습니다. 민중뿐만 아니라 귀족들도 이 삼각관계에 열광했습니다. 그들은 〈피가로의 결혼〉이 루소(1712~1778)와 볼테르(1694~1778)의 저작과 더불어 프랑스대혁명(1789~1799)을 터뜨린 3대 문헌이 될 줄 몰랐을 것입니다. 모차르트(1756~1791)가 보마르셰의 〈피가로의 결혼〉을 바탕으로 작곡해 1786년 빈 궁정극장에서 초연한 동명의 오페라도 혁명에 기여했습니다.

보마르셰는 프랑스대혁명 직후인 1792년에 피가로 3부작의 마지막 〈또 다른 타르튀프 또는 죄지은 어머니*La Mère coupable ou L'Autre Tartuffe*〉를 썼습니다. 이제 장성한 자녀들을 둔 아버지가 된 알마비바 백작은 자녀들을 돌보지 않는 어리석은 짓들을 되풀이하다가 마침내 정신을 차리고 말합니다.

"교양 있는 사람들이라면 과거 자신들이 저지른 잘못과 나약한 행동을 서로 용서하는 때가 있는 법이고, 사랑하던 사람들을 과도하게

갈라놓던 격한 열정이 지나가면 은은한 애정이 찾아오는 것도 세상의 이치지." (보마르셰, 312쪽)

피가로도 초로를 맞습니다. 백작이 그런 그에게 돈을 주려고 하자 피가로는 다음과 같이 답합니다.

"제가 나이를 먹으니 지나간 젊은 시절을 용서할 수 있고, 스스로 자부심이 생기는 것 같습니다. 억압하는 사람과 무례한 위선자가 사라지니 불과 하루 만에 우리 처지가 바뀌었네요. 또 언제 문제가 생길지 걱정할 필요 없이 각자 자기 본분을 다하면 되는 겁니다." (보마르셰, 312~313쪽)

보마르셰는 프랑스대혁명이 발발하는 데 영향을 끼쳤지만, 혁명 이후에는 도리어 혁명의 과잉이 자유를 위협한다고 비판하고 프랑스 귀족의 지위를 얻었습니다. 1791년에는 혁명의 거점이었던 바스티유 감옥 맞은편에 호화로운 집을 마련했지요. 그러나 〈죄지은 어머니〉를 공연한 두 달 뒤 혁명정부를 비판했다는 혐의로 며칠간 구금되었으며 그 뒤 독일에서 망명 생활을 했습니다. 그는 1796년 파리로 돌아왔으며, 그로부터 삼 년 뒤 사망했습니다. 그 후 1816년에 로시니가 〈세비야의 이발사〉를 오페라로 만들었습니다.

괴테의 노년

18세기 독일의 시인 요한 볼프강 폰 괴테(Johann Wolfgang von Goethe, 1749~1832)는 금수저로 태어나 평생 금수저로 살았습니다. 사랑을 포함한 모든 일이 그에게는 신의 축복이었습니다. 괴테는 1823년 7월 초에 보헤미아 지방의 온천 휴양지인 마리엔바트에 머물다가 8월 20일 그곳을 떠나, 다시 인근의 온천 휴양지인 칼스바트(Karlsbad)에서 9월 5일까지 보름을 머물렀습니다. 그 뒤 십여 일 만에 「마리엔바트 비가」를 썼지요. 그 마지막 연은 다음과 같습니다.

> 나에게 속한 모든 것 심지어 나 자신까지도 잃어버렸네
> 얼마 전까지만 해도 신들이 사랑했던 나였는데
> 그들은 나에게 판도라의 상자를 주면서 나를 시험에 들게 했네
> 좋은 일도 많았지만 위험한 일이 더 많았네
> 그들이 나에게 허락한 것은 말 잘하는 입이었을 뿐
> 그들은 결국 나를 떠나 나를 나락으로 떨어지게 했네

「마리엔바트 비가」는 74세의 괴테가 19세 소녀 울리케 폰 레베초브(Ulrike von Levetzov)를 사랑한 뒤에 쓴 시입니다. 그러나 시에서 말하듯 그 사랑은 괴테에게 '판도라의 상자'가 되었습니다. 그녀는 괴테와 오래전부터 알고 지내던 집안의 딸이었는데, 당연히 괴테의 사랑은 그 집안에서 환영받지 못했습니다. 괴테의 가족도 마찬가지로 반대했지요. 그럼에도 괴테는 소녀와 결혼하고자 했지만 당연히 거절당했습니다. 괴테는 그 직후에 「마리엔바트 비

가」를 썼지요.

첫 연에서 '시적 자아'인 괴테는 지금 그녀와 헤어지면 과연 재회할 수 있을까 묻지만, 이미 그것이 불가능함을 압니다. 그래서 2연에서는 죽어 천국에서 그녀를 만나는 상상을 하지요.

> 영원히 아름다운 삶을 살 가치가 있는 너였기에
> 천국은 너를 받아들였어
> 그 어떤 소망도 희망도 욕구도 이제 너에게는 없어
> 이곳이 바로 마음의 가장 깊은 곳에서 원하는 최종 목적지니까,
> 이처럼 아름다운 것만을 보는 너에게
> 더 이상 동경의 눈물은 없겠지

7연에서도 천사 같은 그녀의 모습을 묘사합니다. 하지만 그녀는 천국의 삶 그 자체로 이미 최고의 만족을 얻었기에 더 이상 어떤 희망도 욕구도 바람도 없습니다. 반면 천국 문가에 선 괴테는 그녀를 기다리다가 달려가 입맞춤하는 상상을 합니다. 이 상상을 통해서 그는 그녀를 마음 깊은 곳에 간직하게 되며, 그 입맞춤은 또한 그에게 삶의 희망을 다시 불러일으킵니다.

그러나 사실 이 사랑은 일방적인 것이었습니다. 물론 울리케도 괴테를 사랑한다고 말했지만, 그것은 괴테가 생각하는 이성 간의 사랑이 아니라 아버지에 대한 사랑 같은 것이었습니다. 그랬기에 괴테가 청혼했다는 말을 들었을 때는 농담인 줄 알았다지요.

괴테의 대표작 『파우스트』의 주제 중 하나는 회춘입니다. 노인 학자 파우스트는 더 이상 학문에서 행복을 얻지 못합니다. 존재 이

유를 되찾기 위해 젊음의 특권인 쾌락, 사랑, 도취가 주는 신선함으로 부활하고자 하지요. 노년을 삶에 열의가 없는 추상적 나이로 받아들이기 때문입니다. 『파우스트』는 괴테가 24세였던 1773년에 쓰기 시작해 1부는 1808년, 2부는 83세로 죽기 직전이었던 1832년에 완성되었습니다. 그 2부의 5막에서 괴테는 노년을 긍정합니다.

> 내 길은 이 세상을 돌아다니는 것이었다
> 쾌락이라면 머리채를 움켜잡았다
> 부족해지면 미련 없이 놓아버렸으며
> 날 피하면 그대로 내버려두었다
> 나는 삶 속으로, 끝없이 이어지는 환희 속으로 돌진해 나갔다
> 욕망, 충족, 다시 욕망,
> 처음에는 거대하고 과격했지만
> 이제 현명하고 신중하게 해가고 있다
> 이 지상의 일은 남김없이 다 알고 있지만
> 그 너머에 있는 것은 인간이 볼 수 없는 것이다
> 하늘에다 스스로 이미지를 만들어내면서
> 높이 있는 구름을 쳐다보는 자는 바보다
> 이 땅에 굳게 딛고서 주변을 돌아보게 하라
> 가치 있는 이에게 세상은 침묵하지 않으리라
> 무엇 때문에 영원 속을 헤매야겠는가?

괴테가 1814년에 쓴 다음 시 「노년」은 노년의 불가피성과 환영받지 못하는 본질을 탐구합니다. 화자는 노년을 끈질기게 두드리

지만 저항에 부딪히는 방문객으로 의인화합니다. 노년이라는 침입을 탄식으로 맞이하며, 나이 들어 환영받지 못하고 종종 불쾌하기까지 한 현실을 강조하지요.

노령은 예의 바르다. 더 이상은 없다
그는 몇 번이고 문을 두드리지만,
아무도 '들어오세요, 선생님, 기도하세요!'라고 말하지 않는다
하지만 그는 문에서 돌아서지 않고,
걸쇠를 들어 올리고 재빨리 들어간다
그리고 그들은 '정말 시원한 사람이다!'라고 외친다

괴테의 다른 작품과 비교할 때, 이 시는 더 직설적이고 은유적이지 않습니다. 초기 시에 비해 서정적 복잡성이 부족하고, 어조가 더 우울합니다. 이 시의 단순함과 직접성은 그 메시지를 명확하고 강력하게 합니다. 이 시는 시대적 맥락에서 계몽주의 시대의 노년에 대한 지배적인 태도를 반영합니다. 일부 계몽주의 사상가는 노년의 지혜와 경험을 중시했지만, 다른 사람들은 노년을 쇠퇴와 고통의 시대로 보았습니다. 이 시는 후자의 관점과 일치하며, 노년을 저항과 절망에 부딪히는 환영받지 못하는 침입으로 제시합니다.

11
근대 동아시아의 노년

조선 근대의 노년

조선왕조 519년 동안 왕을 지낸 스물일곱 명의 평균수명은 46세라고 합니다. '비교적 짧은 편'이라는데(김미영 외, 28쪽), 그 비교 대상이 누구인지 알 수 없어서 정말로 짧은 편인지 진위도 알 수 없습니다. 조선시대 일부 양반 가족의 평균수명에 대한 연구가 있으나, 주민 전체 평균수명에 대한 자료는 없습니다. 그러나 당시 범세계 차원의 평균수명인 30세 이상이었을 것 같지는 않습니다. 만약 당시 일반의 평균수명이 30세 정도였다면, 46세까지 산 왕들은 '비교적 오래 산' 편이라 하겠습니다. 그래도 일반 백성보다는 잘 먹고 잘살았기에 한 배 반 정도로 오래 산 것입니다.

유교를 숭상한 조선시대에는 노인을 공경했다고 합니다. 가령 1395년(태조 4년) 경로사상이 투영된 『대명률大明律』을 이두문으로 축조하고 번해(翻解)하여 반포하고, 죄인에게 노부모 또는 조부모가 있고 대신 부양할 자가 없을 때에는 감형 처분하여 노인을 봉양하도록 했다고 합니다. 태조 3년에는 민생 구휼을 위한 사업 부서 중 하나로 기로소(耆老所)를 설치하고, 이듬해 진제소(賑濟所)를 설치하였습니다. 기로소는 관직에서 물러난 문신(文臣)들을 예우하기 위해 설치한 관청으로, 왕과 조정 원로의 친목과 연회 등을 주관하였고, 진제소는 기근(饑饉)과 질병으로 백성들이 고통받을 때 굶주리는 자들을 흥복사(興福寺)에 모아 구휼한 기관입니다.

1431년(세종 13년)에는 『삼강행실도』를 편찬하고 전국에 유포하여 충효 사상을 고취하였다고도 합니다. 세종 이래 100세 이상 노인에게는 연초에 쌀을, 매월 술과 고기를 주었고, 90세 이상 노인에게는 매년 술과 술잔을 주었으며, 80세 이상 노인은 지방관으로 하여금 대접하게 하였다고 합니다. 그러나 당시에 80세 이상 노인이 얼마나 있었을지는 의문입니다.

조선 세조 대에 편찬하기 시작하여 성종 대에 완성·반포한 『경국대전』 등에는 노인직(老人職)과 양로연(養老宴) 등이 규정되었습니다. 노인직은 노인에게 주는 관직으로 양인이든 천인이든 간에 80세가 되면 1품계를 주며, 원래 품계를 보유하고 있었으면 1계를 승진시켜주었습니다만, 대부분 명예직이었으므로 실질적인 혜택은 없었습니다. 또 양로연은 80세 이상을 위해 중앙과 지방에서 마련하는 잔치였습니다. 하지만 이러한 명예직과 연 1회의 잔치가 실질적으로 어떤 의미가 있었는지는 의문입니다. 나아가 그 상징적인 행사조차 어느 정도로 행해졌는지 알 수 없습니다.

18세기 유학자이자 실학자인 이익(李瀷, 1681~1764)은 『성호사설 星湖僿說』 10권 「인사문」 '양로'에서 조선 초기에는 양로연이 행해졌으나 오십 년 뒤 없어졌고, "가정에서는 자제들이 부형을 업신여기고 나라에서는 소년들이 노인을 능멸한다"고 개탄하면서 그 원인을 과거 시험의 소년등과에서 찾았습니다. 모두가 소년등과를 원하고 부러워하면서 부형까지 업신여기게 되었다는 것입니다.

이옥의 노년

19세기의 유학자 이옥(李鈺, 1760~1815)은 정조(正祖)의 문체반정(文體反正)에 반하는 개성적이고 파격적인 글을 썼다고 합니다. 그중 하나가 늙음을 멸시하는 세태를 묘사한 「각로선생전却老先生傳」입니다. '각로선생'이란 구리로 만든 족집게를 말합니다. 이옥은 사람들이 늙음을 싫어하는 것은 늙으면 보통 벼슬길이 순탄치 않고, 늙은 부모를 기쁘게 하지 못하고, 아내나 여성들을 즐겁게 하지 못하기 때문이라고 합니다. 그러나 각로선생은 그 어느 것에도 해당하지 않고, 옛날과 달리 당시 사람들이 늙음을 싫어하기 때문이라고 합니다.

「거울에게 묻는다」에서 이옥은 거울을 보며 늙음을 아쉬워하고 젊은 시절을 그리워합니다. 그러나 노화란 자연의 당연한 이치이니 늙은 얼굴을 그대로 받아들이라고 말하며 노년을 수용합니다. 다음은 글의 마지막에 나오는 거울의 말입니다.

그러나 아름다움이란 진실로 오래 머물러주는 것이 아니며, 명예란 진실로 오랫동안 함께 할 수 없는 것이니, 일찍 쇠락하여 변하는 것이 진실로 그 정해진 이치이다. 그대는 어찌 절절히 그것을 의심하며, 또 어찌 우울히 그것을 슬퍼한단 말인가? 그대가 만약 묻고 싶다면 조물주에게 물어보시게나.

조선 시조의 노년

다음은 작자 미상의 시조 「탄로가嘆老歌」의 한 대목입니다.

> **아이 적 늙은이 보고 백발을 비웃더니**
> **그동안에 아이들이 나 웃을 줄 어이 알리.**
> **아이야 하 웃지 마라 나도 웃던 아이로다.**

이와 비슷한 시조가 많아, 조선에도 늙은이를 비웃는 풍조가 있었음을 알 수 있습니다. 그러나 이옥이 말한 바와 같이 자연의 이치를 어길 수는 없으니 그것에 따라 살아야 한다는 노래도 나오기 마련입니다. 그리하여 송시열은 노래했다지요.

> **청산도 절로절로 녹수(綠水)도 절로절로**
> **산절로 수절로 산수간(山水間)에 나도 절로**
> **그중에 절로 자란 몸이 늙기도 절로 하여라.**

윤기의 노년

윤기(尹愭, 1741~1826)는 32세인 1773년(영조 49년)에 사마시에 합격하여 성균관에서 이십여 년간 학문을 연구했습니다. 51세인 1792년(정조 16년)에는 식년문과에 병과로 급제하여 몇 가지 벼슬을 거쳤으나 86세까지 평생 가난하게 살았습니다. 앞서 본 중국 시인 백거이를 숭상하면서 마찬가지로 노년시를 많이 썼으나, 백거이와 달리 늙음을 긍정적으로 수용하기보다는 가난으로 고통받는 신세를 한탄하는 시들이 대부분입니다.

백거이의 영로시 같은 작품은 딱 한 편 남겼습니다. 62세에 쓴 「어떤 객이 탄로시를 지었다는 말을 듣고 그에 화답하다客有言人有作歎老詩者 和者頗多 故余亦次之」입니다.

어떤 이가 탄로시를 지은 것을 두고
늙음을 한탄할 필요가 없으니
눈앞의 술잔처럼 즐길 거리를 즐겨도 좋고
젊다고 기쁠 것도,
늙었다고 슬플 것도 없다.
한 가지 일도 성취하지 못하고
늘 병에 시달려야 했으며
시력은 나빠지고 머리가 세고
기력이 쇠했음을 자각하고는 탄식한 적이 있다.
그러나 매우 다행스럽게도
내 맘에 꼭 드는 게 있네.
번잡한 세상 보고 듣기 싫으니
귀 밝고 눈 밝은 걸 어디에 쓰겠는가.
외지고 누추한 곳에서 정좌(靜坐)를 배우니
말과 소를 달릴 필요 없다네.
잠이 없으니 책 읽기 좋고
죽만 먹어도 주림을 면할 수 있네.*

* 此身老可惜,斯有歎老詩. 請君莫歎老, 且進眼前巵. 少亦不足喜, 老亦不足悲"一事靡所就, 百病恒不離. 錯應衆客笑, 廢讀兩睫眵. 非禪心亦絮,

백거이는 탄로시를 쓰다가 영로시로 옮겨 갔지만, 윤기는 영로시 단 한 편 외에는 죽을 때까지 탄로시만 썼습니다. 가령 41세에 쓴 시에서 "쇠잔해진 몸 하얗게 센 머리로 돌아보니, 서울은 너무나 멀구나"*라고 개탄하는데, 그런 개탄은 나이가 들수록 더욱 처연해집니다. 61세에 쓴 시「사회寫悔」의 한 대목을 봅시다.

늙으니 먼 길 오르기 겁나고
병들어 관복 입기도 어렵구나.
이제부터는 말직도 그만두고
한가로이 누워 주림과 추위 참아야지.**

66세에 쓴「자조自嘲」에서는 아예 자신을 조소하는 듯 극단적인 부정이 나타납니다.

산속 외로운 집은 암자와도 같고
고기반찬 없이 말도 없구나.
등불 아래 돌아보니 그림자마저 대머리니
이 몸이 그대로 늙은 중이 아닌가 하네.***

　　　羞人鬢又絲, 寢食嗟轉減, 跬步苦難移. 人情傷衰朽, 豈不時自噫.
　　　然有大可幸, 乃於吾心宜. 囂塵厭視聽, 安用聰明司. 僻陋學靜坐,
　　　不須馬牛馳. 失睡或溫故, 恃粥聊救飢.
*　　 飄零回白首, 京洛似天涯
**　　老怯登程遠 病知束帶難 從今休薄宦 閒卧忍飢寒
***　 山裏孤棲似佛菴 食無語肉口無談 燈下顧看頭影禿 自疑身是老瞿雲

윤기가 쓴 노년시가 대부분 이처럼 자조적인 탄로시이기에 앞서 본 한 편의 영로시는 자신의 경험과 감성을 솔직하게 표현한 것이 아니라 비참한 현실을 덮기 위해 백거이를 모방해 쓴 것이 아닌가, 의심스러울 정도입니다. 물론 윤기의 탄로시가 노화에 대한 조선조 사대부 일반의 태도를 보여주는 작품이라 할 수는 없겠지만, 일천 년 전 당나라의 백거이가 보여준 씩씩한 노인상에 비하여 비참하다는 느낌을 지울 수 없습니다. 시인은 고기반찬을 못 먹을 정도로 가난하고 말을 나눌 친구가 없어 너무 외롭고, 머리칼이 없는 대머리 신세가 되어 당시 무시당하던 중과 같다는 것입니다. 그처럼 가난한 것은 스스로 농사짓지 않고, 서당이라도 차려서 아이들을 가르치지 못한 탓인지도 모릅니다. 당시에는 사대부 중에도 가난한 사람이 많았습니다. 과거에 급제하고도 굶어 죽는다는 말이 나돌았을 정도지요. 그랬기 때문일까요, 윤기에게서는 이제 볼 일본의 바쇼와 같은 초월의 추구 자세도 찾아볼 수 없습니다.

바쇼의 노년

1603년 도쿠가와 이에야스가 권력을 장악하고 에도에 막부를 세운 뒤 250년간 일본은 안정기를 맞습니다. 백만 인구를 자랑하는 에도를 중심으로 에도시대가 시작되었지요. 귀족과 무사, 승려가 문화의 중심이 되었던 과거와는 달리 상업 자본을 바탕으로 한 사회·경제·문화의 발전에 조닌(町人)들이 큰 영향을 미쳤습니다. 조닌은 이 시기 도시에 거주하던 장인과 상인을 통칭하는 말입니다. 물질적으로 풍요로워진 조닌들이 여가 시간을 문학과 연극, 그림 등에 투자하여 대중연극 '가부키'와 가면극 '노', 서민들의 생활상을 담은 그림과 채색 판화 '유키요에'가 큰 인기를 끌었고, 언어유희와 해학, 재미가 담긴 통속적이고 서민적인 문학작품들이 등장했습니다. 시와 문학이 대중화·상품화되며 1650년대에 시작된 서점들이 에도 지역에만 이천 곳이 넘었습니다. 반면 조선에는 19세기 말까지 서점이 없었지요.

마쓰오 바쇼(松尾芭蕉, 1644~1694)는 에도시대가 시작된 17세기 일본의 유명한 하이쿠(俳句) 시인입니다. 젊어서부터 저명했지만, 평생을 풀로 엮은 변두리 오두막에서 혼자 살았지요. 그곳이 문하생이 심은 파초 한 포기로 인해 파초암(芭蕉庵)으로 불리게 되었고, 시인의 호도 바쇼(芭蕉)가 되었습니다. 당시의 하이쿠는 해학의 재치와 능란한 언어유희를 겨루는 작품들 중심이었지만, 바쇼는 정적 속에서 느껴지는 감성, 인생의 고독과 허무, 고고함과 영혼의 구원 등을 시 속에 담아냈습니다.

1684년 바쇼는 일 년여 전 세상을 떠난 어머니 성묘를 위해 여행을 떠납니다. 고향에 도착해 어머니가 남긴 백발을 마주하고서 시를 지음으로써 여행 시작(詩作)을 시작합니다.

백발 손에 드니
녹아버리는 듯 눈물 뜨거워라
가을날 서리[*]

여행을 떠날 때 바쇼는 "들판의 해골로 / 뒹굴리라 마음에 찬 바

---

*   手にとらば消んなみだぞあつき秋の霜

람 / 살 에는 몸*"이라고 노래했으나, 죽지 않은 심정을 "죽지도 않은 / 나그네 길의 끝이여 / 가을 저물녘"**이라고 야유합니다. 그의 여행은 걸식하는 여행이었고 그의 시는 대부분 길 위에서 쓰였습니다. 그래서 바쇼는 '방랑 미학의 창시자'라 불립니다.

그의 마지막 하이쿠 '여로에 병들어 / 꿈은 시든 들판을 / 헤매고 돈다'***는 여행이 단순하기에 좋아하였던 시인 바쇼의 유언입니다.

* 野ざらしを心に風のしむ身哉
** 『しにもせぬ旅寢の果よ秋の暮
*** 旅に病ん/で夢は枯野を/かけ廻る

12
정약용의 노년

정약용의 노년

정약용(丁若鏞, 1762~1836)은 조선 후기 대표적인 실학자이자 개혁사상가, 시인입니다. 18년간의 유배 생활을 포함한 74년 생애 동안 경서류 232권, 문집류 260여 권을 저술했습니다. 그 방대한 작업을 통하여 정약용은 고증과 경세(經世) 및 목민(牧民) 등을 목적으로 한 새로운 실학을 수립했습니다. 그러나 그의 생애나 학문에 의문이나 비판이 없을 수는 없습니다. 가령 가장 최근인 2023년에 그의 평전을 쓴 김삼웅은 아홉 가지 의문을 제기합니다.* 그 아홉 가

---

* 김삼웅, 『다산 정약용 평전』, 두레, 2023, 12~15쪽. 첫째, 정조 시대에는 개혁 군주와 훌륭한 신하들이 많았는데, 왜 정조의 죽음으로 개혁 정치가 무너지고, 다시 수구 세력에 권력이 넘어가는가? 둘째, 실학파가 정치 세력의 중심이 되지 못한 이유는 무엇인가? 셋째, 다산은 "조선인으로서 조선 시"를 지어야 한다고 누누이 역설하면서도 정작 본인은 시 한 편도 한글로 짓지 않고, 정조의 '문체반정(文體反正)'에 적극 호응하고 더욱 강경하게 대응하도록 촉구한 것은 왜인가? 넷째, 다산 사상이 동학혁명의 이론적 지침이 되었다고 하는 것의 실상은 무엇인가? 다섯째, 정약용의 집안은 한국 천주교의 발상지라 할 만큼 천주교와 인연이 깊은데 천주교 박해가 시작되자 천주교를 버리고 가족들을 고발한 것으로

지 의문에 동의하면서 나는 열 번째 의문을 품습니다. 그것은 정약용이 70세에 쓴 연작시 「노인일쾌사老人一快事」에 관한 것입니다. 이 시에서 정약용은 자신의 학문에 회의를 표하는데, 이에 대해서는 뒤에서 차차 살펴보도록 하고, 여기서는 노년에 대한 그의 사상이 어떠했는지부터 보겠습니다.

정약용의 전집 여유당전서(與猶堂全書)의 『대학공의大學公議』(1814)*는 『대학』의 핵심 개념인 명명덕(明明德)을 평천하(平天下)의 구체적인 인륜으로 파악하고, 『대학』의 지향점과 실용성을 효제자(孝悌慈), 즉 부모에 대한 효도와 윗사람에 대한 공손, 아랫사람에 대한 자애라고 풀이하면서 그것이 수신제가(修身齊家)로서 치국과 평천하로 이어진다고 합니다. 이는 주희가 『대학장구大學章句』에서 "명덕이란 사람이 하늘부터 얻은 것" 운운하며 관념적으로 파악한 내용을 구체적으로 대체한 것입니다.

정약용은 유교의 핵심 개념인 인(仁)도 효제자라는 인륜으로 파

알려진 다산은 과연 배교자(背敎者)인가 아닌가? 여섯째, 그의 수많은 저술 중에 후대에 유독 『목민심서』와 『흠흠신서』 등만 널리 알려지고 읽히게 된 배경은 무엇 때문인가? 일곱째, 강진 유배지에서 18년 동안 책 오백여 권을 저술했으나 해배(解配, 유배에서 해방되어)되어 고향에 돌아와 18년을 더 살면서는 별다른 저작을 남기지 않은 것은 왜일까? 여덟째, 정약용에게는 호가 여럿 있었는데 다산이 대표적으로 쓰이게 된 것은 왜일까? 아홉째, 정약용이 강진 유배 시절에 정을 나눈 여인이 있어 그 사이에 딸을 두었다는 이야기가 있는데, 그 여인의 심정을 담은 시 「남당사」는 누가 지었으며, 어째서 다산은 인륜대사를 모른 체했을까?

* 1789년 정조와 내각 초계문신 사이의 강의와 대담을 기록한 '희정당대학강록(熙正堂大學講錄)'을 바탕으로 쓴 책입니다. 다산은 희정당대학강록을 '대학강의(大學講議)'로 정리한 뒤 이를 토대로 1814년 『대학공의』를 썼습니다.

악하였습니다. 그리고 『대학공의』에서 천자가 잔치를 베풀어 국로를 대접하는 노노(老老, 늙은이를 늙은이로 대하는 것), 장장(長長, 어른을 어른으로 대하는 것), 휼고(恤孤, 고아를 딱하게 여기는 것)의 의례를 거행하여 효를 사회·국가적으로 확산시킴으로써 노년 문제를 해결해야 한다고 주장합니다. 이는 주자가 『대학장구』 '치국평천하'에서 주장한 바를 답습한 것이므로, 결론적으로 정약용과 주희는 다르지 않았다고 하겠습니다. 또한 앞서 3장에서 본 고대 동양의 노년 보호와도 크게 다르지 않으므로 정약용만의 독자적인 노년관이 있었다고 볼 수는 없습니다.

그런데 뒤에서 보겠지만 정약용은 70세에 쓴 시에서 자신이 그 전에 중국 경전을 해석한 의의를 부정합니다. 이러한 변화의 원인과 과정에 대해 상세히 알 수는 없으나, 중국 사상이 아니라 조선 사상을 창조해야 한다는 의식에서 비롯되었을 것으로 짐작합니다. 머리말에서 말했듯이 정약용은 그 직후인 74세에 죽어 새로운 조선 사상*을 창조하지는 못했습니다. 하지만 그가 만년에 탐구하고자 한 것을 새롭게 논의할 필요가 있습니다.

70세의 정약용

정약용이 70세에 쓴 「묵수墨數」, 즉 '속으로 헤아리다'라는 제목의 시는 당시 정약용의 심정을 말해줍니다.

---

*   정약용의 실학을 새로운 조선 사상이라고 볼 수도 있지만, 그는 유학 내지 성리학에서 완전히 탈피하지 못했습니다.

늙은 나이 속으로 헤며 스스로 의아해라
잠시 즐거워 웃다가 갑자기 슬퍼하노라
안방의 누런 머리 할멈은 어디서 왔는고,
곁에 앉은 백발의 아이는 괴이하기만 해라*

다음 시에서도 노년의 궁핍한 삶을 볼 수 있습니다.

궁핍한 생활이기에 찾아오는 사람은 드무니
하루 종일 의관을 벗고 지낸다
썩어버린 지붕에서는 바퀴벌레가 떨어지고,
오래된 밭에는 팥꽃이 그대로 남아 있네
이제 병이 많아져서 잠이 자꾸 줄었고,
근심은 글을 쓰는 것으로 달랜다네
오랫동안 오는 비를 어찌 괴롭다고 하겠는가.
청명한 날에도 늘 혼자 탄식뿐인 것을**

위 시의 내용은 정약용 연구가 박석무가 『다산 정약용 평전』에서 1830년 68세의 정약용이 거처한 "여유당은 찾아오는 손님들로 조용할 날이 없었다(박석무, 544쪽)"거나 "다산의 노년은 외롭거나 쓸쓸하지 않았다(박석무, 546쪽)" "다산의 노년은 정말로 즐겁고 아

---

* 『다산시문집』, 권6, 詩, 松坡酬酢, 「黙數」, 黙數頹齡只自疑, 暫時歡笑忽焉悲. 何來屋裏黃頭媼, 頗怪牀頭白髮兒.

** 앞의 책, 권5, 詩, 「久雨」, "窮居罕人事, 恒日廢衣冠. 敗屋香娘墜, 荒畦腐婢殘. 睡因多病減, 愁賴著書寬. 久雨何須苦, 晴時也自歎.

름다운 생활이 이어졌다(박석무, 547쪽)"고 한 것과는 다릅니다. 한편 당시 정약용은 많은 문인들과 함께 집 부근의 천진암(天眞菴)을 소요하면서 시를 많이 썼습니다. 다음은 그 시들을 모은 『천진소요집天眞逍遙集』에 나오는 아름다운 시입니다.

비 내리니 작은 계집종 바쁘기도 하여라
파 모종과 가지 모종 옮기라고 분부했는데
아직 어려 동약의 뜻을 듣지 못했는지라
축대에 올라 먼저 봉선화부터 심고 있네*

'동약(僮約)'이란 한(漢)나라 때 왕포(王褒)가 지은 문장으로, 노예가 한번 팔려 가면 아무리 어려운 일이라도 주인이 시키는 대로 조금도 거역 없이 해내야 한다는 것입니다. 정약용의 집에 종이 몇 명 있었는지는 알 수 없지만, 적어도 '계집종' 한 사람은 있었던 것 같습니다. 그 정도로 집안 형편을 가늠하기는 어렵겠지만, 적어도 '궁핍한 생활'이라 할 수는 없지 않을까요? 소위 '금수저'로 유명했던 그의 집안이니, 당연히 노비가 여러 명 있었을 것입니다. 심지어 유배 생활 중에도 정약용은 노비를 두었습니다.

노만수가 엮어 옮긴 『이 개만도 못한 버러지들아』에 의하면 정약용은 귀양지에서도 "몸소 남새밭을 일구며 먹을거리를 자족 자급"하고 유배가 끝나 고향에 돌아가서도 "과일나무를 심고 채소밭

---

*   앞의 책, 권7, 詩, 「天眞逍搖集」, 雨中忙殺小鬟丫 吩咐披蔥又別茄 吩咐披蔥又別茄 上臺先挿鳳仙花.

을 가꾸고 뽕나무도 재배했으며, 닭을 비롯한 가축도" 기르고 "인삼을 재배하기도 했"습니다(29쪽). 그러나 박석무나 김삼웅이 쓴 정약용 평전에는 그런 이야기가 없네요. 박석무에 의하면 강진에서는 그에게 글을 배운 "네 집안 자제들 덕분에 그 학자금으로 다산의 생활비가 해결되었다(박석무, 387쪽)"고 합니다.

정약용의 노인일쾌사

정약용이 유배에서 풀려난 지 14년이 지나 70세에 쓴 것으로 짐작되는 연작시「노인일쾌사老人一快事」는 여섯 수로 된 한시입니다. 각 수 모두 제목처럼 '노인의 한 가지 유쾌한 일은'으로 시작하여 각각 한 가지씩 총 여섯 가지 유쾌한 일을 그립니다. 이 시는 크게 두 부분으로 나뉩니다. 몸의 노화를 그리는 제1수에서 제4수까지의 네 수, 정신적 노화를 그리는 제5수와 제6수의 두 수이지요. 제1수는 대머리가 된 것, 제2수는 이가 모두 빠진 것, 제3수는 눈이 어두워진 것, 제4수는 귀먹은 것, 제5수는 마음 내키는 대로 미친 듯이 시를 쓰는 것, 제6수는 이따금 친구들과 바둑을 두는 것을 노래합니다.

여섯 수 모두 노년에 대한 통념에 과감히 도전합니다. 제1~4수는 노화를 결함이나 장애로 보는 통념에서 벗어나 '유쾌한 일'이라고 노래합니다. 특히 제3수와 제5수에서 정약용은 노인이 되어 평생 문자나 풍습에 얽매이던 일상에서 벗어나 비로소 쾌활한 선비가 되어 중국의 학문이나 글쓰기 규칙에서 벗어나 자신의 글을 쓰게 되었다고 기뻐합니다. 이는 정약용이 예순에 쓴「자찬묘지명自撰墓誌銘」에서 "육경(六經)과 사서(四書)에 대한 연구로 개인 수양을 삼고 일표이서(一表二書)로 천하 국가를 위하고자 했으니 본말(本末)을 모두 갖추었다"고 한 것에 대한 부정으로도 볼 수 있습니다. 특히 제5수의 중국식 문체 거부는 정약용이 젊은 시절 정조의 문체반정(文體反正)을 옹호했던 일을 부정한 것으로 주목되는데, 한국의 학자들이 이 점을 중시하지 않아서 의문입니다. 문체반정은 당시 유행한 박지원의 『열하일기』풍 한문 문체를 개혁하여 순정고문(醇正古文)으로 환원시키려던 정책입니다.

지금부터 정약용의 「노인일쾌사」를 한 수씩 차례로 들여다보도록 하겠습니다.

「노인일쾌사」 1수

「노인일쾌사」 1수에서 정약용은 현재 자신이 처한 민머리라는 현실로부터 상투 머리라는 제도와 관습에서 벗어나 있는 쾌활한 선비임을 노래합니다.

> 노인의 한 가지 유쾌한 일은,
> 민둥머리여서 참으로 좋다는 것일세.
> 머리털은 본디 군더더기건만,
> 처리하는 법이 각각 다르네.
> 문채 없는 자들은 땋아 내리고,
> 귀찮게 여긴 자들은 밀어버리네.
> 상투 틀기는 조금 낫지만,
> 폐단이 또한 수다하게 생기네.
> 높다랗게 어지러이 머리를 꾸며

쪽 찌고 비녀 꽂고 비단으로 감싸네.
망건은 머리의 재앙이거니와,
고관(苦冠)을 어찌 비난하랴.
이제는 머리털이 하나도 없으니,
모든 병폐가 생겨날 까닭이 없네.
감고 빗질하는 수고로움이 없고,
백발의 부끄러움 또한 면하여라.
빛나는 두개골은 박통같이 희고,
둥근 두상이 모난 발에 어울리는데
널따란 북쪽 창 아래 누웠노라면,
솔바람 불어라 머릿골이 시원하네.
말총으로 짠 때 묻은 망건일랑,
꼭꼭 접어 상자 속에 버려두나니
평생을 풍습에 얽매이던 사람이,
이제야 쾌활한 선비 되었네 그려.*

 이때 '머리털은 군더더기일 뿐'이라는 말은 『효경孝經』 첫 장에 '사람의 신체와 머리털과 피부는 모두 부모에게서 받은 것이니, 감

---

* 앞의 책, 권6, 詩, 「老人一快事六首效香山體」 老人一快事, 髮鬑良獨喜。髮也本贅疣 , 處置各殊軌。無文者皆辮 , 除累者多薙。髻卝計差長 , 弊端亦紛起。籠挺副編次 , 雜沓笄總縰。網巾頭之厄 , 罟冠何觸讐 今髮旣全無 , 衆瘼將焉倚 旣無櫛沐勞 , 亦免衰白恥。光顱皓如瓠 , 員蓋應方趾。浩蕩北窓穴 , 松風洒腦髓。塵垢馬尾巾 , 摺疊委箱裏。平生拘曲人 , 乃今爲快士。

히 훼손시키지 않는 것이 효의 시작이다'*라고 한 말을 부정하는 것처럼 보이기도 합니다. 효경의 이 구절을 '몸 사상'에 기초한 동양적 인권선언, 즉 나의 몸처럼 타인의 몸도 부모로부터 물려받은 소중한 것이며, 이는 천자(天子)라도 감히 건드릴 수 없다는 권리선언이라고 보는 견해**가 있지만, 『효경』으로부터 타인의 몸을 훼손해서는 안 된다는 주장이 나오지는 않았습니다.

   정약용의 비판은 상투를 문명의 상징이라 하며 변발이나 치발을 야만의 습속으로 비난한 당시 중화주의자들의 태도와도 다릅니다. 또한 그 뒤 구한말의 단발령에 대한 유림의 태도와도 다르지만, 정약용이 구한말에 살았더라면 강제 단발에 대해 어떤 태도를 취했을지는 알 수 없습니다. 왜냐하면 정약용은 머리털을 깎자거나 망건을 없애자고 말하는 것이 아니라, 그저 늙어 민머리가 되니 편하다며 그것을 부끄러워하지 말자고 말하는 것일 뿐이기 때문입니다. 따라서 정약용이 시대의 폐단으로부터 완전히 벗어난 것 같지는 않습니다.

---

*   身體髮膚 受之父母 不敢毀傷
** 김용옥, 『효경 한글역주』, 통나무, 2010.

「노인일쾌사」 2수

2수는 노인이 되어 이가 없어져도 잘 먹는다는 즐거움을 노래합니다.

노인의 한 가지 유쾌한 일은
치아 없는 게 또한 그다음일세.
절반만 빠지면 참으로 고통스럽고
완전히 없어야 마음이 편하네.
한창 움직여 흔들릴 적에는
가시로 찌른 듯 매우 시고 아파서
침놓고 뜸질해도 끝내 효험은 없고
쑤시다가는 때로 눈물이 났었는데
이제는 걱정거리 전혀 없어
밤새도록 잠을 편안히 잔다네.
다만 가시와 뼈만 제거하면
어육도 꺼릴 것 없이 잘 먹는데
잘게 썬 것만 삼킬 뿐 아니라
큰 고깃점도 능란히 삼키거니와
위아래 잇몸 이미 굳은 지 오래라
제법 고기를 부드럽게 끊을 수 있으니
그리하여 치아가 없는 것 때문에
쓸쓸히 먹고픈 걸 끊지 않는다오.
다만 턱이 위아래로 크게 움직여
씹는 모양이 약간 부끄러울 뿐

이제부터는 사람의 질병 이름이
사백네 가지가 다 안 되리니
유쾌하도다 의서 가운데에서
치통이란 글자는 빼버려야겠네!*

이는 노인이 되면 제대로 먹지 못한다는 통념에 대한 반발입니다. 물론 '통념에 대한 반발'까지는 아니고 치아가 있을 때와의 비교에 불과하다는 비판**도 있으나, 자신의 경험에 근거한 비교로부터 당대 통념을 비판한 것이라고 보아도 어색하지 않을 것입니다. 사실 잇몸으로 식사한다는 것은 대단히 어려운 일인데, 정약용은 그 어려운 일을 웃으며 행하고 있습니다.

「노인일쾌사」 3수

시력이 점차 약해지며 책을 읽을 수 없게 된 정약용은 3수에서 중국 경전의 학문적 권위를 부정합니다.

늙은이의 한 가지 유쾌한 일은
눈 어두운 것 또한 그것일세.

---

*   老人一快事, 齒豁抑其次。半落誠可苦, 全空乃得意。方其動搖時, 酸痛劇芒刺。鍼灸竟無靈, 鑽鑿時出淚。如今百不憂, 穩帖終脊睡。但去鯁與骨, 魚肉無攸忌。不唯吞細臡, 兼能吸大胾。兩齶久已堅, 頗能截柔膩。不以無齒故, 悄然絕所嗜。山雷乃兩動, 嗑嗑差可愧。自今人病名, 不滿四百四。快哉醫書中, 句去齒痛字!

** 이석주,「다산의 노입(老人)의 공백과 공간」『한국사상과 문화』제84집, 291쪽.

다시는 예경 주소 따질 것 없고

다시는 주역 괘사 연구할 것도 없어

평생 동안 문자에 대한 거리낌을

하루아침에 깨끗이 벗을 수 있네.

급고각 판본은 가증스럽기도 해라.

자디잔 글자를 티끌처럼 새겼는데

육경은 교외로 나갔거니와

재윤은 어느 때에 걸 것인고?

슬프다, 경문의 주석을 엿보건대

후인들은 옛사람 본만 따라서

송나라 이학 반박할 줄만 알고

한대의 오류 답습함은 수치로 안 여기네.

이젠 안개 속의 꽃처럼 눈이 흐리니

눈초리를 번거롭게 할 것 없고

옳고 그름도 이미 다 잊었는지라.

변난하는 일 또한 게을러졌으나

강호의 풍광과 청산의 빛으로도

또한 안계를 채우기에 충분하다오.*

물론 유학을 정면으로 비판하는 것이 아니라 눈이 어두워져 학

---

* 老人一快事, 眼昏亦一快。不復訟『禮』疏, 不復研『易』卦。平生文字累, 一朝能脫灑。生憎汲古板, 蠅頭刻纖芥。六卿郊外去, 再閏何時掛? 嗟哉望經注, 後人依樣畫。唯知駁宋理, 不恥承漢註。如今霧中花, 無煩雙決眥。是非旣兩忘, 辨難隨亦懈。湖光與山色, 亦足充眼界。

문을 할 수 없게 되어서 그렇다고 하는 설명에는 아쉬움이 있지만, 정약용이 '자신이 취사선택할 수 있는 육체적 한계를 직시하고' '동시에 육체적 한계를 인정하면서 정신적인 경계로 진입하며 자신의 현실적인 존재에 집중하고 있'으며, '이에 대한 그의 의지는 "옳고 그름도 이미 다 잊었는지라"라는 표현에서 경계의 자리를 놓아버린 장자의 '오상아(吾喪我)'를 연상케 한다는 데는 의문입니다.* 비록 눈이 어둡다는 이유를 대고 있지만, 정약용은 송대의 주자학을 비롯한 이학은 물론 한대 훈고학의 권위도 부정하고, 나아가 자신의 방대한 경전 연구도 부정합니다.

「노인일쾌사」 4수

4수에서 정약용은 노래합니다. '귀를 먹었기에 세상의 온갖 헛소리를 듣지 않아 좋다!'

> 늙은이의 한 가지 유쾌한 일은
> 귀먹은 것이 또 그 다음일세.
> 세상 소리는 좋은 소리가 없고
> 모두가 다 시비 다툼뿐이나니
> 헛 칭찬은 하늘에까지 추어올리고
> 헛 모함은 구렁텅이로 떨어뜨리며
> 예악은 황무한 지 이미 오래이어라.
> 아, 약고 경박한 뭇 아이들이여

---

* 이석주, 앞의 글, 291~292쪽.

개미가 떼 지어 교룡을 침범하고
생쥐가 사자를 밟아 뭉개는구나.
그러나 귀막이 솜을 달지 않고도
천둥소리조차 점점 가늘게 들리고
그 나머지는 아무것도 들리지 않아
낙엽을 보고야 바람이 분 줄을 아니
파리가 윙윙대거나 지렁이가 울어
난동을 부린들 누가 다시 알리오?
겸하여 가장 노릇도 잘할 수 있고
귀먹고 말 못해 대치가 되었으니
비록 자석탕 같은 약이 있더라도
크게 웃고 의원을 한번 꾸짖으리.*

이를 두고 "감각의 경계로부터 노입의 공간에서 보여주는 정신의 여여함에 집중하고 있다. 여기서 다산은 청력이 약해진 시점에서 세상에 대한 다양한 현실적인 반영을 백안시하는 이른바 '선택주의(selective attention)'에 집중하고 있다" "노년들이 자신에 대한 험담은 너무도 확연하게 듣고 이에 대해서 반응한다"고 합니다.**
그러나 선택주의가 아닌 것이, 정약용은 세상의 모든 소리를 무시

---

* 老人一快事, 耳聾又次之。世聲無好音, 大都皆是非。浮讚騰雲霄, 虛諀落汚池。禮樂久已荒, 儇薄嗟群兒。譻譻螳侵蛟, 喞喞鼷穿獅。不待纊塞耳, 霹靂聲漸微。自餘皆寂寞, 黃落知風吹。蠅鳴與蚓叫, 亂動誰復知？兼能作家翁, 塞默成大癡。雖有磁石湯, 浩笑一罵醫。

** 이석주, 앞의 글, 292쪽.

하고 있습니다.

「노인일쾌사」 5수

제5수에서는 늙어서 중국 글에서 벗어나 조선 글을 쓰게 되었다고 기뻐합니다.

> 늙은이의 한 가지 유쾌한 일은
> 붓 가는 대로 미친 말을 마구 씀일세.
> 어떤 운자(韻字)에도 얽매이지 않고
> 퇴고도 꼭 오래 할 것이 없네.
> 흥이 나면 곧 이리저리 생각하고
> 생각이 떠오르면 그대로 적는다네.
> 나는 바로 조선 사람인지라
> 즐거이 조선 시를 짓는다네.
> 누구나 자기 법을 쓰는 것이니
> 오활하다 비난할 자 그 누구리오.
> 그 구구한 시격이며 시율을
> 먼 데 사람이 어찌 알 수 있으리?
> 능가하기 좋아하는 이반룡은
> 우리를 동이라고 조롱했는데
> 원굉도는 오히려 설루를 쳤으나
> 천하에 아무도 다른 말이 없었네.
> 등 뒤에 활을 가진 자가 있거늘
> 어느 겨를에 매미를 엿보리오?

나는 산석의 시구를 사모하노니
여랑의 비웃음을 받을까 염려로세.
어찌 비통한 말을 꾸미기 위해
고통스레 애를 끓일 수 있으랴?
배와 귤은 맛이 각각 다르나니
오직 자신이 즐기고 기뻐하면 될 일이네.*

중국 시를 지을 때 필요한 규범을 어기면 조선 시가 되는 것인지, 한글이 아니라 한자로 지어도 조선 시인지는 알 수 없지만,** 중요한 점은 '붓 가는 대로 미친 말을 마구 씀'입니다. 이는 에드워드 사이드가 '말년의 양식'이라고 부른 것, 즉 말년에 나타나는 두 가지 유형인 타협형과 비타협형 중 후자에 속하는 것입니다. 사이드는 사람들이 대부분 말년에는 타협과 보수의 길로 가지만, 비타협과 반역의 길로 가는 소수가 있다고 하는데, 정약용이 바로 그 소수에 속합니다. 그는 당시의 관습이나 풍습, 특히 지식인들의 사대주의적인 학문을 칠십에 벗어나게 되었다고 기뻐합니다. 나아

---

* 老人一快事, 縱筆寫狂詞。競病不必拘, 推敲不必遲。興到卽運意, 意到卽寫之。我是朝鮮人, 甘作朝鮮詩。卿當用卿法, 迂哉議者誰？區區格與律, 遠人何得知？凌凌李攀龍, 嘲我爲東夷。袁尤槌雪樓, 海內無異辭。背有挾彈子, 奚暇枯蟬窺？我慕〈山石〉句, 恐受女郞嗤。焉能飾悽黯, 辛苦斷腸爲？梨橘各殊味, 嗜好唯其宜

** 정약용은 한글 시를 짓지 않았습니다. 그보다 이백 년 앞에 태어난 허균이 최초의 한글소설 『홍길동전』을 쓰고, 125년 먼저 태어난 김만중이 『구운몽』과 『사씨남정기』를 한글로 썼는데 말입니다. 정약용은 한글을 어떻게 생각했을까요? 대부분의 조선 사대부처럼 언문이라며 무시했을까요?

가 자신이 평생 이룩한 학문적 성취를 회의합니다. 이처럼 그가 나이 칠십에 전통이나 관습에서 벗어난, 자유로운 비타협의 참된 지식인이 되었다는 점에서 그는 뛰어난 노년이라고 평가할 수 있습니다.

그러나 그는 참된 비타협이나 반역을 이루지는 못했습니다. 공자를 비판하기는커녕 공자에게로 되돌아갔으니까요. 정약용의 한계 중에서 내가 특히 아쉬워하는 점은 세종이 노비종모법(奴婢從母法)*을 실시한 이래 노비가 감소하자, 이를 비판하며 오히려 그 이전의 악습인 일천즉천(一賤則賤), 즉 부모 중 한 사람이 노비면 그 자식도 노비가 되는 방식으로 돌아가야 한다고 주장했다는 점입니다. 노비제 또한 당시 당쟁의 여러 측면 중 하나입니다. 서울권 중심의 서인들은 노비제 완화를 주장한 반면, 지방 군소 지주들인 남인들은 노비제 강화를 주장했지요. 남인인 정약용은 노비제 강화의 이론가였습니다. 정약용은 천주교에 속했다가 곧 배교하며 홍사영 등을 고발한 바 있습니다. 이때 그가 잠시나마 천주교에 몸담았던 것은 그저 당시 천주교의 중심이 남인들이었기 때문인지, 아니면 천주교의 평등사상 등에 동의하였기 때문인지도 노비 문제에 대한 견해와 관련지어 생각해볼 문제입니다.

'만일'이라는 가정은 참으로 무의미할 수도 있지만, 생각해봅니다. 만일 정약용이 「노인일쾌사」를 쓰고 4년 뒤인 1836년에 74세로 죽지 않았다면, 오늘날 우리가 한반도 최고의 지성으로 받드

---

* 양인(良人) 남자와 노비인 천인(賤人) 처첩(妻妾, 아내와 첩) 사이에서 태어난 자녀의 신분은 모계를 따라 노비가 되도록 한 법.

는 그의 학문을 정약용 자신이 스스로 부정하는 모습을 볼 수 있었을까요? 그것과 다른 새로운 학문이 탄생했을까요? 그 자신의 조선 시는 물론 후학들의 조선 시 짓기 또한 더욱 발전했을까요? 만일 그랬다면 우리 역사는 달라졌겠지요. 정약용은 늙어서 정신을 차렸지만, 새롭게 뭘 해보기도 전에 죽었습니다. 그래서 그 노년의 깨달음은 적어도 역사적으로는 무의미했습니다. 그리고 결국 그가 죽고 반세기 정도 뒤에 조선은 망했습니다. 조선 시가 아니라 조선 역사가 끝났습니다. 이제는 정약용의 노년 각성을 부활시키고 그가 꿈꾼 새로운 세상을 만들어야 할 것입니다.

「노인일쾌사」 6수

마지막 제6수는 늙어서 바둑을 두게 되면 승패에 연연하지 않고 그냥 소일하는 것에 만족하여 좋다고 노래합니다.

늙은이의 한 가지 유쾌한 일은
때로 손들과 바둑 두는 일인데
반드시 가장 하수와 대국을 하고
강한 상대는 기필코 피하노니
힘들지 않은 일을 하다 보면
얼마든지 남은 힘이 있기 때문일세.
도를 닦자면 어진 스승을 구하고
산을 배우자면 교력에게 가야 하며
실다운 일은 성취하는 게 타당하나
헛놀이는 한적함을 귀히 여기거늘

뭐 하러 고통스레 강적을 마주하여
스스로 곤액을 당한단 말인가?
한편으론 다른 생각을 가지어
오히려 상대에게 패하지 않고
항상 안일로써 괴로움을 상대하니
순조롭기만 하고 거슬림이 없어라.
자못 괴이해라 세상 사람들은
그 지취가 어그러지고 편벽하여
덕에 있어선 낮고 아첨함을 좋아해
어리석은 자를 상객으로 앉히고
놀이에 있어선 제 힘을 못 헤아려
국수와 서로 대국하기를 생각하네.
이것으로 소일이나 하면 그만이지
정진한들 끝내 어디에 유익하랴?*

유유자적의 경지이지요.

---

* 老人一快事, 時與賓朋奕。必求最拙手, 掉頭避強敵。行其所無事, 恢恢有餘力。業道求賢師, 學算就巧曆。實事宜躋攀, 虛嬉貴閑適。何苦對勍寇, 自取遭困阨? 一念射蜚鴻, 猶然不敗績。恒以逸待勞, 怡然順無逆。頗怪世上人, 志趣乃乖僻。於德悅卑諛, 庸愚充上客。於戲不自量, 國手思對席。聊以送炎曦, 精進竟何益?

정약용과 백거이

제6수의 원래 제목은 '노인일쾌사육수효향산체(老人一快事六首 效香山體)'입니다. 즉 두보, 이백과 함께 당을 대표하는 삼대 시인 중 한 명인 백거이(白居易, 772~846)의 시체(時體)인 향산체를 본받아 지었다는 것입니다. 백거이는 2,800여 수에 이르는 시를 남겼기에 그 전체의 시체를 분석하기란 쉽지 않습니다. 그래도 다른 시인과 달리 노년에 대한 시를 많이 쓴 점으로 유명한데, 그중에는 「노인일쾌사」와 유사한 시도 있습니다. 가령 머리카락이 빠진 것을 유쾌하게 노래한 「차발락嗟髮落」은 「노인일쾌사」 제1수와 비슷합니다.

머리카락 빠져 아침에도 한탄하고 머리카락 빠져 저녁에도 한탄하네.
머리카락 빠지면 한탄할 일이지만 다 빠져버리면 그리 나쁘지 않네.
머리 감느라 수고할 필요 없고 번거롭게 빗질할 필요도 없지.
가장 좋은 건 무더운 여름날 묶을 것 하나 없는 시원한 머리.
때 묻은 두건도 벗어버리고 먼지 낀 갓끈도 풀어버리네.
은병에 차가운 샘물을 담아 정수리에 한 줄기 흘러내리면
불법의 묘리를 쏟아붓는 듯 서늘한 즐거움 앉아서 누리니
깨닫노라, 저 자재승(自在僧)이 삭발에 힘입은 바 있다는 것을.*

* 朝亦嗟髮落, 暮亦嗟髮落。
　 落盡誠可嗟, 盡來亦不惡。
　 既不勞洗沐, 又不煩梳掠。
　 最宜濕暑天, 頭輕無髻縛。
　 脫置垢巾幘, 解去塵纓絡。
　 銀瓶貯寒泉, 當頂傾一勺。
　 有如醍醐灌, 坐受清涼樂。

자재승의 '자재'란 무애(無碍)와 같은 말로, 속박이나 장애가 없이 자유로우며 내외의 모든 경계와 인과를 떠나 불변의 영원한 변화 속에 스스로 고요히 상주(常住)하는 진여(眞如)를 일컫습니다. 백거이는 그런 불교의 묘리를 삭발, 나아가 노년의 머리카락 빠짐과 연관 짓습니다. 백거이는 유교로부터 도교와 불교의 세계로 옮겨 간 시인으로 유명한데, 이 시는 불교적 세계를 노래합니다. 정약용의 시는 불교와 무관하지요.

백거이의 「치락사齒落辭」는 이가 빠진 것을 소재로 삼는다는 점에서 「노인일쾌사」 제2수와 같지만, 불교적이고 노장적이라는 점이 다릅니다. 「노인일쾌사」 제3수와 같이 눈이 침침해진 것을 소재로 하는 「병안화病眼花」 역시 노장적이라는 점에서 마찬가지입니다. 두 시인은 노화를 긍정적으로 보고 있다는 점에서는 일치하지만, 백거이의 작품이 불교나 노장사상에 근거를 두고 있다면, 정약용의 작품은 전복적이라는 점에서 다릅니다.

因悟自在僧, 亦資於剃削。

13
19세기의 노년

19세기의 노년

19세기 서양에서는 산업화, 도시화, 인구 증가로 인해 60세 이상 노인 인구가 크게 늘어났습니다. 영국에서는 19세기 내내 노인 인구가 6~7퍼센트 선으로 적었으나, 미국에서는 1830년 4퍼센트에서 1906년 6.4퍼센트로 늘었고, 프랑스에서도 1801년 8.7퍼센트에서 1906년에 12.6퍼센트로 늘었습니다. 그 결과 노인의 신화가 파괴되면서 노인의 현실에 대한 인식이 커지기 시작했습니다. 노인에 대한 치료도 늘어났으며, 특히 하층 계급 노인들에 대한 관심이 역사상 처음으로 높아졌습니다. 그러나 관심이 높아졌다고 해서 하층 노인들의 상태가 좋아진 것은 아니었습니다. 특히 19세기 후반만큼 하층 노인들에게 비참한 시대는 다시없었습니다. 고급 기술의 전문화와 일반 노동자의 프롤레타리아화가 폭발적으로 일어나 빈부갈등이 심화하기 시작하면서 노인들의 빈부갈등도 깊어졌기 때문입니다.

영국에서는 흔히 '종획 운동'으로 번역되는 인클로저(enclosure)와 함께 시골 인구가 감소했습니다. 인클로저란 『유토피아』에서

'양은 온순한 동물이지만 잉글랜드에서는 인간을 잡아먹는다'고 한 토머스 모어의 말에서 비롯되었습니다. 소유 개념이 모호한 공유지나, 서로 간의 경계가 모호했던 사유지에서 양이나 가축이 도망가지 못하게, 혹은 자신의 소유권을 명확히 하기 위해 울타리를 쳐서 영역을 확인하고 자산으로 삼았던 움직임을 말합니다. 그러자 청년들은 노인들을 시골에 버려두고 일자리를 찾아 도시로 떠났지요. 프랑스 농촌에서도 18세기 말부터 막대한 집단 이주가 일어났습니다.

프랑스에서는 19세기 초엽 왕정복고와 함께 노인 정치가 부활했습니다. 사회 전반의 계급 갈등과 함께 노인 사회에서도 갈등이 일어나 가난하고 불행한 노인들의 참상이 더욱 두드러졌지요. 혁명으로 망명한 노인 귀족들이 돌아와 자기 옛 땅을 되찾고, 부르주아들을 보호했습니다. 당시 시행된 유권자 투표제는 프랑스 성인 백 명 중 한 명만이 투표권을 갖는 것으로 유권자는 구만 명뿐이었고, 피선거권자는 팔천 명에 이르렀습니다. 그러나 그들 대부분은 병자에 가까웠습니다.

부유한 부르주아는 노동자와 농민을 착취하고 사채놀이로 더욱 부유해져, 결국 귀족계급의 정치적 힘까지 빼앗았습니다. 그래서 루이 필립 시대에는 사업가, 은행가, 대상인들이 관료, 변호사, 교수 등을 지배했고 주식회사 중심의 자본주의가 가족 중심의 자본주의를 대체했습니다. 그래도 19세기 후반 의회는 왕당파 노인들로 구성되었습니다. 그 반도 안 되는 공화파 청년들도 노동자와 농민을 두려워하여 보수파 연맹을 형성했고요. 부르주아 사상은 노인을 금욕의 상징으로서 높이 평가했습니다. 도시 가정은 가부장제에서 벗어났지만, 부르주아는 가족의 전통을 존중했고, 조부모와 손자의 관계를 변화시켰습니다. 뒤에서 빅토르 위고의 『레 미제라블』에 나오는 마리우스와 할아버지의 관계로 살펴보겠습니다.

발자크의 노년

오노레 드 발자크(Honoré de Balzac, 1799~1850)는 10세기 프랑스 소설가입니다. 그는 구십여 편의 연작 '인간 희극'을 통해 19세기 전반 프랑스 사회의 풍속사를 썼습니다. 인간 희극은 1789년 대혁명으로부터 1848년 혁명까지를 이천 명이나 되는 등장인물들로 그린 '거대한 벽화'이자 '도서관' '박물관'이라 평가받습니다. 그러나 그는 매우 보수적인 사람이라는 점을 주의해야 합니다. 앞에서 보았듯 19세기 프랑스에는 가난한 노인이 중요한 사회문제가 되었지만, 발자크의 인간 희극 연작에 나오는 이천 명이나 되는 인물 중 가난한 노인은 없습니다.

인간 희극 연작의 첫 작품이 『고리오 영감 Le Père Goriot』(1835)입니다. 그러나 두 딸에게 모든 것을 희생하고 끝에는 버림받아 미쳐 죽는 수전노 고리오 영감이 소설의 주인공은 아닙니다. 주인공은 시골 출신 가난한 청년 라스티냐크이지요. 그가 청운의 뜻을 품고 파리에서 쓰라린 면학의 길을 걷는 가운데 눈을 떠 사회에 도전하게 되는 과정이 소설의 주제입니다. 즉 돈이 모든 것을 지배하는 근대사회의 상징인 파리의 부귀영화와 도덕적 타락 속에서 부르주아 노인의 점진적 쇠락과 귀족 청년의 출세 욕구를 대비시켜 19세기의 모순을 통렬하게 풍자한 작품이지요.

시골 귀족 출신인 라스티냐크가 법을 공부하기 위해 파리에 와 변두리 하숙집에 살게 되면서 고리오를 만나는 것으로 소설은 시작하지요. 고리오는 한때 부유한 상인이었지만, 지금은 가난한 하숙생으로 다른 하숙생들에게 멸시받는 신세입니다. 처음 하숙집에 왔을 때에는 부유해 보이고 하숙비를 잘 내어 '고리오 씨'라고 불렸으나 차차 궁핍해지고 하숙비도 잘 내지 못하게 되자 '고리오 영감'으로 불리게 되었다지요. 그러나 한국에서 영감이란 판검사에게도 붙이는 영광스러운 호칭이니 '영감탱이'라는 식으로 불렸다고 번역함이 옳을지 모르겠네요.

고리오는 대혁명 전에 일개 제면공에 불과했으나, 공황 시대에 식량이 부족해지자 뒷거래를 통해 밀가루를 시세보다 열 배나 비싸게 팔아 벼락부자가 되었습니다. 숭배의 대상이었던 아내가 결혼 칠 년 만에 죽자 고리오는 두 딸에게 헌신합니다. 이후 큰딸을 귀족 가문에, 작은딸을 돈 많은 은행가이자 왕당파 귀족에게 시집보내며 재산을 반으로 나누어 지참금으로 보냈습니다. 로베스피에르의 공안 통치 시절이나 나폴레옹 시절에는 사위들과 그 가족들이 고리오의 도움을 고마워했습니다. 그러나 1815년 왕정복고 이후에는 고리오의 사업을 꺼리고 만남조차 거부하게 됩니다. 그래서 고리오는 사업을 접고 오갈 데 없는 신세가 되어 변두리 하숙집으로 들어오게 된 것입니다.

소설은 나폴레옹이 몰락한 지 사 년째 되는 1819년을 배경으로 합니다. 파리 시민 4분의 3이 기아에 허덕이던 이 시기에 귀족들은 부를 독점하고 향락에 빠져 살아갔지요. 고리오는 두 딸을 위해 남은 재산을 탕진하고, 마지막 남은 은그릇마저 팔아 딸들의 드레스를 장만해주었습니다. 그 지참금을 두 사위가 빼앗았을 때, 고리오는 쓰러지지만 딸들은 아버지를 찾지 않습니다. 아버지의 장례식에도 참석하지 않고, 장례비도 대주지 않았습니다.

왕당파인 발자크에게 부르주아 고리오는 경멸의 대상이었습니다. 그는 말년의 미완성작『쁘띠 부르주아Les Petits bourgeois』에서 퇴직자들이 낚시에 빠지는 것에 대해 "낚시라는 오락의 공허함이 그들이 사무실에서 하는 일과 가깝기 때문"이라고 썼습니다.

디킨스의 노년

우리에게 가장 잘 알려진 19세기 노인은 영국 소설가인 찰스 디킨스(Charles Dickens, 1812~1870)의 『크리스마스 캐럴A Christmas Carol』(1843)의 주인공 에비니저 스크루지(Ebenezer Scrooge)일 것입니다. 비열하고 냉정하고 탐욕적인 구두쇠인 그는 작가의 노인 혐오를 단적으로 보여주는 인물입니다. 이야기 초반에 스크루지는 "짜내고, 비틀고, 움켜쥐고, 긁고, 움켜쥐고, 탐욕스럽고, 늙은 죄인! 부싯돌처럼 단단하고 날카로워 [중략] 비밀스럽고, 자립적이고, 굴처럼 외로워." "그 몸속의 추위가 그의 옛 모습을 얼리고, 뾰족한 코를 꼬집고, 뺨을 오그라뜨리고, 걸음걸이를 뻣뻣하게 만들고, 눈을 붉게 만들고, 얇은 입술을 파랗게 만들고, 쉰 목소리로 교활하게 말했다"고 묘사됩니다. 그러나 세 영혼이 스크루지에게 그의 잘못을 보여주어 소설이 끝나갈 무렵에는 더 나은, 더 관대한 사람이 되지요.

스크루지는 상당히 부유한 창고업자지만, 사무원에게 낮은 급여를 주고 채무자들을 괴롭힙니다. 그는 무모한 지출을 요하는 크리스마스를 싫어합니다. 크리스마스이브에 두 남자가 찾아와 자선단체에 기부해달라고 하자 가난한 사람들은 구빈원을 이용하거나 과잉 인구를 줄이기 위해 죽어야 한다고 비웃지요. 조카가 크리스마스 저녁 식사에 초대해도 거절하고 크리스마스를 축하하는 바보라고 비난합니다. 심지어 젊은 캐럴 가수를 겁먹게 하기까지 합니다.

그런데 그날 밤, 스크루지의 동업자였던 말리의 유령이 그를 찾아옵니다. 생전에 탐욕스럽고 비인간적이었던 말리는 형벌을 받아 영원히 사슬에 묶인 채 세상을 걷고 있었습니다. 말리는 스크루지에게 세 영혼이 찾아올 것임을 알립니다. 그러면서 삶을 고쳐 살기를 바란다, 만약 그러지 않으면 내세에서 자신보다 더 무거운 사슬을 차게 되리라고 경고하지요. 첫 번째로 찾아온 영혼은 과거의 크리스마스 유령으로 스크루지에게 어린 시절과 직장 생활, 첫사랑의 환상을 보여주지요. 이어 나타난 현재의 크리스마스 유령은 스크루지의 탐욕과 이기심이 다른 사람들에게 상처를 입혔음을 알려줍니다. 마지막으로 아직 오지 않은 크리스마스의 유령은 스크루지의 탐욕과 이기심은 결국 외로운 죽음과 버려진 무덤으로 귀결될 것임을 보여줍니다. 특히 미래의 크리스마스 유령은 누군가 죽자 노동자들이 그 소지품들을 훔쳐 팔아먹으며 낄낄대는 모습을 보여줍니다. 스크루지는 누가 죽고 나서 저런 취급을 받겠느냐고 하지만, 그 사람이 바로 자신임을 확인하고 충격을 받습니다. 세 영혼을 만난 스크루지는 회개하고서 더 관대하고 자비로운 사람이 되기로 결심합니다. 그래서 조카의 크리스마스 저녁 식사 초대를 수락하고, 직원과 그 가족을 부양하고, 자선기금에 기부하지요.

찰스 디킨스의 다른 소설 『오래된 골동품 상점The Old Curiosity Shop』에도 스크루지보다 덜 유명하긴 하지만 비슷한 노인이 나옵니다. 작가가 29세였던 1841년에 나온 작품인데, 우리말로는 거의 2세기가 지난 2023년에야 번역되었습니다. 번역본으로 760쪽이 넘는 이 방대한 소설은 열네 살도 채 안 되었지만 아름답고 덕망 있는 소녀 넬 트렌트와 그 할아버지(이름은 밝혀지지 않습니다)의 이야기입니다. 할아버지는 아내와 딸을 모두 잃은 후 넬을 자신의 선한 영혼의 화신으로 보았습니다. 그는 거의 편집증적이라 할 만큼 가난에 빠지는 것을 싫어하여 위험한 선택을 합니다. 두 사람의 삶은 사악한 대금업자의 계략과 할아버지의 도박 중독으로 인해 혼란스러워지고 빈곤에 빠지지요. 할아버지는 넬이 죽고서 몇 달 뒤에 그 무덤가에서 세상을 떠납니다.

위고의 노년

다음으로 살펴볼 작품은 19세기 프랑스 소설가 빅토르 위고(Victor Hugo, 1802~1885)의 『레 미제라블Les Misérables』(1862)입니다. 이 소설을 '역사적, 사회적, 인간적 벽화'라고 하는데, 그 벽화는 소설의 제목처럼 비참으로 얼룩져 있습니다. 번역본으로 이천 쪽이 훨씬 넘는 방대한 양만으로도 질리는데, 수많은 사람이 등장하는 데다 그 삶들이 대부분 너무 비참하기에 읽어내기가 쉽지 않습니다.

 주인공 장발장은 어린 시절에 고아가 되어, 과부가 된 누이와 그의 일곱 자녀를 부양합니다. 26세가 된 1795년 겨울, 빵집 창문을 깨고 빵 한 덩어리를 훔쳤다가 오 년 동안 투옥되지요. 그러나 네 번이나 탈옥을 시도하여 결국 19년 동안 형을 살고 1814년에 풀려납니다. 그리고 1815년 후반, 장발장은 마들렌이라는 이름으로 몽트뢰유쉬르메르에서 막대한 재산을 벌고 시장에 임명됩니다. 여기까지가 제1부 「팡틴」입니다.

제2부 「코제트」는 장발장이 다시 체포되어 1823년 7월 사형을 선고받는 것으로 시작합니다. 그러나 장발장은 같은 해 11월에 탈옥하여 코제트를 찾아갑니다. 제3부 「마리우스」를 거쳐 제4부 「생드니」에 오면 장발장과 코제트가 수도원에 살다가 1829년에 떠나는 것으로 나옵니다. 그리고 제5부 「장발장」에서 장발장은 1832년 6월 반란에 참여합니다. 그때 그는 63세였습니다. 그리고 이듬해 64세로 세상을 떠나지요. 보부아르는 그때 장이 80세였다고 말하는데, 이는 잘못된 정보입니다. 그를 처음부터 노인 취급한 것도 틀렸습니다(보부아르, 289쪽). 코제트를 만났을 때 장발장은 54세였고, 그 뒤 두 사람의 관계는 십 년 동안 이어집니다. 19세기 초엽 프랑스에서는 오십 대를 노인으로 보지 않았기에 소설에서도 장발장을 노인이라 부르지 않습니다.

『레 미제라블』 제5부에는 백 살에 가까운 노인이 나옵니다. 마리우스의 외할아버지 질노르망이지요. 그에게는 딸이 둘 있었는데, 첫째 딸은 독신이고, 둘째 딸은 마리우스를 낳았지만 일찍 죽었습니다. 마리우스의 아버지는 나폴레옹 군 장교로 대령까지 승진했지만 나폴레옹이 패배하며 모든 것을 잃습니다. 아들마저 왕당파인 장인에게 빼앗기고서 아들을 그리워하다가 숨을 거두지요.

질노르망은 마리우스에게 말합니다. 네 아버지는 악당이었다고요. 하지만 차차 아버지에 대해 알게 되며 마리우스는 외조부의 집에서 나와 반대를 무릅쓰고 혁명파에 가담합니다. 이후 마리우스가 코제트와의 결혼을 허락받으러 왔을 때 질노르망은 코제트의 신분과 재산부터 묻습니다. 마리우스가 그녀도 자신처럼 가난한 사람이라고 하자 노인은 대노하지요. 1832년 부상당한 마리우스가 장발장에게 업혀 왔을 때는 손자가 죽었다고 생각하고 "저질 글쟁이들, 잡담꾼들, 변호꾼들, 연설꾼들, 연단들, 토론들, 진보, 광명, 인권, 언론의 자유(위고, 214쪽)" 때문이라고 비난하지요. 그러나 나중에 손자가 살았음을 알고는 돌변합니다.

그는 자신을 잊었고, 자신은 안중에도 없었으며, 마리우스가 그 집의 주인이었다. (중략) 만족스러워하고 황홀한 기색이었으며 즐거워하던 그는 젊고 매력적이었다. 그의 하얀 머리카락이, 그의 안면에 어려있던 즐거운 빛에 다정한 장엄함을 가미해 주었다. 우아함이 주름살에 섞일 때, 우아함은 더욱 사랑스러워진다. 활짝 피어난 늙음 속에는 무엇인지 모를 여명이 있다. (위고, 243쪽)

외조부는 환희에 차서 손자와 코제트의 결혼을 허락하지만, 결혼식에 대해서는 여전히 보수적인 생각을 늘어놓습니다.

당신들의 19세기는 무기력하고 졸렬해. 지나침이 결여되었어. 19세기는 부유함도 고결함도 몰라. 모든 일에서 삭발한 꼴이야. 당신네들의 제3신분은 무미하고 무색이고 무취이고 형태도 불분명해. 결혼하는 부르주아 딸들의 꿈이란 기껏, 그녀들이 항상 입에 담고 사는, 깨끗하게 치장하고 자단(紫檀) 가구와 옥양목 커튼을 갖춘 침실이야. (중략) 나는 이미 1787년부터 (중략) 모든 것이 망가졌다고 예

언하였어! 그 예언이 들어맞았어! 이 세기에서는 모두들 사업을 하고, 증권시장에서 도박을 하며 돈을 벌지만, 하나같이 쩨쩨하지. 〔중략〕 오늘날에는 결혼을 하되, 제대로 할 줄 몰라. 아! 정말이지, 나는 옛 풍습의 고귀함이 그립다. 아니 그것의 모든 것이 그립다. (위고, 264~265쪽)

졸라의 노년

19세기 프랑스 소설가 에밀 졸라(Émile Zola, 1840~1902)의 『대지 La Terre』(1887)는 토지에 대한 농민의 집착을 그린 소설입니다. 『고리오 영감』과 마찬가지로 셰익스피어의 〈리어왕〉과 비교되지요. 『대지』의 다음 첫 부분은 밀레의 그림에 나오는 〈씨 뿌리는 사람〉(1850)을 연상시킵니다.

> 그날 아침 장은 푸른색 씨앗 주머니를 배에 차고, 왼손으로는 주머니를 벌리고 오른손으로는 밀알 한 줌을 집어 세 걸음마다 허공에 흩뿌렸다. 몸을 기우뚱거리며 나아갈 때마다 투박한 구둣발에 땅이 푹푹 패고, 구두 밑창에 기름진 흙이 들러붙었다.*

졸라는 밀레와 개인적으로 친교를 맺지는 않았으나, 마네를 비롯한 인상파 화가들로부터 그에 대해 익히 들었습니다. 또 『대지』를 집필하던 1866년에는 밀레가 이미 농민 화가로 유명했으니 졸라는 그에 대해 충분히 알고 있었을 것입니다.

---

* 에밀 졸라, 조성애 옮김, 『대지』, 문학동네, 2021, 9쪽.

프랑스 북부 보스(Beauce) 지방의 작은 마을 로뉴(Rognes)를 무대로 한 이 소설은 1859년에서 1870년까지 푸앙(Fouan) 일가를 중심으로 하여 대지와 자연의 리듬, 그 속에서 살아가는 농민들의 가혹하고 격렬한 삶을 묘사하지요. 프랑스 농부들은 1789년 대혁명 이후 자기 땅을 소유할 수 있게 되면서 노예와 같은 삶에서 벗어났습니다. 루이 푸앙도 그동안 열심히 농사지었지만 이제는 노인 신세입니다. 막내아들 뷔토는 더 많은 땅을 소유하고자 사촌 동생 리즈와 결혼한 뒤 동거하는 처제 프랑수아즈의 토지 상속분까지 탐내 그녀에게 눈독을 들입니다.

늙은 아버지는 더 이상 농사를 지을 수가 없어서 재산을 자식들에게 나누어주고 자신과 아내 로즈를 부양해달라고 부탁하지만 자녀들은 재산 싸움에만 몰두합니다. 분할받은 땅의 임대료와 부모의 생활비를 두고 다투는 모습은 자녀들의 소유욕과 이기심을 보여줍니다. 자녀들은 노인 부부를 계속 자기들 집에서 살게 하고, 정해진 생활비의 일부만을 줍니다. 그래서 자녀들, 특히 막내아들 뷔토와 부모 사이의 갈등은 커져가지요. 로즈는 뷔토와 돈 문제로 다투다가 뷔토에게 떠밀려 넘어져 죽습니다. 그 뒤 자녀들이 요구하여 아버지는 딸의 집으로 가지만, 그곳에서 학대를 당합니다. 자녀들의 집을 전전하는 아버지의 모습은 리어왕처럼 너무도 불행합니다.

한편 프랑수아즈는 뷔토를 피해 군인인 장 마카르와 결혼합니다. 프랑수아즈가 임신하자 리즈 부부는 그 몫의 유산이 곧 태어날 아기에게 갈 것을 두려워하여 프랑수아즈를 강간하고 살해합니다. 프랑수아즈는 죽어가면서도 리즈와 뷔토의 이름을 대지 않고 말없이 숨을 거둡니다. 뷔토의 아버지가 이 현장을 목격했습니다. 결국 아버지 또한 아들 부부 손에 목숨을 잃지요. 그리고 모든 것을 잃은 장은 다시 직업군인의 길을 갑니다.

당시 『대지』는 엄청나게 비판받았습니다. 에드몽 드 공쿠르(Edmond de Goncourt, 1822~1896)는 『대지』는 '장난'이라며 도덕과 미학의 균형이 부족하고, 묘사가 저속하며, 대량 판매를 위해 고의적인 외설을 일삼는다고 비난했습니다. 또한 졸라는 병적이고 무력한 정신병자이며 인류에 대해 정상적이고 건강한 견해를 가질 수 없는 자이니 정신과 의사와 상의하라고 조롱했습니다. 아나톨 프랑스도 『대지』를 '방탕의 농경시'라고 혹평했습니다.

그러나 1915년에 『졸라론』을 쓴 하인리히 만(Heinrich Mann, 1871~1950)은 졸라의 작품 중에서 『대지』를 최고의 걸작으로 꼽았습니다. 1915년은 제1차 세계대전 중이었으며 당시 프랑스는 독일의 적국이었음에도 만은 프랑스인 졸라를 옹호했습니다. 그는 19세기 말에 몇 년간 프랑스에 머물면서 프랑스 문학의 정신과 사회비판 사상에 정통했습니다. 그래서 전쟁 중임에도 졸라의 위대함을 독일인에게 알리고자 그에 대한 책을 쓴 것입니다. 만은 졸라가 군중의 운동과 정념을 작품의 소재로 삼은 것은 소설에 대한 가장 큰 기여라고 찬양했습니다. 특히 공쿠르 형제의 작품이 생리학적 관찰에 머문 것과 달리, 졸라는 민중의 시정이라고 할 수 있는 것을 살려냈기에 본질적으로 민주적인 작가라고 했습니다.

졸라의 '대지'는 농민들에게 자혜로운 어머니이기도 하지만, 폭군 아버지로 군림하기도 합니다. 감동적인 행위도 끔찍한 범죄도, 훌륭한 선행도 부끄러운 악행도 모두 대지 위에서 전개되니까요.

어떤 행위도 대지와 떨어질 수 없고 대지에 의해 좌우됩니다. 농민들이 아무리 힘겹게 노동해도 대지로부터 항상 보답받지는 않는다는 점도 포함입니다.『대지』는 현대에 서사시를 부활시킨 기념비적인 소설이라고 만은 찬양합니다.

쇼펜하우어의 노년

19세기 독일의 철학자 아르투어 쇼펜하우어는 63세가 된 1851년에『삶의 지혜를 위한 잠언』제6장「나이에 대해서」에서 나이에 따른 삶을 고찰합니다. 그는 유복한 상인 아버지와 소설가 어머니 사이에서 태어나 어려서부터 아버지의 뒤를 이어 상인의 길을 갔으나, 21세에 철학으로 돌아섰습니다. 30세에 대표작『의지와 표상으로서의 세계 Die Welt als Wille und Vorstellung』를 완성했으나, 일 년 동안 백 권밖에 팔리지 않았다는 이유로 자신의 책을 몰라보고 무시하는 동시대 교수들을 증오했습니다. 이듬해 베를린 대학교 강사직에 지원하면서 자신이 경멸한 헤겔과 같은 시간에 강의할 것을 희망했으나, 강의는 인기가 없어서 한 학기 만에 끝났습니다. 그 뒤로 개를 기르며 독신으로 고독하게 살았습니다. 1845년부터 쓰기 시작해 1851년에 출판한『소품과 부록 Parerga und Paralipomena』이 인기를 끌면서 조금씩 명성을 얻었으나, 1860년 72세로 죽었습니다.

『소품과 부록』제1권의 첫 부분인「삶의 지혜를 위한 잠언」은 그가 62세 노년에 이르러 쓴 노년론입니다. 그 책에 의하면 생애의 첫 4분의 1이 가장 행복한 시기입니다. 즉 초봄에는 모든 나뭇잎이 거의 같은 빛깔에 같은 모양이듯 어릴 때는 서로 유사하고 조화로

우며 모든 것이 멋진 에덴동산과 같습니다. 『의지와 표상으로서의 세계』에 의하면 어린 시절은 표상이지 의지가 아닙니다. 그래서 어린이의 눈길은 진지하고 관조적이며 신성하다고 합니다.

쇼펜하우어에 의하면 정신력은 35세에 최고 절정을 맞습니다. 그리고 인생의 처음 40년은 우리에게 텍스트를 제공하고, 그다음 30년은 텍스트에 대한 해설을 제공한다고 합니다. 쇼펜하우어에 의하면 청년기는 지적으로 풍요롭고 지식과 창조력이 뛰어나지만, 환상과 실수 속에 살고 성적 본능에 의해 정신착란을 일으키기에 암담하고 불행합니다. 그래서 40세가 되면 열정과 야망을 포기하지 못한 채 환상에서 벗어나기 시작하여 우울증에 빠진다는 것입니다. 청춘기가 행복에 대한 채워지지 않는 동경이라면, 장년기는 행복은 환상이며 고통은 현실이라는 것을 알게 되면서 불행에 대해 배려하게 되는 시기입니다.

그리고 생애 마지막에 이르러서야 자기 목표와 의도를 나와 세계, 나와 타인의 관계에서 의식하고 이해하게 됩니다. 그리하여 '모든 것은 헛되다'고 하는 『전도서』에 감동하고 환상에서 완전히 벗어난다고 하지요. 노년에는 살고자 하는 의지가 거의 사라지고 유년 시절의 관조적 태도로 돌아갑니다. 따라서 환상의 나이인 젊은 시절보다 누년이 낫다고 합니다. 실제로 지적인 사람들이 숭고한 표현을 얻는 것은 노년기이며, 젊은 시절 그들을 묘사한 초상화에서는 그 초기 흔적만을 볼 수 있습니다.

젊을 때는 사물의 외적인 면이 우리를 가장 사로잡지만, 나이가 들면 생각이나 성찰이 정신의 지배적인 특성이 됩니다. 따라서 젊음은 시를 쓸 때이고, 나이 들수록 철학으로 더 기울어집니다. 실제적인 일에서도 마찬가지입니다. 사람은 젊을 때는 외적인 세상이 자신에게 주는 인상에 따라 결심하지만, 나이가 들면 생각이 행동을 결정합니다.

쇼펜하우어는 청년 시절에는 초인종이 울리면 즐거움이 찾아왔다고 생각해 기분 좋았으나, 말년에는 귀찮은 일이 생긴 것 같아 두려웠다고 합니다. 또 청년 시절엔 세상이 행복과 즐거움이 있는 멋진 곳이지만 그것을 내 것으로 만들기는 쉽지 않다고 생각했지만, 말년에는 행복이나 즐거움을 얻기란 불가능하다고 보고 마음을 가라앉히며 현재에 만족한다고 합니다. 그래서 젊은 시절에는 직관이, 나이를 먹으면 사고가 생기고, 전자는 시, 후자는 철학을 위한 때가 되는 것입니다.

쇼펜하우어의 노년론은 자신과 같이 크게 가난하지도 불행하지도 않은 노년을 기준으로 합니다. 그는 나이 들어서 가난한 것은 큰 불행이라고, 경제적 어려움이 없고 건강만 유지된다면 노년은 일생 가운데 가장 견디기 좋은 시기라고 하지만, 이는 가난한 노인을 고려한 말이 아닙니다. 그의 눈에 가난한 노인들은 보이지 않습니다. 노년에 성적 본능으로부터 자유로워져 이성을 되찾고 허무에 대해 확신하게 되는 것을 강조하는 점을 비롯하여 앞서 본 플라톤 『국가』의 노년론 취지를 따른다는 점에서 쇼펜하우어는 부르주아적인 노년론을 보여줍니다. 따라서 보부아르가 이를 비판적으로 평가하지 않는 것이 이상하다 여겨지네요.

쇼펜하우어는 자살이 삶의 의지를 받아들이는 것이라고 생각했습니다. 삶의 의지를 부정하고 금욕주의자가 되는 것이 아니라, 삶의 의지를 온 마음으로 받아들이는 것입니다. 그에게 삶의 의지를 부정하는 것은 삶의 쾌락에서 도피하는 것이었지만, 자살은 삶의 고통에서 도피하는 것이었습니다. 그에게 자살하는 사람은 살고 싶어 하지만 자기 위치가 그것을 불가능하게 만든다고 생각하는 사람입니다.

하지만 그는 자살하는 사람을 동정하며 자살을 삶에 대한 합리적인 반응으로 여깁니다. 그저 그것이 올바르지 않다고 생각할 뿐이지요. 그는 고통을 없애기 위한 완벽한 해결책이 없지만, 금욕적인 생활 방식을 채택하고 쾌락의 자아를 부정한다면 고통을 최소한으로 줄일 수 있다고 믿었습니다. 그는 자살을 부정적으로 보았지만, 극심한 자기 박탈(적절한 영양이나 일반적인 음식 부족)로 죽은 사람들을 존경했습니다.

에머슨의 노년

19세기 미국의 철학자 에머슨(Ralph Waldo Emerson, 1803~1882)은 1862년에 과학자들이 그 이후로 확증한 노화의 특성을 설명했습니다. 주로 신체가 노화되고 삐걱거리더라도 정신은 탄력성으로 크게 확장될 수 있다는 것이었지요. 그 증거로 존 애덤스(John Adams)가 90세에도 기민하고 간결했으며, 워싱턴(Washington), 제퍼슨(Jefferson), 매디슨(Madison), 먼로(Monroe)가 각각 대통령이 되었을 때의 나이도 빠르게 기억했음을 들었습니다. 그리고 겉모습이 정신의 질에 대해 거의 아무것도 보여주지 않는 경우가 종종 있다고 했습니다.

에머슨에 의하면 예리함을 정의하는 것은 젊음이 아니라 '판단력(식별력)'입니다. 예리함은 나이와는 아무런 상관이 없다고 하지요. 그는 인도의 베다 경전을 인용하며 '판단할 줄 아는 사람은 아버지의 아버지'라고 말합니다. 그리고 멀린이 '방관자들의 운명을 예언'했을 때 강가에서 발견된 아기일 뿐이라고 덧붙입니다. 알렉산드로스, 셰익스피어, 번스, 바이런은 모두 젊었을 때 걸작을 만들었지만, 그들은 '자연'의 예외라고 합니다. 자연은 우리 삶에 세월을 더하면서 종종 '모든 사물이 반짝이고 끌리는 과도한 감성'을 가진 젊음에게 없는 경험과 관점을 가져다준다고 합니다. 에머슨은 말했습니다. "보편적 신념은 흔들리지 않는다." "인생과 예술은 누적된다. 할 수 있는 기술은 하는 것에서 나오고, 지식은 항상 열린 눈에서 나온다."

에머슨은 79세까지 살았습니다. 19세기 기준으로는 장수했지요. 그는 평생 글 쓰고, 강의하고, 일기를 썼습니다. 편지도 많이 썼지요. 그러나 생애 마지막 십 년 동안 점차 기억을 잃었고, 결국 말을 못하게 되었습니다. 에머슨은 조너선 스위프트와 마찬가지로 오래 살면서 노년이 무엇을 의미하는지 생각한 인물입니다. 스위프트처럼 그도 어려운 노년을 보냈습니다.

젊었을 때 늙어서는 할 수 없는 행동을 하겠다고 결심했던 스위프트는 자신의 모든 규칙을 어겼습니다. 젊었을 때 에머슨은 한 살 더 먹었다는 이유만으로 신문에 나오는 아주 나이 많은 사람들을 슬퍼했습니다. "우리는 사람에게 셀 것이 하나도 없을 때까지는 나이를 세지 않는다." 에머슨은 그의 수필 「서클*Circles*」에 썼습니다. "자연은 늙음을 싫어하고, 노년은 유일한 질병인 듯하다. 다른 모든 사람들이 이 질병에 걸린다." 그리고 그는 연장자들의 태도에 분노합니다. "하지만 70대의 남녀는 모든 것을 안다고 생각하고,

희망을 버리고, 열망을 포기하고, 현실을 필요한 것으로 받아들이고, 젊은이들을 얕잡아본다." 그리고 어떻게든 우리가 이에 저항할 수 있어야 한다고 생각했지요. "노년이 인간의 마음에 기어들어서는 안 된다." 에머슨은 신체의 불가피한 쇠퇴에 별로 힘을 주지 않는 듯합니다. "가장 확실한 독은 시간"이라 하더라도 우리는 정신을 젊게 유지해야 합니다. 에머슨은 몇몇 존경할 만한 노인들을 알고 있었고, 그들이 자리를 잡았다고 생각했지만, 젊은 에머슨에 따르면 노년은 '적당한 환경'을 요구합니다. 마차, 교회, 국가 및 의식의 의장, 의회, 법원, 역사학회에서 나이는 아름답지만 브로드웨이나 사회 주류에서는 그렇지 않습니다. "거리의 신조는 노년은 수치스러운 것이 아니라 엄청나게 불리하다는 것"입니다. 에머슨과 스위프트 둘 다 일찍부터 나이 먹는 것에 혐오감을 느꼈고, 이는 마침내 그들이 노년에 접어들었을 때 그 과정을 더 어렵게 만들기만 한 것처럼 보였습니다.

에머슨은 오십 대에 접어들며 노년과 나이가 주는 선물에 대해 더 온건한 견해를 가지게 되었습니다. 그 선물은 첫째, 삶을 (다소) 성공적으로 견뎌냈다는 안도감입니다. "사람이 60세가 되어도 자신이 피한 수많은 위험으로부터 엄청난 안도감을 느끼지 못한다면 이상할 것"입니다. 둘째, 야망이 사라집니다. 에머슨은 프로젝트가 성공하든 실패하든 자신이 어떻게 받아들여질지 더 이상 걱정하지 않았습니다. 셋째, 우리 머리 위에 매달려 있는 것이 없습니다. "초창기의 흥분은 생각과 행동의 평온함으로 가라앉았"습니다. 그리고 네 번째이자 마지막 혜택은 "집을 정리하고 작품을 완성할 수 있는 기회"입니다. "이는 모든 예술가에게 최고의 즐거움"

이지요.

아주 나이 든 에머슨은 몇 가지 보상을 언급합니다. 그는 기억을 잃었을 때 '증가된 힘과 일반화 수단'이 단어나 이름 또는 인용문을 기억하지 못하는 것을 부분적으로 보상한다고 주장했습니다. 에머슨은 사람들이 생각하는 것에 대한 민감성을 잃는 것을 기쁘게 여겼습니다.

노년의 한 가지 큰 장점은 어느 정도 성공의 절대적인 무의미함이다. 어제 마을에 가서 강의를 읽었다. 30년 전에는 그것이 좋고 효과적인지 여부가 정말 중요한 문제였다. 지금은 나와 관련하여 아무것도 아니다.

에머슨은 마침내 노년의 고통은 우리가 곧 그것으로부터 벗어날 수 있다는 위안과 함께 온다고 말했습니다.

니체의 노년

니체는 『인간적인, 너무나 인간적인』 제2부 「방랑자와 그의 그림자」에서 인생을 다음과 같이 계절에 비교하여 설명합니다.

인생의 네 연령을 일 년의 네 계절과 비교하는 것은 그럴듯해 보이는 어리석음이다. 인생의 처음 이십 년이나 마지막 이십 년은 일 년의 어느 계절과도 일치하지 않는다. 우리가 흰 머리카락과 눈과 같은 유사한 색상 유추를 평행선으로 그리는 것에 만족하지 않는다고 가정할 때 말이다. 처음 이십 년은 인생 전체, 즉 인생의 한 해를 위한

준비이며 일종의 긴 새해 첫날이다. 마지막 이십 년은 그때까지 경험한 모든 것을 검토하고, 동화하고, 통합하고, 조화시킨다. 마치 새해 전날마다 작년 전체를 어느 정도 비교하는 것과 같다. 하지만 그 사이에는 실제로 계절과 비교할 수 있는 기간이 있다. 즉 이십 년에서 오십 년까지의 시간이다(여기서는 십 년을 덩어리로 말하는데, 모든 사람이 이 대략적인 윤곽을 스스로 다듬어야 한다는 것은 누구나 알고 있는 사실이다). 그 삼십 년은 여름, 봄, 가을의 세 계절에 해당한다. 인간의 삶에는 겨울이 없다. 다만 불행히도 종종 끼어드는 괴롭고, 싸늘하고, 외롭고, 절망적이고, 결실 없는 질병의 기간을 인간의 겨울이라고 부르고 싶을 뿐이다.

이십 대는 더운, 답답한, 폭풍우 같은, 성급한, 지친 해였고, 저녁에 하루를 찬양하고, 하루가 끝나고, 이마의 땀을 닦으며(우리에게 일이 잔인하지만 필요한 것처럼 보이는 해였고) 이 이십 대는 삶의 여름이다. 반면 삼십 대는 봄이고, 공기가 너무 따뜻하고, 너무 차갑고, 항상 불안하고 자극적이고, 수액이 솟구치고, 잎이 피고, 향기와 새싹이 사방에 있고, 많은 즐거운 아침과 저녁이 있고, 새들의 노래가 우리를 깨우는 일이며, 진정한 마음의 일이고, 희망에 찬 기대의 맛으로 강화된 우리 자신의 강인함에 대한 일종의 기쁨이다. 마지막으로, 사십 대는 모든 것이 움직이지 않는 것처럼 신비롭고, 높고 넓은 고원처럼, 상쾌한 바람이 불며, 그 위로는 맑고 구름 한 점 없는 하늘이 펼쳐져 있다. 낮과 밤의 반 동안 항상 같은 온화한 모습을 보인다. 수확과 따뜻한 기쁨의 계절, 즉 인생의 가을이다.

이는 니체가 31세였던 1878년에 쓴 글이지만, 마치 44세가 되는

1889년에 마비와 혈관성 치매로 인해 정신 능력을 완전히 잃고 폐렴과 여러 차례의 뇌졸중을 앓은 후 1900년에 사망할 것을 예언한 것처럼 보이기도 합니다. 즉 마지막 십 년을 우울증과 정신병이라는 '괴롭고, 싸늘하고, 외롭고, 절망적이고, 결실 없는 질병의 기간'인 겨울로 보낸 것과 일치합니다. 그러나 그는 같은 책에서 "오래 사는 것은 무례한 일"이고 특히 "의사의 치료에 비겁하게 의지하여 무료하게 오래 산다면 사는 의무와 권리가 상실된 뒤에 사회로부터 경멸을 받을 것이다. 의사는 이 경멸의 매개자일 것이다. 날마다 그 환자에 대한 구역질을 느껴야 할 것이다"라고 합니다. 따라서 기력의 쇠퇴를 아는 노인이 그 쇠퇴를 기다리는 것보다 "완전한 의식으로 그것을 포기하는 것이 더 명예로운 일"이라면서 병든 노인의 자살을 "이성의 승리"라고 찬양합니다. 하지만 본인은 자살하지 못하고 의사들에게 치료를 받았지요.

니체는 같은 책에서 "생기가 없고 초라해가는 여러 민족"에 대한 치료법으로 전쟁을 권유했습니다. "쇠약해가는 모든 민족에게 야영의 그 거친 에너지, 골수에·맺힌 비개인적인 증오, 편안한 양심에서 행해지는 살인의 냉혈함, 적을 절멸시킬 때의 공통된 조직적 격정, 크나큰 상실에 대한 자신의 현존재와 친한 자의 현존재에 대한 그 자랑스러운 무관심, 육중한 지진과 같은 영혼의 감동"을 불러일으키는 전쟁 말입니다. 노인에게 자살이 해결책이 되듯, 늙은 민족에게는 전쟁이 해결책이라고 한 것입니다.

14
레프 톨스토이의 노년

톨스토이, 노년의 참회

19세기 러시아 소설가 레프 톨스토이(Лев Толстой, 1828~1910)는 82년 생애 중 3분의 2가 지나 50세가 되던 1878년에 참회를 시작해 칠 년 뒤인 1885년까지 정신적 위기를 경험했습니다. 그는 세상일에 무관심하고 자기 안일을 추구하지 않았습니다. 세상 사람들이 모두 자유롭고 평등하게 행복을 갖는 것이 옳다고 생각해, 그렇지 못한 세상에 분노하고 비판한 것입니다. 이와는 반대로 나이가 들어 늙었다고 세상일의 옳고 그름에 무관심해지고 오로지 개인적인 행복 추구에만 관심을 갖는다면 얼마나 야비하고 초라한 일이겠습니까?

45세에 『안나 카레니나』를 쓰며 그는 대단한 자부심을 가졌습니다. 그 작품이 완성된다면 내용이나 형식에서 『전쟁과 평화』를 능가하리라고 생각했지요. 그러나 집필에 열중할 수 없었습니다. 원인도 알 수 없는 극심한 정신적 위기를 경험했기 때문입니다. 그러던 중 그의 눈에 농민이나 순례자들의 가난하지만 유쾌하며 신앙심 깊은 삶이 들어왔습니다. 톨스토이는 그 모습을 보고 참회의 시간으로 접어들었지만, 참회는 금방 이루어지지 않았습니다. 술과 담배, 육식을 그만두고 육욕을 끊기까지만도 오랜 시간이 걸렸습니다.

톨스토이는 농부들의 삶이야말로 자신이 가야 할 길이라고 생각했습니다. 그래서 그들처럼 교회에 다니고 금식했으며 자기 죄를 고백하고 신실한 신앙인이 되려고 노력했습니다. 아마도 대부분의 사람들은 그렇게 충실한 신앙으로 사는 데 그칠 것이지만, 톨스토이는 달랐습니다. 교회에서 가르치는 신앙은 그가 기대한 것과 너무나 달랐습니다. 그것은 규칙과 의식의 연속이고 기적을 중심으로 이성을 부정하는 것이었으며, 교회 권위에 대한 복종을 요구했습니다. 그래서 톨스토이는 복음서를 철저히 읽기 시작했습니다. 그로써 예수의 가르침이란 하나님 앞에서 만인이 평등하다는 것, 자신이 가진 모든 것을 가난한 사람들에게 주고 모든 형태의 폭력을 거부하며 복수심을 품지 않는 것임을 알았습니다. 그것은 신비도 불합리한 것도 아니었습니다.

그런데 교회는 그런 신앙은 신비로운 것이어서 보통 사람들은 도달할 수 없으므로 교회의 권위 및 국가와의 결탁을 인정하고 교회로부터 도움을 받아야 한다고 가르쳤습니다. 하지만 이를 인정하지 않고 그리스도의 가르침은 교회와 국가를 부정하는 것이라고 보면 기독교는 수미일관된 것이고 어디에도 애매한 구석이 없었지요. 따라서 교회야말로 참된 신앙을 방해하는 것이었습니다.

그래서 톨스토이는 1879년에 『참회』를 썼습니다. 『참회』는 신이나 인생에 대한 성찰이 아니라, 육욕과 전쟁, 명예와 돈 등으로 타락했다고 자처하는 죄 많은 인간의 솔직한 고백입니다. 계시종교가 아닌 이성종교를 믿는 이신론자 톨스토이의 종교론은 『참회』를 서론으로 하여, 교회화된 기독교를 정화하여 참된 기독교 정신을 발견하고자 한 『교의신학 비판』, 인간의 이성에 반한 처녀 수태나 사망자의 부활 등 기적이나 신비를 배제한 『4복음서의 통합과 번역』과 같은 1880년의 저술로 기초를 놓았습니다. 이어 1881년의 『요약 복음서』, 1884년의 『종교론』, 1887년의 『인생론』, 새로운 기독교를 세우고자 한 1893년의 『신의 나라는 네 안에 있다』, 1902년의 『종교란 무엇인가, 그리고 그 본질은 어디에 있는가』 등으로 전개되었습니다.

1880년 전후로 도스토옙스키는 사회혁명이 불가피하지만 불가능하다고 본 반면, 톨스토이는 경제혁명이 아직 일어나지 않은 것이 놀라울 뿐이고 농민혁명의 불가능성을 무저항으로 극복할 수 있다고 보았습니다. 이러한 사회 인식은 종교적 참회, 예술적 참회와 함께 왔지요.

톨스토이 종교관의 특징은 '철저한 교회 비판' '국가 비판' '과학 비판' '사회제도 비판', 즉 현존하는 모든 것에 대한 비판입니다. 세상에 이렇게 철저한 비판은 다시 없을 것입니다. 그에게 신앙이란 신과 인간의 관계로서 생명에 힘과 방향을 줍니다. 여기서 인간이란 한 사람입니다. 따라서 한 사람과 신 사이에 다른 것(교회)이 개재하면 그것은 신앙이 아니라 다른 걸 구하는 일이 됩니다. 교회는 신과 인간의 관계를 어떻게 해야 하는지 알고 있다고 주장하지만, 이는 사람과 교회의 관계를 구축함에 의해 본래 신이 있어야 할 곳에 교회가 있게 된 것에 불과합니다. 따라서 교회야말로 신앙에 최대 장애물입니다.

인간은 신앙의 탐구에 인류가 구축해온 모든 것인 계시를 이용합니다. 즉 계시란 생명의 의미를 이해하는 데 도움이 되는 것입니다. 모든 종교는 그러한 계시가 낳은 지혜로서 다양한 모습으로 나타나지만 목표는 단 하나, 즉 인간 상호의 절대적 평등입니다. 절대자 앞의 평등이라는 것에서 선악에 대한 판단이 생겨납니다. 평등을 부정하고 사람들을 분단시키는 것은 악이고, 평등을 지키고 사람들을 연결하는 것이 선입니다. 그것이 종교의 본질이지요. 그런데 자신들만의 계시를 타인에게 강요하고, 거부하면 저주하고 처형하고 살해하는 것이 신앙이고 종교처럼 되어왔습니다. 톨스토이는 이러한 종교를 기만이자 미신이라고 부릅니다.

그리고 인간이 신의 소리를 바로 듣는 것이 아니라, 신의 참된 소리가 무엇인지 알려주는 도우미가 있으니 바로 그리스도입니다. 따라서 신앙인은 교회가 아니라 그리스도를 따라야지요. 톨스토이에 의하면 그리스도의 가르침은 지극히 단순합니다. 그것을 이해하는 데 성모 마리아의 처녀 수태나 예수 부활 같은 것은 필요 없습니다. 그리스도의 가르침은 비유나 상징이 아니라 그 자체 그대로입니다. 그리스도는 "악한 사람을 대적하지 말라"고 한 마태복음 5장 39절 비폭력의 가르침에서 악에 대한 무저항, 즉 그 참모습을 보여줍니다. 톨스토이에 의하면 참된 종교는 종교적 규칙은 물론 법률, 신화, 주술을 전혀 필요로 하지 않고 도리어 부정하는 것입니다. 또한 국가는 폭력에 의해 존립하는 폭력 자체이므로 비판하고 거부해야 합니다. 국가가 국가인 이상 더 좋은 국가나 더 나쁜 국가를 따지거나 국가를 더 좋아지게 하려고 노력하는 것 자체가 무의미합니다. 가능한 국가와 무관하게 사는 것이 좋지요.

국가에 대한 비판이 가장 분명하게 드러나는 대목은 재판입니다. 법원은 죄인을 재판한다며 악을 악으로 갚는 잘못을 저지를 뿐 아니라, 도리어 악인을 만들어낸다고 톨스토이는 보았습니다. 인간이 사랑을 모르기 때문에 행복을 모르고, 행복을 모르기 때문에 이성적인 생활을 할 수 없어서 악을 저질렀다면 그는 불행한 존재일 뿐, 처벌받아야 할 대상이 아니라는 것입니다. 톨스토이에게 그러한 악보다 더 나쁜 것은 거짓 선과 거짓 사랑, 즉 위선입니다.

그 전형이 법원입니다. 법원은 사람들을 악으로부터 지킨다고 말하지만, 이는 사랑이 지닌 힘을 믿지 않고 폭력에 폭력으로 맞설 뿐입니다. 언제나 국가에 봉사하면서 선을 수호한다고 하는 것도 위선이지요. 이때 범죄는 개인적이고 일시적이지만, 위선은 조직적이고 영구적인 반면 그 책임은 분산적이기에 범죄보다도 더 나쁩니다. 나아가 위선은 사랑에 대한 생각을 왜곡합니다. 법원에 의해 선과 사랑이 지켜진다고 생각하는 태도는 결국 선과 사랑을 무력하게 합니다.

톨스토이는 교회나 사회 개량도 같은 입장으로 비판합니다. 조직이나 제도에 의해 인간을 행복하게 만들 수 있다고 생각하는 것은 사랑을 불신하기 때문입니다. 그리고 일단 한번 그렇게 생각하게 되면 조직과 제도는 견고해져 더더욱 사랑 따위 필요 없다고 여기게 됩니다. 톨스토이에 의하면 이야말로 자살행위입니다. 생명의 본질이 사랑이라면 사랑 외의 것을 필요로 하는 모든 유혹에서 벗어나야 하거늘 현대사회는 도리어 거꾸로 나아가고 있고, 과학이 이를 더욱 가속화하고 있다고 비판하지요. 19세기에 와서 과학은 급격히 변화하여 자연력 대신 기계를 사용하고자 하는 기술로 변모했습니다. 그것은 인간에게 욕망을 부추겨 사랑이 아니라 욕망이 생명의 본질이고 삶의 원동력이라 보는 오해를 낳았습니다.

과학을 찬양하는 사람들은 종교가 필요 없다고 말하지만, 톨스토이에게 과학은 인류 문화 중 가장 파괴적인 것입니다. 과학의 시대는 마침내 종교 시대의 종언을 뜻하지요. 그러나 과학은 선악을 판단할 수 없으므로 새로운 가치 기준을 제공하는 것은 결국 권력입니다. 여기서 과학은 인류를 분열시키고 구분하며 차별을 고정화하는 도구에 불과합니다. 다윈이 제시한 진화론이 사회 상식에 초래한 생존 투쟁과 적자생존을 보면 분명히 알 수 있습니다.

생활의 전환

1881년 3월, 러시아에서 놀라운 사건이 터집니다. 황제가 암살당한 것입니다. 이는 1870년대에 전개된 나로드니키라는 인민 계몽 운동의 결과였습니다. 주로 학생들이 이 운동을 위해 농촌에 뛰어들었으나 농민들이 잘 이해하지 못하여 운동은 정체되었습니다. 그 후 정부가 탄압하여 대중운동을 조직할 수 없게 되자 테러리즘 시대가 열렸습니다. 암살 이전에도 몇 차례 미수가 있었습니다. 톨스토이는 새로 즉위한 황제에게 긴 편지를 보냈습니다. 암살범을 사형에 처하지 말고 외국으로 추방해야 한다고, 악을 악으로 보복하면 더 큰 악을 낳는다고 주장했지만, 암살범들은 4월에 교수형에 처해졌습니다.

1881년 9월, 톨스토이는 모스크바로 이사했습니다. 그곳에서 1902년까지 21년을 살았지요. 이사한 이유는 장남 세르게이가 대학에 입학할 나이가 되었고 다른 아이들도 학교 교육을 받아야 했기 때문이었습니다. 톨스토이는 고향을 떠나지 않으려 했지만, 부인이 완강했습니다. 매년 여름에는 고향에 돌아갔지만 모스크바는 여름이 짧으니 거의 모스크바에서 지낸 셈이었습니다. 그러니 어떤 의미에서는 생활의 전환이었지요.

가족들은 모스크바 생활을 즐거워했지만 도시를 싫어한 톨스토이에게는 고통이었습니다. 그 고통이 그의 정신적 위기를 더욱 부추겼습니다. 부부간 갈등도 더욱 커졌습니다. 만일 그가 모스크바로 이사하지 않았다면 그의 위기도 참회도 그렇게 심각하지 않았을지 모릅니다. 톨스토이는 자연의 법칙이란 인간이 대지 위에 땀 흘려 자신이 먹을 것을 구하는 것이라고 생각했습니다. 도시 생활은 그런 법칙에 어긋나는 것이었지요. 따라서 매일처럼 보는 도시의 빈곤이나 방탕은 자연에 반하여 생긴 당연한 결과였습니다. 그리고 악인들이 민중으로부터 착취한 재산을 지키기 위해 군대와 법원을 두고 있었습니다.

그는 농촌의 빈곤에 대해서는 잘 알았지만 도시에 대해서는 잘 몰랐습니다. 그래서 1882년 1월 말부터 모스크바 민생조사와 그 개선 활동에 적극 참여했지요. 그러나 여론은 그런 활동에 냉소적이었고 부정적이었습니다. 조사 활동을 마친 직후인 1882년 3월부터 쓴 『그러면 우리는 무엇을 할 것인가?』는 완성하는 데 꼬박 사년이 걸렸을 정도로 어려운 작업이었습니다. 직접적인 원인은 검열 등과 같은 외부적 요인이었지만 부귀와 빈궁이 바로 자신의 문제였다는 내부적 요인도 글쓰기를 어렵게 했습니다. 그 책에서 톨스토이는 사람들이 평등하게 살 수 있는 사회를 만들기 위해서는 토지 사유, 군대, 세금을 폐지하여야 한다고 주장했습니다. 그러나 파괴적인 폭력을 쓰는 것이 아니라 저마다 스스로 판단하여 각자 평화적으로 할 수 있는 일을 하라고 말했습니다. 따라서 어떤 강제력이나 조직적 정치운동을 주장한 것은 아니었습니다. 이 책은 즉시 발매 금지 처분을 받았습니다. 정부는 자기 의지로 권력에서 이탈하는 자가 늘어나면 권력의 내부 구조가 파괴되리라고 두려워했습니다. 실제로 톨스토이가 의도한 바도 바로 그것이었습니다.

많은 어려움을 겪은 만큼 그 책은 1880년대 이후 톨스토이 저술의 좌표가 되었습니다. 그 책과 함께 쓴 책이 비폭력 무저항주의를 주장한 『종교론』입니다. 여기서 톨스토이주의가 나왔습니다. 그것은 복음서가 말하듯이 자기 삶에 필요한 노동은 스스로 하는 간소한 생활을 목표로 삼는 운동으로서, 악에 대한 무저항과 폭력에 대한 절대부정, 군대 이탈, 징병 거부, 재판제도 부정을 주장하는 것입니다.

영화 〈톨스토이의 마지막 정거장〉에는 아내와 끝없이 다투는 '체르트코프'라는 통통하게 살찐 귀족주의자이자 톨스토이주의자가 나옵니다. 톨스토이주의는 체르트코프를 통해서 이루어졌습니다. 그는 체호프의 조부를 농노로 둔 귀족 집안 출신 군인이었습니다. 그런 체르트코프가 1883년 말에 톨스토이를 찾아갑니다. 톨스토이는 그에게 기독교도는 군 복무를 거부해야 한다고 말했습니다. 체르트코프는 친구인 비류코프와 함께 톨스토이의 생애 마지막 오 년간 중요한 역할을 했습니다. 그는 『부활』 주인공의 모델이 되기도 했지요. 체르트코프는 1885년에 '중개자'라는 뜻의 출판사 보스레드니크를 설립하고 톨스토이 민화를 대량 출판했습니다. 또 러시아혁명 후 90권에 이르는 톨스토이 전집을 출판했습니다.

이반 일리치의 죽음

『그러면 우리는 무엇을 할 것인가?』를 끝내자마자 쓴 작품이 1886년 작 『이반 일리치의 죽음』입니다. 『안나 카레니나』 이후 첫 소설이었지요. 소설은 법원 사무실에 모여 있던 공무원들이 동료 이반 일리치의 부고를 전해 듣는 것으로 시작합니다. 사람들은 저마다 그의 죽음을 애도하면서도 그로써 자신에게 일어날 변화, 즉 승진과 인사이동 따위를 헤아려봅니다. 문상 갈 생각을 하고 유족들에게 뭐라고 위로의 말을 건네나 고민하며 내심 성가셔합니다.

이반 일리치의 인생은 그의 죽음만큼이나 지극히 평범하고 단순했습니다. 남부럽지 않게 성공하여 번듯한 가정을 이루었으나, 단지 어느 운수 나쁜 날 옆구리를 다쳤고 그 뒤로 건강이 급격히 악화했을 뿐입니다. 점차 죽음이 임박해 오고 있음을 자각하면서 그는 과연 좋은 삶을 살아왔는지, 정녕 행복하고 의미 있는 인생이란 무엇인지 끊임없이 자문하며 의혹과 절망에 사로잡힙니다.

'혹시 내가 잘못 살아온 건 아닐까? 하지만 나는 모든 것을 제대로 했는데 뭐가 어떻게 잘못되었단 말인가?'

'죽음이라니. 그렇다, 죽음. 저들은 아무것도 모르고, 알고 싶어 하시고 않고, 가엾어 하지도 않는다. 그저 즐길 따름이다. 저들도 아무려나 마찬가지야, 어차피 다들 죽을 테니까. 바보같이. 나는 좀 일찍, 저들은 좀 있다가 떠날 뿐이다. 저들에게도 똑같은 일이 일어날 것이다.'

그리고 어느 날 밤, 그는 울음을 터뜨립니다. 이전의 즐거웠던 순간들이 다르게 느껴졌고, 자기 자신을 반성하게 되었습니다. 하지만 여전히 잘못 살았다는 것을 인정할 수는 없었습니다.

죽기 사흘 전, 일리치는 쉴 틈도 없이 계속 신음하고 비명을 지릅니다. 그는 자신이 죽음으로 인도하는 '구멍'에 있다고 생각합니다. 그 끝에는 '빛'이 있었지요. 어린 아들이 손등에 입을 맞추자 일리치는 자신과 나머지 가족들에게 연민을 느끼기 시작합니다. 그리고 생각을 바꾸게 됩니다. 그는 이 상황을 바로잡을 수 있고, 바로잡아야 했습니다. 그 뒤 말실수로 '용서해줘'라고 말한다는 것을 '가게 해줘'라고 말한 후에 그는 더 이상 죽음과 고통을 두려워하지 않게 됩니다. 그는 '빛'과 기쁨을 경험합니다. "이제 죽음은 끝났다. 이제 죽음은 없다"라고 말한 뒤, 생을 마감하지요.

죽음을 의식할 때에만 위신과 거짓에서 벗어나 제대로 된 삶을 살 수 있다는 것이 소설의 주제입니다. 이 소설의 무서움은 죽음 그 자체가 아니라, 겉보기에 지극히 평범한 삶이 사실은 거짓이고 무익했다고 하는 데에 있습니다. 즉 지금까지 45년간의 생애가 행복했다고 생각했지만, 사실은 무의미했다는 것입니다.

파문

1901년 2월 2일, 《교회 통보》에 신성종무원의 결정이 발표되었습니다. 교회의 적 톨스토이를 파문한다는 것이었습니다. 교회는 톨스토이가 "자신의 오만한 이성의 유혹에 빠져 대담하게도 하느님과 그리스도에, 그리고 성스러운 주님의 나라에 맞서고자 했다"고 비판했습니다. 그래서 사후 세계를 부정하고 성례와 성찬식까지 거부했다는 것이지요. 톨스토이는 아무 반응도 하지 않다가 나중에 자신은 예수를 신으로 생각하지 않고 따라서 그에게 기도함은 불경이라고 답했습니다. 많은 사람들이 그런 그를 응원했습니다.

그는 1902년부터 『위조 쿠폰』을 쓰기 시작해 1904년에 완성했지만, 생전에 발표되지 못하고 사후인 1911년에야 출판되었습니다. 그 1부는 악, 2부는 선에 대한 것으로 악의 고리를 끊고 차단하는 선의 힘은 악에 대한 무저항주의에서 나온다는 것이 주제입니다. 또 사형제도에 대한 반대도 주제 의식으로 나타납니다.

1903년 톨스토이는 스위프트식의 우화『지옥의 파괴와 복원』을 썼습니다. 예수가 죽고 3세기 동안 지옥은 비어 있었는데, 예수가 사악한 영혼들을 교화했기 때문입니다. 그러던 중 어느 젊은 악마가 마왕을 찾아가 인간들이 교회를 선호하면서 예수의 가르침을 외면한다고 말합니다. 마지막 장면인 무도회에서는 예술과 문화, 교육, 의학, 사회주의, 주벽, 여성의 권리와 과학 같은 것을 가진 악마들이 교회를 발명한 악마와 합세해 마왕 앞으로 행진해 갑니다. 마왕이 사람들이 서로 전쟁하게 하는 방법을 고민하자 민주주의를 발명한 악마는 말합니다.

각 나라마다 너희가 세상에서 최고라고 꼬드깁니다. 독일이, 프랑스가, 영국이, 러시아가 최고니까 너희가 다른 모든 나라를 다스려야 한다고 부추깁니다.

이는 1890년대 제국주의 전쟁을 가장 적확하게 표현한 것입니다. 1904년 러일전쟁에서 러시아가 패배했습니다. 톨스토이는 이

전쟁에 반대했지만, 넷째 아들 안드레이는 1896년 16세에 그 전쟁에 지원해 군인이 되었습니다. 러일전쟁 당시 그는 두 아들의 아버지였으나 처와 사이가 나빴습니다. 그것이 안드레이가 노일전쟁에 참전한 이유였습니다. 그는 1904년 여름 시베리아 횡단 철도로 극동에 왔으나 겨울에 고향으로 돌아왔습니다. 그는 프랑스혁명에도 반대하고 톨스토이 사상도 신봉하지 않았습니다.

톨스토이는 일본이 수십 년 내에 유럽과 미국의 수준에 이를 것이라고 예언했고, 이는 적중했습니다. 그러나 그는 일본의 물질적 성공은 물질문화의 야만성을 보여주는 것이고, 그것을 모방하거나 새로운 것을 발명하는 일은 어렵지 않지만 선한 삶의 방식을 이루기란 어렵다고도 말했습니다. 톨스토이는 동양의 종교와 신비주의를 좋아했지만 러시아의 패배는 그의 민족적 자부심을 크게 손상시켰습니다. 그래서 일본은 전쟁에만 치중한 반면 러시아는 그래도 반권력적인 기독교 국가이기에 패했다는 식으로 스스로를 위안하고자 했습니다.

한편 여기서 우리는 톨스토이가 선거에 의한 대의 민주주의를 꿈꾼 적이 없고 만년에 이르기까지 좋은 황제를 꿈꾸었음을 주의해야 합니다. 1894년에 쓴 소설『젊은 황제의 꿈』도 그해 알렉산드르 3세가 죽고 새로 취임한 니콜라이 2세가 온 누리를 두루 살피는 황제가 되기를 바라며 쓴 작품입니다. 톨스토이는 소설에서 황제의 길을 '전지전능한 황제' '권력을 공유하는 황제' '하느님에게 순응하는 황제'로 나누고 그중 황제가 어떤 길을 선택했는지는 독자들의 판단에 맡겨두었습니다.

1905년 1월, '피의 일요일' 사건이 터졌고 그 뒤 전국에서 폭동이 이어졌습니다. 『부활』에서 묘사한 대로 '얼음 깨지는 소리'가 전국에서 들려 왔지요. 우둔한 황제는 독일인 아내에게 의지했는데, 그는 극단적인 종교 지상주의자로 라스푸틴이 하는 말대로 움직였습니다. 그러나 1861년 농노제를 폐지한 이후 러시아는 계속 민주화되었습니다. 농민들은 토지 사유화가 확대되길 원했지만 톨스토이는 사유 재산을 부인했습니다. 토지가 공공의 것이라는 주장은 중앙 집권 국가 사상으로 이어질 수도 있었지만, 톨스토이는 국가주의를 거부했습니다. 정당이나 선거제도에 대해서도 부정적이었습니다.

이제 방해물이 된 톨스토이는 급속히 잊혔습니다. 특히 러시아인은 권력을 혐오해 피하려고 한다는 톨스토이의 무책임한 주장은 낭만적 환상에 불과했습니다. 러시아는 빠르게 변해갔습니다. 그 사이 톨스토이는 셰익스피어 연구에 몰두하여 1903년 『셰익스피어와 연극에 대하여』라는 글을 써서 주로 〈리어왕〉을 비판했습니다. 그는 셰익스피어의 작품을 오십 년간 반복해서 읽었습니다.

톨스토이의 마지막 정거장

22년 전인 1991년, 미국 소설가 제이 파리니가 쓴 『톨스토이의 마지막 정거장』을 읽고서 톨스토이의 아내 소피아가 톨스토이와의 성교를 몇 번이나 회상하는 데에 충격을 받았습니다. 20세기 말도 아닌 20세기 초에 66세 여성 노인이 남편과의 성교 장면을 끊임없이 회상하다니요. 물욕보다도 더욱 놀라운 성욕이었습니다. 그래서 연하의 남자와 바람도 피웠던 것일까요?

그 이십 년 뒤 본 영화 〈톨스토이의 마지막 정거장〉(개봉 당시의 제목은 '톨스토이의 마지막 인생'이었습니다)에서도 소피아의 이미지는 마찬가지였지만, 성교 장면의 회상은 없었던 탓인지 이십 년 전처럼 혐오스럽지는 않았습니다. 내가 그사이 나이를 먹은 탓이었을까요? 사십 대와 육십 대의 시각 차이였을지도 모르지만, 아무래도 소설과 영화의 차이 때문이었을 것 같습니다. 문학작품을 영화화한 것이 대부분 그렇듯이 사랑 이야기만 남은 탓이지요.

영화나 소설이 말하듯이 톨스토이는 정말 부인을 사랑했을까요? 적어도 그가 당시에 쓴 소위 '비밀일기*'의 어느 부분을 보면 그렇지 않습니다. 그는 그녀가 불쌍하다고만 합니다. 이른바 연민이지요. 흔히들 연민은 사랑이 아니라고 하지요. 그러나 톨스토이는 일기에서 그녀에게 연민을 느끼고 사랑한다고도 합니다. 그러니 그 마음을 정확하게 알 수는 없지만 영화에서 사랑을 강조한다고 해도 무방하다고 할 수밖에 없습니다. 그러나 당시 톨스토이의 마음을 가장 정확하게 보여주는 것은 다음 일기일 것입니다.

이건 사랑이 아니라 증오와 비슷하고, 증오로 변하는 사랑의 요구이다. 그렇다, 에고이즘은 미친 짓이다. 아이들이 그녀를 구했다. 동물적이지만 자기희생적인 사랑. 이것이 끝나자 무서운 에고이즘만 남았다. 에고이즘은 가장 비정상적인 상태, 즉 미친 짓이다. (1910년 8월 28일 자 일기)

---

* 『톨스토이의 비밀일기』(톨스토이, 이항재 옮김, 인디북, 2005)는 1910년 7월 28일부터 10월 29일까지, 즉 가출한 다음 날까지의 일기인데 거의 부부 관계의 기록입니다.

소설이나 영화는 톨스토이가 오십 세에 참회한 뒤 참된 삶을 살고자 한 것이 죽기 전까지 32년간 얼마나 고통스러운 일이었는지를 보여줍니다. 32년을 그렇게 살았다니! 그는 재산이 도둑질이라 믿고 가족과 친구들에게 주었지만 여전히 그 재산 위에서 살아야 했습니다. 그가 재산에 대해 그런 믿음을 갖지 않았다면 사람들과의 다툼도 없었을 것입니다. 그는 평화를 설파했지만, 그 자신은 언제나 전쟁 속에 있었습니다.『전쟁과 평화』는 나폴레옹의 러시아 침략 전쟁을 다룬 소설이지만, 자신의 전쟁은 죽을 때까지 끝나지 않았습니다.

말하자면 감옥살이였지요. 유일한 탈출은 출가였습니다. 출가는 가출과는 달라서, 일시적으로 집을 나오는 것이 아니라 영원히 나오는 것입니다. 그러나 톨스토이에게는 아내와의 인연을 끊는 것에 불과했습니다. 하지만 아내만이 문제였다면 왜 진작에 이혼하지 않았을까요? 그녀를 버린다는 생각을 할 수 없었기 때문이 아닐까 싶습니다. 비록 그녀가 아무리 물욕이 많다 해도, 자신과는 반대되는 믿음을 지녔다 해도 아내이기 때문에 헤어지지 못했다는 것입니다. 결국 그렇게 32년을 보내다가 죽음을 며칠 앞두고서야 출가하기로 결단했습니다.

톨스토이는 언제나 아내를 측은하게 생각했습니다. 이를 인간적이라고 보아야 할까요? 아니면 우유부단이나 이중성의 극치, 심지어 연극으로 보아야 할까요? 적어도 아내 소피아는 그게 연극이었다고 생각했습니다. 그녀는 그의 연극적 행동을 잘 알고 있었습니다. 톨스토이는 자신을 숨기지 않았습니다. 말은 아내 몰래 떠난다고 했지만, 사실 그가 집을 나간 직후부터 모든 행동이 뉴스로 전 세계에 전해졌습니다. 심지어 그는 아내에게 편지도 썼습니다. 결국 아내는 톨스토이를 찾아갔으며, 그는 죽기 직전에 아내를 기다렸다가 결국은 만났습니다.

마지막 열흘의 자유

소설이나 영화에는 가장 중요한 인물이 빠져 있습니다. 바로 톨스토이의 누이 마리아입니다. 이 남매는 서로에게 누구보다 중요한 사람이었습니다. 가출한 날 오후에도 톨스토이는 그녀가 있는 수도원을 찾았고, 마리아는 톨스토이를 그곳에 머물게 했습니다. 수도원에서 만난 친구에게 톨스토이는 말했다고 합니다.

> 음, 나는 절대로 돌아갈 수 없어. 난 자유롭고 싶어. 수도원에서 살고 싶고, 수도원에서 살 거야. 카프카스에 가고 싶고, 그곳에 갈 거야. 지금껏 참아왔지만 이제 더 참을 수 없고, 더 참고 싶지도 않아.
> (톨스토이, 107쪽. A. P. 세르게옌코의 회상.)

그러나 톨스토이는 몇 시간도 지나지 않아 그곳을 떠났습니다. 왜 그랬을까요? 그곳이 그의 말마따나 "누군가의 계율에 맹종하려는 육백 명의 바보들이 있"는 곳이었기 때문일까요? 그는 수도원 부근 시골에 방을 구했지만 그곳에 머물지 않고 다시 기차를 타고 떠났습니다. 그가 아스타포보역에 내린 것은 병이 났기 때문이었습니다. 이후 체첸 쪽으로 가는 기차표를 샀지요.

소설이나 영화에는 아스타포보역에 도착한 뒤의 이야기만 나옵니다. 가장 극적인 장면은 소피아가 죽기 직전의 톨스토이를 만나는 장면입니다. 소설에는 소피아가 무릎을 꿇고 말하는 것으로 나오지만, 영화에서는 침대에 누운 톨스토이에게 안긴 채로 말합니다. "제발 여보, 나를 용서하세요. 난 어리석었어요." 소설에서는 "난 이기적인 여자 [중략] 그래요. 난 당신에게 내가 느끼는 사랑을 결코 보여줄 수 없었어요. 당신은 날 믿어야 해요." 등의 말을 했다고 썼지만, 실제로는 어떤 말도 없었다고 합니다.

톨스토이가 죽자 러시아의 모든 주요 대학에서 추모 데모가 줄을 이었습니다. 페테르부르크와 모스크바에서는 사형 반대 데모가 터졌고, 혁명운동이 부활했습니다. 서방 언론들이 '톨스토이주의자들의 혁명'이라고 썼을 정도로 1917년 당시의 혁명 분위기는 톨스토이의 영향을 크게 받았습니다.

그러나 혁명은 톨스토이의 유족에게 좋지 못했습니다. 특히 막내딸 알렉산드라 톨스타야는 혁명 후 삼 년을 노보스파스코예 수도원에서 징역으로 보냈습니다. 1920년 그녀는 톨스토이가 고향을 떠난 이유를 다음과 같이 밝혔습니다.

> **한편으로 그는 자기가 가족들, 즉 지주 귀족 생활의 모든 것을 거부할 힘이 없는 아내와 자식들을 버리는 도덕적 권리를 갖고 있지 않다고 생각했다. 다른 한편으로 그는 사치스러운 지주 귀족의 환경에서 살면서 자신이 자신의 가르침에서 벗어나 있다고 느꼈다. 레프 니콜라예비치는 이러한 모순 때문에 말로 다할 수 없는 고통을 당했고, 끊임없이 고통에서 벗어날 출구를 찾았다. 물론 요리사, 하인, 마부, 푸짐한 음식이 있는 지주 귀족 생활에도 불구하고 레프 니콜라예비치는 가능한 단순한 노동 생활을 하려고 했다.** (톨스토이, 180쪽)

그리고 마지막에 다음과 같이 썼습니다.

옛 정부는 우리의 행복이 정복, 굳건한 국가권력, 영토의 확장, 상업의 발전, 정교 신앙에 있다고 말했다. (중략) 이러한 행복을 달성하기 위해 이 정부는 전쟁을 벌이면서 사람들을 죽게 하고 사형에 처하고 감옥에 처넣었다.
새 권력은 사람들의 행복이 노동자와 농민들에 의한 제조소와 공장의 소유, 생필품의 공정한 분배, 계급투쟁, 전 세계 프롤레타리아의 단결에 있다고 말한다. (중략) 이 행복을 위해 정부는 전쟁을 벌이며 사람들을 죽게 하고 사형에 처하고 감옥에 처넣었다.
그러나 사람들은 더 행복해지지 않았다. 노동자들도 불행하고 농민들도 불행하고 부르주아와 인텔리켄치아도 불행하다.
진실한 행복은 어디에 있는가? 어디에서 그것을 찾을 수 있나?

(톨스토이, 202쪽)

이어 그녀는 톨스토이 사상의 핵심인 사랑을 말합니다. 그 사랑은 가족과 가까운 사람들에 대한 것이 아니라 인류와 세계를 향한 사랑, 적들에 대한 사랑입니다. 그런 점은 『톨스토이의 마지막 정거장』에서 말하는 톨스토이 부부의 사랑과는 다릅니다. 내가 이 책에서 말하고자 하는 바도 톨스토이의 인류애입니다. 그런 사랑이 『부활』에서 말하는 참된 사랑입니다.

체홉의 노년

19세기 러시아의 소설가이자 극작가인 안톤 체호프(Anton Chekhov, 1860~1904)는 뛰어난 단편 작가로 육백 편이 넘는 단편을 집필했습니다. 『지루한 이야기』는 그가 1895년에 쓴 중편소설로, 한국에서는 한 세기가 훨씬 지난 2016년에 초역되었습니다. '어느 노인의 수기'라는 부제가 붙은 이 작품에서 우리는 노년에 대한 체홉의 생각을 볼 수 있습니다.

주인공 니콜라이 스테파노비치는 의과대학 명예교수이자 병리학자입니다. 국내외에서 훈장을 많이 받았고 교수로서 오를 수 있는 최고 관등인 3등문관 자리까지 오른 저명한 인물이지요. 그러나 예순둘의 그는 대머리이고 틀니를 한 데다 새가슴에 어깨가 좁아서 왜소해 보입니다. 불면증으로 괴로워하고, 수전증에 틱 장애까지 있습니다.

"나의 내면에서는 노예에게나 걸맞은 어떤 일이 벌어지고 있어. 머릿속에서는 밤이고 낮이고 사악한 생각들이 요동을 치고 영혼 안에는 이전에 알지 못했던 감정들이 둥지를 틀고 있지. 요컨대 나는 증오하고, 경멸하고, 짜증 내고, 분노하고, 두려워하고 있어. 나는 극도로 엄격하고 까다롭고 짜증스럽고 야비하고 의심 많은 인간이 되었어."

'죽음이 뒤에서 살금살금 다가오고 있다'고 믿는 그에게 죽음을 기다리며 보내는 몇 달은 평생보다 훨씬 길게 느껴집니다. 돈 문제로 아침마다 한숨을 쉬는 아내나, 마음에 들지 않는 사기꾼 같은 녀석과 사귀며 성질을 돋우는 딸은 남과 다름이 없습니다. 유일한 말벗은 일찍 죽은 동료 의사가 맡긴 순수한 카챠로, 그는 연극에 미쳐 몇 년간 집 밖을 떠돌다가 사생아를 낳은 뒤 돌아와 폐인처럼 살고 있습니다. 카챠가 노인의 건강을 강력히 염려하지만, 노인은 못 들은 체합니다. 이 노인에게 과거나 현재나 변하지 않는 게 있다면 과학에 대한 애정인데, 종국에는 그것마저도 덧없어집니다.

과학에 대한 애착, 더 살고 싶다는 소망, 낯선 침대에 앉아 스스로를 알려고 하는 시도, 이 모든 생각과 감정, 그리고 내가 삼라만상과 관련하여 정립하는 개념들에는 모든 것을 하나의 전체로 엮어주는 공통적인 무언가가 빠져 있다. 〔중략〕 만일 그것이 없다면 아무것도 없는 것이다.

노인은 모든 것을 하나로 이어주는 공통의 그 무엇을 찾으려 애쓰지만 실패합니다. 그동안 쌓아온 신념과 세계관조차 무의미해졌습니다. 카챠가 삶에 대한 지침을 간절히 원하지만, 아무 말도 해줄 수가 없습니다. 결국 노인의 '사랑스러운 보석'인 그녀마저 등을 돌리고 떠나갑니다.

15
20세기의 노년

20세기와 가부장제

20세기 산업화와 도시화는 가부장제를 소멸했습니다. 그러나 어디까지나 서양의 이야기입니다. 비서양에서는 20세기에도 가부장제가 여전했습니다. 나는 20세기 중반에 엄격한 가정에서 태어나 21세기가 시작되고 한참 지나서 아버지가 사망할 때까지 절대복종을 요구하는 가부장제하에서 살았습니다. 그래서 대가족과 엄격한 가부장이 나오는 드라마나 영화를 정말 싫어합니다. 21세기가 시작되면서 일본을 비롯한 여러 나라에서 한국 드라마가 인기를 끄는 것도 대가족 가부장제에 대한 향수 때문이고, 그것이 보수화를 부채질한다는 생각에 못마땅했습니다.

오늘도 지하철에서 대낮부터 술에 취해 고함을 질러대는 노인들을 보았습니다. 술에 취하지 않았는데도 핸드폰에 대고 고함을 질러대거나, 부러 특정 정치적 주장을 선전하는 영상을 크게 틀어놓는 노인들도 있습니다. 물론 청년이나 중년 중에도 그런 사람들이 있지만, 유독 노인들이 눈에 많이 띕니다. 내가 사는 대구·경북의 노인들이 전국에서 가장 보수적인 사람들이라는 사실은 잘 알려져 있습니다. 사람은 젊어서는 진보적이었다가 늙어서는 보수가 된다고 하던데, 대구·경북에서 칠십 년 이상을 사는 동안 젊든 늙든 진보적인 사람을 거의 본 적이 없어서 대구·경북에는 해당하지 않는 말이 아닌가 생각됩니다. 과거에 비해 노인들의 위세가 많이 약해진 것은 동서양 공통이지만, 유독 대구·경북만은 예외 같습니다.

범세계적으로 모든 혁명은 청년들에 의해 이루어졌습니다. 특히 20세기에 그러했지요. 그러나 혁명에 대한 반동도 만만찮았으니, 그 주축은 노인들이었습니다. 게다가 혁명을 일으킨 스탈린도, 마오쩌둥도, 호치민도, 김일성도 각각 75세, 83세, 79세, 82세로 늙어 죽을 때까지 독재자로서 권력을 유지했습니다. 비단 공산권만의 이야기가 아닙니다. 1917년 프랑스에서 클레망소가 권력을 잡았을 때 그는 77세였습니다. 처칠은 81세, 아이젠하워는 87세에 각각 권력을 이양했습니다. 정당은 노인들이 주도했고 청년들은 거의 영향력이 없었습니다. 한국에서는 20~21세기는 물론이고, 그 전에도 마찬가지였습니다.

토마스 만의 노년

흔히 '가장 독일적인 작가'로 일컬어지는 토마스 만(Thomas Mann, 1875~1955)은 모순된 사회의 양극에서 한편으로 기울지 않고 현대 역사의 퇴폐와 허무를 극복하려는 의지를 작품에 나타냈다고 평가받습니다. 그가 쓴 작품을 통해 자유롭고 균형 잡힌 사고를 발견함과 동시에 평범한 인간 삶에 변화를 줄 수 있는 자극을 얻을 수 있을 것이라고도 합니다. 그러나 과연 그러한가요?

『베네치아에서의 죽음Der Tod in Venedig』은 그가 20세기 초인 1912년에 쓴 작품입니다. 이 작품은 그가 37세에 처음으로 노벨문학상 후보로 추천받는 계기가 되었습니다. 성실하고 엄격한 시민 세계를 대표하는 아버지와, 열정적이고 음악 및 예술에 조예가 깊었던 어머니를 둔 토마스 만은 자신을 '북쪽과 남쪽, 독일적 요소와 이국적 요소의 혼합'이라고 말했는데 이는 『베네치아에서의 죽음』에서도 나타납니다.

그에게 북쪽은 문명, 남쪽은 야만, 북쪽 사람들은 시민, 남부 사람들은 신민입니다. 중요한 사회적, 정치적, 심지어 종교적 충성과 정열이 북쪽에서는 수평적이지만, 남부에서는 수직적입니다. 북쪽은 협력, 상호 지원, 시민적 의무, 신뢰를 특징으로 하지만, 남부는 잠재적 무정부 상태에 위계와 질서를 부과합니다. 나아가 이러한 남북의 대립은 동서의 대립으로도 나타납니다. 동양이 낙후성과 열등함 때문에 서구적 환상의 장소 역할을 하는 것처럼, 남쪽 지중해는 북부 유럽을 위해 그렇게 했습니다.

그런데 문제는 남북이나 동서가 '혼합'이 아니라 실질적으로는 '침략'이나 '지배'라는 점입니다. 실제로 그는 『한 비정치적 인간의 고찰Betrachtungen eines Unpolitischen』(1918)에서 독일 빌헬름 황제의 독단적인 체제를 옹호하고, 1914년 제1차 세계대전이 터졌을 때 그것이 인류를 완전히 정화하는 사건이 될 것이라며 독일의 침략을 옹호했습니다. 이처럼 보수적이고 국수적인 입장을 취한 그는 민주적이고 현실 참여적인 입장을 취한 형 하인리히 만을 '문명 문사'라고 비난하면서 대립했습니다. 독일에서 물질적인 문명은 정신적인 문화보다 못한 것으로 여겨졌습니다. 한국에도 그런 경향이 있지요.

이처럼 정치적으로 토마스 만은 제1차 세계대전이 끝난 시점까지도 문학과 정치, 독일적인 것과 비독일적인 것, 문화와 문명 등을 대립시키고 문학을 정치와 분리된 정신적 영역으로 보는 국수주의자이자 보수주의자였습니다. 그러다 1922년에 「독일 공화국에 대하여」를 쓴 이후 나치를 비난하고 민주주의를 옹호하기 시작했고, 1924년 『마의 산』을 발표하면서 결정적인 태도 변화를 보여주었습니다. 그러나 실천적인 차원에서는 소극적인 태도를 취했습니다. 제2차 세계대전이 끝날 무렵 강연 '독일과 독일인'에서 만은 나치주의 청산을 위해 독일적 내면성 성찰, 곧 '독일적 자기비판'을 시도합니다.

하인리히 만의 노년

하인리히 만은 1905년에 늙은 김나지움 교수가 술집 여자와 사랑에 빠지는 이야기인 『운라트 선생 Professor Unrat』을 썼습니다. 그로부터 칠 년 뒤 토마스 만은 늙은 작가가 어린 소년을 사랑하는 『베네치아에서의 죽음』을 썼습니다. 나는 두 소설의 관계에 대해 아는 바가 없지만, 적어도 둘 다 노년의 주인공이 젊은이들을 사랑한다는 공통점이 있습니다.

『운라트 선생』은 독선적이고 위선적인 노교사가 술집 아가씨와 사랑에 빠지면서 몰락하는 과정을 풍자한 소설입니다. 운라트 선생은 작은 마을의 고등학교 교사입니다. 아내와 사별하고 혼자 사는 그는 57세입니다. 본명은 라트(Raat)지만 '오물'을 의미하는 운라트(Unratt)라는 별명으로 불립니다. 늘 원리원칙을 주장하면서 학생들을 처벌하는 데 온 신경을 다 쓰지만, 이런 행동은 결국 자신의 허약함과 부족한 자신감을 숨기기 위한 것입니다.

운라트가 학생이었을 때 한 부유한 과부가 그의 학비를 대주었습니다. 그 보답으로 그는 졸업 후 그녀와 결혼합니다. 현재는 사별하고 아들과도 의절하고서 혼자 사는데 그 이유는 아들이 대학 졸업 국가시험에 네 번이나 떨어졌고 정숙하지 못한 몇몇 여성과 만나는 것이 사람들 눈에 띄었기 때문입니다. 그는 아들의 실패한 인생이 교사인 자신의 사회적 위엄을 깎아내렸다고 생각합니다. 아들이 불구에 애꾸눈이어서 자신보다 잘생기지 않았다는 점도 불만입니다.

그는 가난하고 주변 사람들로부터 인정받지도 못합니다. 자신은 학자로서 오래전부터 매우 중요한 연구를 하고 있다고 생각하지만, 사람들은 그의 연구에 전혀 관심이 없습니다. 그는 자신을 귀족으로 여기지만, 초라한 모습으로 평민들 속에서 조롱받으면서 배회하는 것이 그의 참모습입니다. 그는 자기가 지배자 계층에 속하며 그 어떤 은행가나 군주 못지않은 권력을 행사한다고 생각합니다. 모든 권력자를 위해 열성을 다하면서도 은밀한 서재에서는 노동자들에 대해 격분합니다. 노동자들이 목표를 달성하면 자신의 임금도 올라갈 수 있기 때문입니다.

자신의 이익이 걸린 문제에서 그가 보여주는 위선적이고 이중적인 태도에도 불구하고 그가 진정 중요시하는 것들은 "영향력 있는 교회, 단단한 칼, 엄격한 복종 그리고 완고한 예절"과 같은 것들입니다. 교회를 중시하지만 신을 믿는 것은 아닌데, 그 이유는 종교가 이익에 따라 은밀하게 입장을 바꾸는 자유로운 사고에 방해

되기 때문입니다. 그는 또한 독재자로서 노예들을 유지하는 방법
도 알고 있으며 "천민, 적, 그를 괴롭히기에 그가 길들여야 하는 반
항적인 오만 명의 제자들"을 다스리는 방법도 잘 알고 있다는 자부
심을 갖고 살아갑니다(운라트, 59쪽).

이처럼 완고하고 체면을 중시하는 그가 우연히 사랑에 빠집니
다. 상대는 '푸른 천사'라는 술집에서 맨발로 춤을 추는 무희 로자
프뢸리히라입니다. 그는 그녀의 공연에 환호하는 이들을 '부끄러
움도 두려움도 없이 가장 쓸데없는 하찮은 짓거리에 열중하는 인
간들'이라고 경멸하지만, 한편으로는 자신도 모르게 피가 뜨거워
지는 것을 느끼면서 그녀의 매력에 빠져듭니다.

그가 만나는 자들과 달리 그녀는 당당하고 운라트와 거의 동등
한 권리를 갖고 있는 것처럼 행동합니다. 운라트가 교사라는 신
분을 밝혔음에도 불구하고 그녀와 그녀의 동료들은 그를 특별하
게 대하지 않습니다. 하지만 이상하게도 이런 태도가 그에게는 따
뜻하게 느껴집니다. 그들의 무례가 나쁘게 생각되지 않고 불손함
도 자연스럽게 용서됩니다. 이후 그는 매일 '푸른 천사'로 출근하
게 되고 두 사람의 관계는 점점 더 깊어갑니다. 학교 안에서는 거
의 독재자인 노교사 운라트가 술집에서는 젊은 무희에게 쩔쩔매
며 시중을 들고, 노동자들의 사회민주주의도 지지합니다.

그들의 소문이 금세 온 마을에 퍼지고, 동료 교사들과 교장이 만
류하지만 운라트는 계속 자신의 길을 갑니다. 결국 학교에서 쫓겨
나지만, 운라트는 남들 눈을 의식하지 않고 그녀와 결혼합니다. 그
러나 낭비가 심한 그녀의 씀씀이 때문에 이제까지 모아둔 재산은
몇 년 만에 바닥납니다. 결국 그는 집에서 속물들의 허영을 채워줄

고전어 과외를 하지만, 점차 술 마시며 도박하는 모임으로 변질되고 그의 집도 요정이 되어버립니다. 아내가 이 모임에 참가하는 이들과 부적절한 관계를 가지면서 아무렇지 않게 거짓말을 해도 운라트는 따지지도 못합니다. 그러다 그의 제자가 그녀를 만나는 것을 목격하고서 그녀를 죽이고 제자의 지갑까지 훔칩니다. 결국 사람들의 조롱을 받으면서 마차에 실려 경찰에 체포되는 것으로 소설은 끝납니다.

    이 작품을 쓸 때 하인리히 만은 삼십 대 중반이었습니다. 노교사 운라트는 프로이센 사회의 경직성 혹은 독재 권력기관의 은유입니다. 노교사 운라트의 몰락은 결국 속물들이 이끄는 독일제국 사회가 미래에 마주할 파국을 예언한 것입니다. 반면 토마스 만의 『베네치아에서의 죽음』은 노작가가 어린 소년을 짝사랑하다가 병으로 죽는 이야기입니다.

『베네치아에서의 죽음』의 이분법

『베네치아에서의 죽음』은 흔히 '노인의 목숨을 건 마지막 사랑'을 다룬 작품으로 여겨집니다. 그러나 소설에서 주인공이 죽어가는 베네치아는 비서구, 즉 동양을 상징하는 곳으로 동양이 서구를 늙음이라는 퇴화와 죽음에 이르게 한다는 점에서 20세기 초엽 서구 제국주의가 빚은 오리엔탈리즘적 공포를 표현합니다. 이 소설에서 노년과 죽음에 대한 서구의 부정적인 시각은 그것을 동양과 결부시킴으로써 극단적인 탄압과 침략으로 나아가게 됩니다. 토마스 만에게는 유대인이나 러시아나 모두 서양과 대립하는 비서양, 즉 동양입니다. 그는 자신이 서양의 전형으로 본 괴테를 동양의 전형으로 본 톨스토이와 대립시키면서, 전자를 긍정하고 후자를 부정합니다. 유대교나 기독교도 그리스·로마나 니체와 대립하는 비서양, 즉 동양입니다. '신은 죽었다'고 한 니체는 반기독교의 전형이고 기독교와 대립하는 그리스 문명의 대변자로 토마스 만의 영웅입니다.

이 작품의 주인공인 구스타프 폰 아셴바흐(Gustave von Aschenbach)는 독일 남부 뮌헨에 사는 작가로 신체적 허약함에도 불구하고 강인한 정신력으로 성공하여 귀족 작위까지 받은 오십 대 남자입니다.* 그는 지적 추구에 평생을 바쳤습니다. 또 엄격한 규율과 직업윤리를 특징으로 하는 지극히 품위 있는 삶을 살았지요. 그의 소설에도 항상 절제와 이성, 지성을 가진 주인공들이 등장합니다. 그런데 어느 날 "외국이나 아주 먼 데서 온 사람이라는 느낌(베네치아, 217쪽)"의 남자를 만나 환각을 경험하고, 이국적인 것의 매력에 빠지면서도 자신의 지적인 성향에 의해 이성적으로 저항합니다. 이는 동시에 젊은 시절 욕망과 노인으로서의 망설임 사이 긴장, 기독교적 배경과 비기독교적 감정 사이 갈등에 의한 긴장으로도 나타납니다.

그는 유혹과 해방, 자유, 망각에 대한 욕망을 느끼지만, 노인으로서의 규율 감각은 이러한 충동에 굴복하기를 주저하게 합니다. 그러나 결국 아셴바흐가 "약간의 즉흥적인 삶, 빈둥거리는 생활, 머나먼 공기, 새로운 피의 공급(베네치아, 221쪽)"이 필요하다고 생

---

* 보부아르는 『노년』에서 이 소설을 언급하지 않는데, 이는 오십 대 남자를 노인으로 보지 않았기 때문인지도 모릅니다.

각하고 남쪽에서 짧은 휴가를 보내기로 결심하는 것으로 1장은 끝납니다.

아셴바흐의 과거에 초점을 맞춘 2장에서는 그의 가족사에 욕망과 합리성 사이의 동일한 갈등이 있었음을 보여줍니다. 그의 조상은 "장교, 판사, 행정 관료 출신"이고, 왕과 국가에 봉사하는 데 헌신한 "엄격하고 청렴한 사람들(베네치아, 222쪽)"이었습니다. 그러한 가족 계보에 작가의 어머니인 "보헤미아 출신의 악장 딸(베네치아, 222쪽)"을 통해 충동적이고 관능적인 혈통이 들어왔습니다. 그 결과 아셴바흐라는 "아주 특별한 예술가(베네치아, 223쪽)"가 태어난 것입니다.

니체가 말한 디오니소스적인 것과 아폴로적인 것의 이분법이 소설 전반에 걸쳐 구조적 요소로 작용합니다. 태양의 신인 아폴로는 꿈, 이성, 지성을 지배하는 반면, 와인의 신 디오니소스는 관능, 취기, 황홀경을 지배합니다. 물론 아셴바흐의 과거는 아폴로적 라이프 스타일의 증거입니다. 그의 개인적 삶과 문학적 삶은 모두 이성, 즉 품위, 인내, 규율에 의해 지배되었습니다. 그러나 베네치아에서 타치오를 만나고서 디오니소스적인 면모가 나타나지요. 그리스인들은 결코 두 신이 공식적으로 정반대라고 못 박지 않았지만, 만은 니체처럼 두 가지 대조적인 충동과 성향의 융합이 연극, 특히 비극을 창조한다고 주장했습니다. 아폴로-디오니소스 이분법은 지적 추구와 신체적 욕망 사이의 갈등입니다. 아폴로적인 것은 아셴바흐의 문학적 업적을 나타내는 반면, 뮌헨의 예배당 계단에서 외국인 여행자를 만난 순간 살아나는 디오니소스적인 것은 방랑벽, 즉 이국적이며 금지된 것에 대한 욕망을 나타냅니다.

지적인 것과 감각적인 것 사이의 이분법은 이탈리아 대 독일, 그리스 대 기독교, 젊은이 대 노인, 질병 대 건강, 동성애 대 이성애로 연결됩니다. 사실 『베네치아에서의 죽음』은 여러 가지 대조적인 패러다임과 반대되는 힘이 교차하는 이분법에 대한 소설입니다.

베네치아라는 비서양 그리고 노년

소설의 3장에서 베네치아로 가는 페리에 발을 디딘 순간부터 아셴바흐는 이분법의 반대편에 가까워지기 시작합니다. 서유럽에서 지중해 유럽으로 이동하면서 그는 기독교에서 헬레니즘으로, 이성에서 감각으로, 지성에서 육체로, 이성애 영역에서 동성애 영역으로 이동합니다. 그곳의 모든 사람들이 아셴바흐를 벗어날 수 없는 거미줄로 끌어들입니다. 그 거미줄은 결국 그를 죽음으로 몰고 가지요. 아침 식사 때 소년 타치오를 처음 보고서 아셴바흐는 그가 완벽하게 아름답다는 사실에 놀랍니다. "역사상 가장 고귀한 시대의 그리스 조각품을 떠올리게(베네치아, 245쪽)" 하는 얼굴이었습니다. 헬레니즘적 이미지는 소설 끝까지 계속됩니다. 타치오는 그리스 신으로 비유되는 등 외형과 움직임이 점점 더 신화적이고 목가적인 방식으로 묘사됩니다.

그리스적 암시가 아셴바흐의 감정에 대한 지적 틀을 제공하는 반면, 소설에서 가장 강력하고 의미심장한 모티브는 질병입니다. 그가 타치오에 대한 욕망에 얽혀들수록 낯선 도시의 환경과 광경, 냄새, 분위기가 그를 점점 더, 비정상적으로 강하게 압도해 옵니다. 그가 경험하는 공황 발작은 타치오에 대한 관심의 강도와 정도에 직면하도록 강요받았을 때 느끼는 동성애적 공황의 물리적 표현입니다. 공황에 압도된 그는 즉시 떠나야 한다고 판단하고 호텔에 다음 날 아침에 떠나겠다고 알립니다. 그러나 아침이 되자 자신의 성급한 결정을 재고하기 시작하지요. 떠나는 것은 패배를 인정하는 행위이자 관능미를 갖기에는 나이가 너무 많음을 인정하는 일이기 때문입니다. 마침 짐까지 분실되어 결국 그는 출발을 취소합니다.

그는 다시 한 번 해변에서 타치오를 지켜보지만, 관조와 공상은 오래가지 못합니다. 곧 아시아 콜레라의 첫 징후가 도시에 나타나기 시작했기 때문입니다. 질병은 아셴바흐의 감정이 물리적으로 나타난 것으로, 위험할 정도로 매혹적이지만 동시에 치명적이고 파괴적입니다. 그는 질병을 피하지 않고, 예방하려고 하지도 않습니다. 그저 침묵을 지킴으로써 지역 주민들이 콜레라를 비밀로 하도록 돕고 폴란드 가족이 더 오래 살 수 있도록 하며, 어떻게든 타치오와 가까워질 수 있는 상황이 오기를 기대합니다. 그러므로 질병은 아셴바흐의 성적 취향에 대한 은유가 됩니다. 질병이 도시를 장악할수록 아셴바흐는 타치오에 대한 감정에 더욱 사로잡힙니다.

질병과 동성애를 서로 동등한 위치에 둠으로써, 만은 비이성애적 성적 지향을 건강에 해로운 이미지와 연결하는 오랜 전통에 참여한 것입니다. 만은 도시 전체에 교활하게 퍼진 질병과 점점 더 타치오에게 집착하는 아셴바흐 사이에 유사점을 두어 이 두 개념을 친밀하게 연결할 뿐만 아니라, 소설의 배경을 베네치아로 설정하고 질병의 기원을 동쪽으로 지정함으로써 오리엔탈리즘적 서사에 참여합니다.

남쪽의 베네치아는 아셴바흐에게 일탈의 장소입니다. 따라서 그는 이성의 세계에서 비이성의 세계로 위험하게 넘어갑니다. 베네치아는 아프리카적이고 슬라브적이며 아시아/아랍적인 분위기가 뒤섞여 있는 곳입니다. 그곳은 주인공이 살았던 뮌헨과는 다르고, 뮌헨이 상징하는 서구를 위협하는 타자의 세계입니다. 그런 위협을 상징하는 콜레라가 인도에서 시작되어 중국을 거쳐 베네치아에 창궐하자 관광객들은 하나둘 베네치아를 떠나기 시작합니다. 하지만 아셴바흐는 도시를 떠나지 않으면 콜레라에 걸려 죽을 수도 있다는 사실을 알면서도 소년이 있는 베네치아를 떠나지 않습니다. 그러던 어느 날 아셴바흐는 소년과 함께하고 싶은 욕망으로 고통스러워하며 자신의 늙은 몸을 한탄합니다. 자신이 이전에 혐오하던 노인처럼 나이에 맞지 않는 옷을 입고 머리를 염색했으며, 화장까지 합니다. 그리고 소년을 바라보며 죽어갑니다.

아셴바흐가 죽기 직전 미몽 상태에서 『파이드로스』에서 플라톤이 미에 대해 말하는 것을 듣는 장면이 나옵니다. 그래서 아름다움에 대한 도취가 예술혼의 핵심이라는 것이 토마스 만이 『베네치아에서의 죽음』에서 말하고자 한 것이라는 견해가 나왔습니다. 그러나 이 소설은 유럽 중심주의적 시각에서 형상화한 영웅상으로서의 서구 예술가가 비서구의 상징인 베네치아를 타자화한 작품으로 볼 수도 있습니다.

토마스 만이 『베네치아에서의 죽음』 이후 12년 뒤인 1924년에 쓴 『마의 산』에서도 이러한 경향이 나타납니다. 주인공인 한스 카스트로프의 스승 세템브리니는 유럽은 저항과 비판, 변혁과 활동의 땅인 반면 아시아는 무위의 안정과 부동성의 땅이라고 비교하면서 유럽은 아시아를 계몽하고 지배해야 한다고 말합니다. '마의 산'은 아시아에서 비롯된 '죽은 삶'의 상징이며, 아시아는 늙음과 병, 죽음의 표상입니다. 그래서 세템브리니는 한스에게 마의 산을 떠나라고 합니다. 근대 유럽의 영웅인 한스가 마의 산에서 아시아적인 것에 오염되어서는 안 된다는 것이지요. 토마스 만이 1921년에 쓴 『괴테와 톨스토이』에서도 그러한 오리엔탈리즘을 볼 수 있습니다. 만은 괴테를 아시아적인 것을 경멸하는 휴머니즘의 신으로 찬양하는 반면, 톨스토이는 휴머니즘적 문명을 거부하는 아시아주의의 대표로 비판합니다.

모리아크의 노년

20세기 프랑스의 대표적인 가톨릭 작가 프랑소와 모리아크(Fran-cois Mauriac, 1885~1909)의 대표작 『독을 품은 뱀 *Le Nœud de Vipères*』(1932)은 증오와 인색으로 불타는 부유한 68세 변호사 루이가 '독을 품은 뱀'처럼 병상에 누워, 그를 적대하며 유산을 상속받기 위해 죽기만을 기다리는 가족들에게 쓴 길고 긴 편지입니다. 편지 앞에 독자들에게 보내는 편지가 나옵니다.

> **가족이라는 이 원수, 증오와 탐욕에 갉아 먹힌 이 마음, 이 비천한 마음을 당신들은 불쌍히 여겨주기 바라오. 이 비참한 마음이 오히려 당신들의 온정을 끌어당기기를 원하는 거요. 지리멸렬한 인생 내내 그 슬픈 정열은 아주 가까이까지 다가온 빛을 쫓아버리곤 했었지. 어쩌면 그 빛이 이 마음을 어루만지고 불타오르게 할 수도 있었을 텐데…. 사실 그 마음을 감시하며 양심의 가책을 느꼈던 이들은**

실체 없는 범상한 기독교인들이었소. 우리는 얼마나 자주 죄인을 걸려 넘어지게 하고, 진리의 빛이 더 이상 밝아 오지 못하도록 방해하는지! 이 수전노가 애지중지하던 것은 사실 돈이 아니었소. 이 분노로 미친 자가 굶주려 헤맸던 것은 복수가 아니었단 말이오. 만약 당신네들이 죽음으로 중단된 그의 마지막 고백을 끝까지 들어줄 힘과 용기만 있었어도, 그가 진정 사랑했던 대상이 무엇인지 알 수 있었을 텐데…

소설의 1장에서 그는 가정에 불화가 끊이지 않는 것은 그의 집안 내력이라고 말합니다.

부모를 멀찍이 두고 객관적으로 평가한다는 건 참 어려운 일이라오. 자기 자식이나 아내에 대해서도 마찬가지지. 숨 막힐 정도로 가깝게 결합해 있는 가족들이 이 세상에는 차고 넘치오. 같은 화장실을 쓰고, 같은 이불을 덮으면서도, 서로 으르렁대고 짜증내며 서로 지긋지긋해하는 부부들이 얼마나 많은지 생각해보면, 이혼하는 경우가 거의 없다는 것은 참으로 놀라운 사실 아니오? 그들은 서로 증오하면서도, 함께 집 깊숙이 파묻혀 묶인 채 서로를 피할 방도를 못 찾는 것이오. (모리아크, 16쪽)

루이는 오로지 '일등 자리를 차지하기 위한 투쟁'이었던 학창 시절부터 증오와 복수를 향한 갈망과 물질적 탐욕에 젖었으며, 그러는 가운데 자신은 집안에서 항상 고독했고, 유명해짐에 따라 고독은 더 심해졌다고 자신이 살아온 바를 회상합니다.

한편 1969년에 쓴 『블록노트*Bloc-Notes*』에서는 늙은 농부들의 고통을 전합니다.

> 우리 소작지들 중 한 곳의 늙은 소작인을 나는 기억하고 있다. 그의 자식들은 기력이 극도의 한계에 다다를 때까지 그에게 일을 시켰다. 도저히 더 이상은 할 수 없어 일손을 멈추어야 할 때에도 자식들은 그가 빵을 거저먹는다고 힐책했다. 그러면 그는 낮게 울면서 그들의 비난을 수긍했고 죽기를 호소했다. (보부아르, 294쪽, 주108)

카잔차키스의 노년

니코스 카잔차키스(Nikos Kazantzakis, 1883~1957)의 1946년 작 『그리스인 조르바』*는 1964년 안소니 퀸이 주연한 영화로도 유명합니다. 60세를 훨씬 넘긴 조르바가 주인공인데, 화자인 작가가 "살아 있는 가슴과 커다랗고 푸짐한 언어를 쏟아내는 입과 위대한 야성의 영혼을 가진 사나이, 아직 모태(母胎)인 대지에서 탯줄이 떨어지지 않은 사나이(카잔차키스, 22쪽)"라고 묘사하기 때문인지 노인처럼 느껴지지는 않습니다.

조르바는 노동으로 생활하고, 맛있는 것을 먹고, 숱한 여성들을 사랑하고, 숨김없이 감정을 표현하고, 남의 돈도 내 돈처럼 씁니다. 광부, 땅콩 장사 등 여러 일을 전전한 노동자인 그는 지식인인

---

* 원제는 '알렉시스 조르바의 삶과 모험(Βίος και Πολιτεία του Αλέξη Ζορμπά)'입니다. '그리스인 조르바'는 영어판 제목 'Zorba the Greek'을 번역한 것입니다. 1980년 이윤기가 번역하여 출간된 바 있으며, 2018년에 유재원이 그리스어 원전에서 직접 번역했습니다.

화자를 놀립니다. "두목, 당신의 그 많은 책 쌓아놓고 불이나 싸질러버리시구려. 그러면 알아요? 혹시 사람이 될지?" 조르바에게는 현재뿐입니다. 애국과도 무관합니다.

조르바가 묵고 있는 여관의 주인 오르탕스 부인은 젊었을 때는 아름다운 외모로 숱한 염문을 뿌렸다는 소문이 있으며, 한때 카바레 가수로 인기를 얻기도 했습니다. 하지만 지금은 추레한 자기 모습을 보면서 과거 좋았던 시절을 추억하고 애완 앵무새와 함께 살아가지요. 조르바는 그런 그녀를 유혹하기도 합니다.

사무엘 베케트의 노년

사무엘 베케트(Samuel Barclay Beckett, 1906~1989)는 우리에게도 〈고도를 기다리며 En attendant Godot〉(1953)로 유명합니다. 한국에서는 노인 배우들이 연기했기 때문인지 그 연극의 주인공들을 노인으로 여기지만 원래 연극에서는 반드시 노인은 아닙니다. 이 연극의 줄거리나 의미를 생각할 필요는 없습니다. 그야말로 부조리하고 무의미하기 때문입니다. 가령 다음과 같은 대사들이 끝없이 이어집니다. "인간은 모두 태어났을 때부터 정신이 돌았어. 어떤 인간들은 그대로 돌아서 살지." "어느 날 나는 눈이 멀었고 어느 날 우리는 귀머거리가 될 것이오. 어느 날 우리는 태어났고 어느 날 우리는 죽을 것이오. 똑같은 날 똑같은 시각에 말이오." "태어날 때부터 무덤에 걸터앉게 되는 것이오. 눈 깜빡할 사이에 빛이 비치고는 또 다시 밤이 되는 것이오."

베케트의 『몰로이 Molloy』(1951)는 『말론 죽다』 『이름 붙일 수 없는 자』와 함께 소설 3부작을 구성합니다. 소설 1부는 초로의 몰로이가 자기 어머니 집에 찾아가다가 길을 잃고 숲에서 헤맸던 경험을 희미한 기억을 바탕으로 쓴 것이고, 2부는 사설탐정 자크 모랑이 몰로이를 찾으라는 임무를 띠고 여행을 떠났다가 결국 실패하고 중도에 길을 잃게 된 이야기를 기록한 글입니다.

1부는 한때 부랑자였던 몰로이의 독백입니다. 그는 지금 '어머니의 방'에 살고 있으며, 자신에게 "남아 있는 것들에 대해 말하고, 작별을 고하고, 죽어버리"려고 글을 씁니다. 몰로이는 이곳에 오기 전 어머니를 찾으러 떠났던 여행에 대해 묘사합니다. 다리가 불편하여 목발을 짚고 다니는 그는 체인이 없는 자전거를 타고 여행합니다. 도중에 자전거 위에서 쉬다가 자세가 음란하다는 이유로 경찰에 체포되지만 풀려납니다. 그는 이 마을 저 마을을 옮겨 다니면서 지팡이를 든 늙은 남자, 경찰, 자선사업 봉사자 등 기괴한 인물들을 연쇄적으로 만나게 됩니다. 그러다 자전거로 개를 치어 죽이는 사고를 내고, 자전거를 포기하지요. 또 특정한 방향 없이 걷다가 숲속에 살고 있던 한 노인을 목발로 쳐서 살해합니다. 그리고 '어머니의 방'으로 와 원고를 쓰며 살아가게 됩니다.

2부는 모랑이라는 사설탐정의 독백입니다. 모랑은 탐정사무소장 유디로부터 몰로이를 쫓으라는 지시를 받고, 반항적인 아들 자크를 데리고 임무를 수행하러 갑니다. 그들은 한 지방을 돌아다니는데, 기상 악화와 음식 부족에 모랑까지 건강이 나빠지는 등으로 발이 묶입니다. 아들에게 자전거를 사 오라고 시킨 사이, 모랑은 몰로이와 비슷한 방식으로 낯선 남자를 살해합니다. 그리고 시체를 숲에 유기하지요. 한편 아들은 돌아오지 않고, 그는 힘겹게 집으로 돌아갑니다. 모랑은 몇 가지 괴이한 신학적인 질문을 제기하는데, 이 문제들은 그가 미친 것처럼 보이게 만듭니다. 뒤이어 자신과 밀접한 관계가 있을 다른 질문들도 제기합니다. 건강이 악화되어 다리를 못 쓰게 된 모랑은 몰로이처럼 목발을 사용하게 됩니다. 집에 돌아온 모랑에게 '목소리'는 자아 속 억눌린 몰로이를 목격하는 공포와 절망의 경험에 대하여 거기서 얻은 교훈을 가지고 편안하게 보고서를 쓰라고 권고합니다. 소설은 모랑이 보고서의 시작 부분을 어떻게 작성하는지를 보여주며 끝이 납니다.

 소설에서 주인공들이 할 수 있는 일이란 기억을 되살려 글로 쓰는 것뿐입니다. 그러나 그 기억이란 잘못된 것일 수 있고, 아무것도 아닐 수 있습니다. 그런 기억이 바로 인생입니다. 분명한 것은 지금 늙어 있는 자신, 번드르르함 속에 감추어져 있는 노년이지요.

 『승부의 끝 Fin de partie』에 나오는 노부부는 쓰레기통을 전전하며 식물인간처럼 살면서 지나간 사랑의 추억을 말하지만, 과거는 마멸되었고 미래는 텅 빈 공백일 뿐입니다. 『마지막 영화』와 『아 아름다운 날들이여』도 기억의 풍화, 삶의 풍화를 다룹니다. 과거에 그런 일이 정말 있었던 것일까요? 늙는 것은 과거에 자신이 존재하지 않았던 것처럼 죽어가는 것일 뿐이라고 베케트는 말합니다.

앙드레 모루아의 노년

20세기 프랑스 소설가 앙드레 모루아(André Maurois, 1885~1967)는 1939년 『나의 생활기술』의 5장 '나이 드는 기술'에서 노년에 대해 말합니다. 그 책이 나오고 31년 뒤인 1970년에 같은 프랑스 소설가 시몬 드 보부아르가 쓴 『노년』에 모루아의 책이 전혀 언급되어 있지 않은 것을 보면 보부아르는 다룰 만한 책이 아니라고 본 듯합니다. 모루아의 책 대부분이 그렇듯이 노년에 대해서도 지극히 평범한 이야기를 하기에 일부러 찾아 읽을 필요가 없다는 생각이 듭니다. 그러나 우리말로도 번역되어 있으니 간단히 살펴보도록 하지요.

> 늙는다는 것은 머리가 하얘지거나 주름살이 느는 것 이상으로 '이미 때는 너무 늦다' '승부는 끝나버렸다' '무대는 완전히 다음 세대로 옮겨 갔다'고 절실히 느끼게 되는 것이다. 노화에 따르는 제일 나쁜 것은 육체가 쇠약해지는 것이 아니라 정신이 무관심하게 되는 것이다.
> 〔중략〕
> 그런데 '그것을 도대체 무엇에 쓴다는 말인가?' 하고 노인은 생각한다. 이 말은 아마 노인에게 가장 위험한 것이 될 것이다. 왜냐하면 '좀 더 애써보았자 무슨 소용이 있다는 말인가'라고 생각하는 사람은 다음에는 '집 밖에 나가면 무슨 수라도 생기나?'라고 말할 것이고, 그리고 다음엔 '침대 밖으로 나가봐도 별수 없겠지'라고 말하게 될 것이다. 최후로는 '살아서 무엇 하나'라고 말하게 될 것이며 이 말을 신호로 죽음이 문을 두드린다. (모루아, 20~23쪽)

따라서 모루아에게 나이 먹는 기술이란 '무언가에 대한 희망을 유지하는 기술'입니다. 그것은 "고통이나 병과 싸우는 기술(모루아, 51쪽)"입니다. 모루아는 그 기술을 두 가지로 듭니다. 첫째는 '활동에 의해서 노화를 모면'하는 것입니다. 파우스트가 죽기 직전에 장님이 되어서도 더러운 못을 매립해 좋은 땅으로 바꾼 것을 예로 들지요(모루아, 75쪽). 둘째는 '늙음을 받아들이는' 것입니다(모루아,

76쪽). 가장 꼴불견은 '자기에게서 떨어져 나가는 것을 악착같이 붙들려고 하는 일'입니다(모루아, 78쪽).

16
어니스트 헤밍웨이의 노년

나의 헤밍웨이 기행

삼십여 년 전 스페인을 처음 찾았을 때 헤밍웨이의 『누구를 위하여 종은 울리나』를 들고 갔습니다. 마찬가지로 쿠바에 처음 갔을 때는 『노인과 바다』를 가져갔지요. 그리고 스페인 북부 산악에서 그 종소리를 들었듯이, 아바나에서 동쪽으로 11킬로미터 떨어진 코히마르(Cojimar) 바다에서 노인들을 만났습니다. 그들은 소설 속 노인을 똑 닮았습니다. 소설은 내가 태어난 1952년에 나왔는데, 그 속의 노인상은 육십 년이 지나서도 변함이 없었던 것입니다. 그래서 반가웠다는 이야기가 아닙니다. 오히려 반대입니다. 육십 년 이상 사회주의를 했다는 쿠바에서 노인은 전혀 변하지 않았다는 것이니까요. 도리어 실망했지요. 그들은 여전히 가난에 찌들었고 슬퍼 보이기만 했습니다. 『노인과 바다』에서 노인이 탄 배의 돛이 상징하는 영원한 패배를 보았습니다.

쿠바에 가기 전 대단한 희망을 품었습니다. 그전부터 오랫동안 쿠바의 도시 유기농을 비롯한 생태 도시와 시골, 음악과 미술 등 예술로 흘러넘치는 거리, 완전한 교육과 의료 등을 찬양하는 국내

외 여러 문헌을 읽었기에 그 현장을 내 눈으로 확인하고 싶었습니다. 그러나 내가 본 것은 그 반대였습니다. 아바나를 일주일 동안 헤매도 유기농장은 볼 수 없었고, 병원과 약국은 물론 상점이 텅 비었으며, 엄청난 돈을 내지 않는 한 노래 한 곡도 들을 수 없었습니다. 걷다 보면 눈과 코가 시릴 정도로 공기가 오염되었고, 거리는 총을 들고 눈을 번득이는 군인들로 가득 찼습니다. 학교는 북한을 연상시키는 제복과 구호로 넘쳐났지요. 강변은 오물로 뒤덮였고, 썩은 동물 사체가 악취를 풍겼습니다. 누구나 들고 다니는 비닐봉지에는 암암리에 유통되는 상한 고깃덩어리가 들어 있었습니다.

『노인과 바다』의 먼바다 코히마르에서 그래도 아직 남은 작은 돌과 해초들을 노인과 함께 주웠을 뿐입니다. 노인은 딱 한마디만 했습니다. 자기 집을 사라고요. 엄청 싸다고요. 그래서 내가 집을 팔고 어디로 가려 하느냐고 물었더니 노인은 답하지 않았습니다. 어쩌면 내 말을 알아듣지 못한 탓인지도 모릅니다. 그 곁에 붙어 있던 깡마른 소년이 내 카메라에 눈독을 들였습니다. 내가 사진을 계속 찍어야 하기 때문에 줄 수 없다고 하니 마을로 돌아가 형인 듯 보이는 청년을 데리고 왔습니다. 청년은 어색한 영어로 자기에게 노트북을 달라고 했습니다. 노인은 그러는 소년과 청년을 물끄러미 쳐다만 보았습니다.

사회주의가 막 무너진 1980년대 말 폐허와 같았던 구동독과 소련, 중국을 보는 듯했습니다. 그때도 무엇보다 충격이었던 것은 끔찍한 공해였습니다. 사회주의는 공해였습니다. 사회주의는 좌절, 실패, 독재, 전체주의였습니다. 사회주의는 빈곤의 평등, 공해의 평등, 절망의 평등이었습니다. 그래도 그 뒤 구동독과 소련은 변했지만, 육십 년 동안 카스트로 독재가 지배한 쿠바는 북한처럼 변하지 않았습니다.

『노인과 바다』도 빈곤의 소설입니다. 1952년까지 십여 년간 쿠바에서 생활하면서 헤밍웨이가 본 것은 가난이었습니다. 당시에도 쿠바는 사회주의국가였습니다. 공산당이 지지한 바티스타 독재 정권이 부활한 1952년에 그 소설이 나왔습니다. 흔히 헤밍웨이가 쿠바를 너무 좋아해서 마지막 생애 이십여 년을 그곳에서 살았다고 하지만, 그가 좋아한 쿠바는 사회주의 쿠바가 아니라 억압과 가난 속에서도 품위를 잃지 않고 살아가는 사람들의 쿠바였습니다. 영원한 패배 속에서 살아가지만 언제나 우아함을 잃지 않는 인민의 나라였습니다. 헤밍웨이는 그들 인민이 자유롭게 자치하며 자연 속에서 살아가기를 바랐습니다. 그런 마음으로『노인과 바다』를 썼습니다.

그것은 그가 스페인에서 희망하며 싸웠던 아나키즘의 꿈이었습니다. (그 전에 그는 19세에 총을 들고 제1차 세계대전에 뛰어들었습니다.) 이탈리아에서 만난 인민들을 통해 꾸었던 인민의 꿈이 있습니다. 처음으로 보았던 원주민 마을에서 보았던 꿈이었습니다.『노인과 바다』에서 노인이 꾸었던 아프리카의 사자 꿈이었습니다. 그래서 헤밍웨이는『노인과 바다』를 낸 다음 해인 1953년에 세 번째 아프리카 사파리를 떠났습니다. 킬리만자로를 보려고 떠났다지요. 그에게 소설은 삶이고, 꿈입니다. 그의 글은 그의 삶 자체입니다. 글과 삶이 이처럼 합치되고 통일되는 작가는 다시없습니다.

노인과 바다

『노인과 바다』의 주인공은 산티아고(Santiago)입니다. 『누구를 위하여 종은 울리나』에서 끝까지 항전하다가 몰살당한 게릴라 부대의 대장 이름입니다. 소설에서는 엘 소르도라는 별명으로 불리지만, 본명은 산티아고입니다. 그러나 제목에 '노인'이라 표현하듯이 본문에도 산티아고라는 이름은 거의 등장하지 않습니다. 그래서 이 소설은 제목처럼 '바다와 노인'의 이야기이고, 그 '노인'은 마치 인간 전체를 대변하는 것처럼 보이기도 합니다. 그러나 그 인간은 특별한 존재가 아니라 도리어 모든 특별한 권리를 박탈당한 존재로 표현됩니다. 바다와 그곳에 사는 상어 등은 인간에게 끝없이 고통을 주는 존재입니다.

『노인과 바다』는 1950년 9월 12일에 시작하여 9월 16일 아침에 끝나는 5일 동안의 이야기입니다. 주인공 산티아고는 깡마르고 여윈 노인입니다. 두 손에는 밧줄을 잡다 생긴 상처가 깊게 패여 있습니다. 그는 84일간이나 고기를 잡지 못했습니다. 첫 사십 일 동안은 마놀린 소년과 함께였으나, 노인이 고기를 한 마리도 잡지 못하자 소년의 부모는 소년을 다른 배에 태웁니다. 그래도 소년은 노인이 바다에서 돌아오면 돛 따위를 나르는 일을 돕습니다. 밀가루 부대로 여기저기 기운 돛은 마치 그가 영원히 패배할 것이라고 말하는 듯합니다.

그러나 바다와 똑같은 빛을 띤 노인의 눈은 여전히 기운차고 지칠 줄을 모릅니다. 그가 고기를 잡지 못한 것은 최근 2~3개월에 불과합니다. '영원히' 그러했던 것이 아닙니다. 따라서 '영원한' 패배란 고기 '잡기'의 문제가 아니라 고기 '잡이'의 문제, 즉 어부라는 직업의 문제입니다. 노인의 용모에 대한 묘사는 고통에 가득 찬 전형적인 노동자의 모습을 보여주며 그가 살아온 삶을 대변합니다.

노인을 따르는 소년이 다섯 살 때부터 배를 탔다는 사실이 당시 쿠바의 빈곤을 잘 보여줍니다. 소년은 그물을 빌려다가 노인에게 미끼로 쓸 고기를 잡아주어야 하고, 저녁밥도 챙겨야 합니다. 소년은 '테라스'라는 식당에서 음식과 맥주를 사 오면서 항상 그 주인이 주었다고 합니다. 노인에게 부담을 주지 않기 위해서입니다.

소년은 노인에게 투망이 있는 것처럼, 그리고 노인은 집에 노란 쌀밥과 생선이 있는 것처럼 말하지만 이는 언제나 되풀이하여 꾸며내는 말입니다. 노인은 실제로는 죽 한 그릇 먹을 형편도 못 되는, 극빈 상태입니다. 야자수로 지은 그의 집은 그야말로 흙바닥 오막살이고 가구도 침대, 식탁, 의자뿐입니다. 식사할 때도 호롱불조차 없고, 화장실도 없어서 그냥 집 밖에서 변을 봅니다. 잘 때도 입고 다니던 옷을 그대로 입고 잠듭니다. 누덕누덕 기운 옷은 햇빛에 바래 얼룩덜룩합니다. 그는 항상 맨발입니다. 신문지를 말아 베개로 삼고, 마찬가지로 신문지를 깐 침대 위에 눕습니다.

노인은 야구를 좋아합니다. 조 디마지오라는 선수를 유독 좋아하여 소설 도입부부터 끝까지 그를 수시로 언급합니다. 이유는 그의 아버지가 가난한 어부였기에 조가 가난을 이해하리라고 생각하기 때문입니다. 반면 부자 냄새가 나는 존 맥그로는 좋아하지 않습니다. 그는 술버릇도 고약하고 경마에 빠져 살기 때문입니다.

소년이나 야구에 대한 이야기가 소설의 처음부터 끝까지 되풀이되는 것은 공동 노동의 필요성을 강조하는 것입니다. 특히 노인은 힘들 때마다 '소년이 있었더라면'이라는 말을 되풀이합니다. 소년은 존재가 아니라 부재에 의해 그 존재감이 증폭되는 중요한 등장인물입니다. 소년은 노동에 있어 협력하는 상대일 뿐 아니라 대화 상대이기도 합니다. 노인과 소년의 관계는 노동과 대화로 구성되는 인간 활동의 원초적인 모습을 보여줍니다. 이는 그들의 마지막 대화에서도 분명히 드러납니다.

"사람들이 나를 찾았니?"
"물론이죠. 해안경비대랑 비행기까지 동원됐어요."
"바다는 엄청나게 넓고 배는 작으니 찾아내기가 여간 어렵지 않았을 테지." 노인이 말했다. 그는 자기 자신과 바다가 아닌, 이렇게 말 상대가 될 누군가가 있다는 게 얼마나 반가운지 새삼 느꼈다. "네가 보고 싶었단다. 그런데 넌 뭘 잡았니?" (헤밍웨이, 125쪽)

어촌 공동체

『노인과 바다』는 대부분 노인 혼자 바다에서 고기들과 사투를 벌이는 이야기여서 개인주의적인 이야기라고 하지만, 소설 여기저기에 고기를 잡아 손질하고 저장고로 운반해 가는 사람들 등 어촌 공동체에 대한 묘사가 나옵니다.

노인이 고기를 잡는 것도 그것을 시장에 팔아서 살아가기 위해서입니다. 소설 뒤에서 힘겹게 청새치를 잡은 다음 그 값을 산정하는 장면이 나옵니다. 어촌 공동체에는 나름대로 자치적 규범이 있습니다. 소설 첫 장면에 나오는 '살라오', 즉 노인이 84일간 고기를 잡지 못해 '운 없는 사람'으로 불리고 그 때문에 소년이 노인의 배를 타지 못하게 된 것도 그 자치 규범의 하나입니다. 어쩔 수 없이 사람들의 눈치가 보이기 마련이지요.

노인은 스스로 '별난 늙은이'라 하고, 소년은 그를 '가장 훌륭한 어부'라고 합니다. 어떤 노인이든 공동체에서 배제되는 존재는 아닙니다. 소설의 마지막 부분에서 노인이 마을로 돌아오며 하는 말에서도 공동체 의식을 느낄 수 있습니다.

> "이제 곧 어두워지겠는걸. 그럼 이제 아바나의 불빛이 보이겠지. 혹시 너무 동쪽으로 나왔다면 새로운 해안의 불빛이 보일 테고." 그가 말했다.
> 이제 그다지 멀리 떨어져 있지는 않을 텐데, 하고 노인은 생각했다. 아무도 나 때문에 걱정을 하지 않았으면 좋겠는데. 물론 그 아이는 내 걱정을 하고 있을 거야. 〔중략〕 늙은 어부들도 내 걱정을 할 테지. 그밖에 다른 많은 사람도 역시 걱정하고 있겠지, 하고 노인은 생각했다. 난 정말 좋은 마을에 살고 있구나. (헤밍웨이, 116쪽)

사회보장이 전혀 없는 혁명 전 쿠바에서 가난한 사람들은 상호부조에 의해 살아갈 수밖에 없었습니다. 소설의 처음부터 끝까지 노인을 돕는 사람도 소년입니다. 소년은 낚시 미끼로 쓸 정어리를 구해주는 것부터 시작하여 노인의 짐을 같이 날라주고 식사도 챙겨줍니다. 이러한 상호부조야말로 아나키즘이 가장 존중하는 공동체 정신이지요.

사자 꿈

노인은 어린 시절에 아프리카에서 본 사자 꿈을 꿉니다.

황금빛으로 빛나는 긴 해변과 눈이 부시도록 새하얀 해안선, 그리고 드높은 갑(岬)과 우뚝 솟은 커다란 갈색 산들이 꿈에 나타났다. 요즈음 들어 그는 매일 밤마다 꿈속에서 이 해안가를 따라 살았고, 꿈속에서 파도가 으르렁거리는 소리를 들었으며, 파도를 헤치며 다가오는 원주민의 배들을 보았다. 〔중략〕
노인의 꿈에는 이제 폭풍우도, 여자도, 큰 사건도, 큰 고기도, 싸움도, 힘겨루기도, 그리고 죽은 아내의 모습도 나타나지 않았다. 다만 그는 여러 지역과 해안에 나타나는 사자들 꿈만 꿀 뿐이었다. 사자들은 황혼 속에서 마치 새끼 고양이처럼 뛰어놀았고, 그는 소년을 사랑하듯 이 사자들을 사랑했다. (헤밍웨이, 26~27쪽)

  소년과 노인의 일과는 새벽부터 시작합니다. 신발도 없는 것은 비단 그들만이 아닙니다. 다른 어부들도 마찬가지로 비참한 모습입니다. 돛대를 메고 다니는 어부들의 모습은 십자가를 진 예수의 상을 연상케 합니다. 종교와 인연이 먼 헤밍웨이가 어부들을 예수에 비유한 것은 그들을 신성시하기 때문입니다.
  노인은 소년이 가져다 준 커피 한 잔으로 하루를 지냅니다. 배를 저어가며 그는 새들을 만납니다. 먹이를 찾지 못하는 새들은 인간보다 더 고달프게 사는구나 생각합니다.
  노인은 남녀 명사가 함께 있는 스페인어를 사용하면서 바다를 항상 여성명사로 '라 마르'라고 부릅니다. 바다를 사랑하기 때문입니다. 바다는 크게 베풀기도 하지만, 빼앗아 가기도 합니다. 그러나 노인은 그것은 바다로서도 어쩔 수 없는 일일 거라고 생각했습니다. 반면 바다에서 큰돈을 번 자들은 바다를 '엘 마르'라고 남성

명사로 불렀지요. 그들은 마치 바다를 '경쟁자' '적대자'처럼 여기는 듯했습니다.

이는 단순히 부르는 표현의 차이가 아닙니다. 모터보트를 타고 물고기를 대량으로 포획하는 젊은 어부들과 원시적인 방법으로 낚시하는 노인의 고기 잡는 법의 차이를 보여주는 것이지요. 나아가 이는 바다와 고기에 대한 사고방식과 윤리관의 차이를 보여주는 것이기도 합니다.

인간과 자연의 합일

『노인과 바다』에는 인간과 자연의 평등과 교감, 합일을 보여주는 아름다운 문장이 넘칩니다. 하지만 가장 아름다운 문장은 다음이라 생각합니다. 청새치를 잡기 위해 고투하는 장면 중 하나입니다.

> 노인은 바다 저편을 바라보며 자신이 얼마나 홀로 고독하게 있는지 새삼스럽게 깨달았다. 그러나 깊고 어두컴컴한 물속에서 프리즘이 보였고, 앞쪽으로 곧바로 뻗어 나간 낚싯줄이며 잔잔한 바다의 이상 야릇한 파동이 보였다. 이제 무역풍이 불어오려는 듯 구름이 뭉게뭉게 피어오르기 시작했다. 문득 앞쪽을 바라보니 물오리 떼가 바다 위 하늘에 새겨 놓은 듯 뚜렷하게 모습을 드러냈다가 흩어지고 다시 나타나면서 바다 위를 날아가고 있었다. 그래서 그는 어느 누구도 바다에서는 결코 외롭지 않다는 사실을 깨달았다. (헤밍웨이, 61~62쪽)

미풍이 불자 노인은 말합니다. "고기야, 너보다는 내게 더 유리한 날씨구나(헤밍웨이, 62쪽)." 그는 고기와 싸우면서 고기들이 인간보다 똑똑하지 않다고 생각하지만, 이런 생각을 인간중심주의라 비판하는 것은 지나칩니다. 고기들이 인간보다 더 기품 있고 힘이 세다고 하는 말에서도 알 수 있듯 고기에 대한 존중과 평등이 전제되어 있기 때문입니다. "저 고기를 먹을 자격이 있는(헤밍웨이, 77쪽)" 사람은 없다는 말은 인간에 대한 비판이기도 합니다.

그는 다시 조 디마지오를 생각합니다. 그의 아버지도 어부였다는데, 그라면 자신처럼 고기와 맞서 이렇게 오랫동안 버틸 수 있을까, 하고요. 사자 꿈도 다시 찾아옵니다. 흐뭇함을 느끼며 그는 계속 소년을 생각합니다.

고기와의 사투가 끝났습니다. 그는 "이제부터는 노예처럼 더러운 노동을 시작해야 한다"고 말합니다(헤밍웨이, 96쪽). 그런데 죽은 고기의 눈은 "행렬에 끼어 걸어가는 성자(聖者)의 눈처럼 초연"합니다(헤밍웨이, 98쪽).

노인은 자기가 잡은 청새치가 칠백 킬로그램은 나갈 것이라 보고 그 삼분의 이만 고기로 만들어도 사백오십 그램에 삼십 센트를 받을 것이라고 산정합니다. 그것으로 겨울을 지낼 수 있다고 생각하므로, 노인의 한 달 생활비는 일백 달러인 셈입니다.

그런데 상어와의 사투가 시작합니다. 그가 묘사하는 상어는 손가락이 상징하는 착취의 모습입니다.

사람 손가락을 매 발톱처럼 오그린 모양을 하고 있었다. 노인의 손가락 길이만 한 이빨은 양쪽 가장자리가 마치 면도날처럼 날카롭게 날이 서 있었다. 바다에 사는 고기라면 어떤 고기든지 모조리 잡아

먹을 것같이 생겼고, 속력이나 힘이나 무기 면에서 다른 고기들은 도저히 이놈을 당해낼 재간이 없었다. (헤밍웨이, 102쪽)

최초의 상어를 죽인 뒤 그는 고기 잡은 것을 후회하지만 "인간은 패배하도록 창조된 게 아니야" "파멸당할 수는 있을지 몰라도 패배할 수는 없어"라고 말합니다(헤밍웨이, 104쪽). 이 문장에서 패배는 물질적·육체적 가치, 파멸은 정신적 가치와 관련 있다고 보는 견해가 있지만(헤밍웨이, 237쪽), 나는 그 반대로 봅니다. 그렇게 본다면 위 문장은 육체는 파멸되어도 정신은 패배할 수 없다는 것입니다. 헤밍웨이는 『누구를 위하여 종은 울리나』에서도 독일 폭격기를 상어에 비유했습니다.

그러나 청새치는 물론이고 상어를 죽이는 데는 문제가 없나요?

고기를 죽이는 건 어쩌면 죄가 될지도 몰라. 설령 내가 먹고살아 가기 위해, 또 많은 사람들을 먹여 살리기 위해서 한 짓이라도 죄가 될 거야. 하지만 그렇게 되면 죄 아닌 게 없겠지. 〔중략〕
네가 그 고기를 죽인 것은 다만 먹고살기 위해서, 또는 식량으로 팔기 위해서만은 아니었어, 하고 그는 생각했다. 자존심 때문에, 그리고 어부이기 때문에 그 녀석을 죽인 거야. 너는 녀석이 아직 살아 있을 때도 사랑했고, 또 녀석이 죽은 뒤에도 사랑했지. 만약 네가 그놈을 사랑하고 있다면 죽여도 죄가 되지 않는 거야. 아니, 오히려 더 무거운 죄가 되는 걸까? 〔중략〕
더구나 이 세상의 모든 것은 어떤 형태로든 다른 것들을 죽이고 있어, (헤밍웨이, 106~107쪽)

상어도 해양 동물의 생태계에서는 일정한 역할을 합니다. 따라서 노인의 낚시 행위가 산업적인 어획보다는 생태 환경을 덜 침해한다고 해도 자연을 완전히 보호하는 일이라고 볼 수는 없습니다. 완전한 자연보호는 사냥이나 낚시에 대한 본능을 완전히 극복했을 때에나 가능한 것이겠지요. 헤밍웨이에게 그런 본능의 극복을 기대할 수는 없습니다. 그는 그런 생각을 해본 적도 없었으니까요.

그러나 앞에서도 볼 수 있듯이 헤밍웨이에게는 사냥이나 낚시가 스포츠가 아니라, 식량 확보 수단으로서 동물의 지극히 기본적인 생존 본능에 따른 행동 일부임을 이해할 필요가 있습니다. 이는 그가 어린 시절부터 아버지로부터 물려받은 중요한 유산이었지요. 노인이 청새치를 잡는 것도 '인간으로서 살아가기 위해 필요한 일'이고, 또 '자연의 섭리로부터 당연한 에너지 순환을 계속시키는 일부'입니다. 그에게 낚시란 야생동물의 생존 행위와 같은 것입니다.

청새치를 탐내는 상어들과의 사투는 계속되고 결국 노인은 뼈만 앙상하게 남은 청새치와 함께 돌아옵니다. 다음 날 관광객 여성이 그 뼈를 보고 무슨 고기냐고 묻자 웨이터는 상어의 일종인 티부론(Tiburon, Eshark)이라고 답합니다. 그러자 여자는 상어의 꼬리가 저토록 멋지게 생겼는 줄은 몰랐다고 말하지요.

이 장면을 여러 가지로 해석할 수 있습니다. 가령 관광객을 어부 노인과 적대적이라 보고, 그들이 아름답다고 착각하는 상어와 같은 존재라 해석할 수도 있습니다. 또는 흉악한 상어의 이미지를 전복하는 '자연의 아름다움'을 표현한 것이라고 볼 수도 있을 것입니다.

소설은 소년이 지켜보는 가운데 잠든 노인이 사자 꿈을 꾸고 있었다는 문장으로 끝납니다.

『노인과 바다』에 대한 해석

『노인과 바다』를 다양하게 해석할 수 있습니다. 사회주의자라면 노인이 노동자를, 노인이 힘들여 잡은 청새치는 노동자의 임금을, 청새치를 잡아먹은 상어는 자본주의를 상징한다고 볼 수 있습니다. 실제로 그런 해석도 있었고요. 그러나 나는 노인이 노동자는 물론 농민이나 소시민까지 포함하는 가난한 사람들을 상징하고, 상어는 그런 가난을 결과한 사회제도나 국가 제도를 말한다고 봅니다. 자본주의는 물론 사회주의도 그 제도에 포함될 수 있겠지요. 이는 헤밍웨이가 노인의 누더기 돛을 영원한 패배의 깃발이라고 한 것에서도 읽을 수 있습니다. 그렇다면 사자는 혁명가일까요? 사자 꿈을 통하여 노인은 자신의 패배를 극복하려고 한 것일까요?

『노인과 바다』는 무엇보다도 노동의 이야기, 그것도 현대의 기계적 노동과 대립하는 대단히 원시적인 노동의 이야기입니다. 그런 노동에 필요한 원시적인 도구나 기술, 작업에 대한 이야기가 많이 등장하지요. 또 작품의 몇 안 되는 등장인물인 소년 마놀린은 노인이 언제나 '그 아이가 있었다면 좋았을 텐데'라고 아쉬워하는 존재로서 본래의 노동이 협동, 즉 공동노동이었음을 보여줍니다. 그런데 지금은 그 공동노동의 자치가 파괴되고 있으니 회복해야 한다고 소설은 말합니다.

그러나 더욱 중요한 것은 자연에 대한 노인의 생태주의적 태도입니다. 따라서 자연과의 합일이라는 생태주의적 관점으로 이 작품을 봄이 더 설득력 있습니다. 헤밍웨이는 젊은 시절에 쓴 초기 단편집 『우리 시대에』부터 자연문학이라고 할 만한 작품을 많이 썼고, 그 절정이 『노인과 바다』라고 생각합니다. 『노인과 바다』가 패배의 비극성을 보여준 작품이라는 종래의 해석에 반하여 노인은 결코 패배하지 않았다는 점을 강조하고 싶습니다. 앞서 본 '인간은 파멸당할 수 있을지 몰라도 패배할 수는 없다'는 노인의 말에서도 분명히 드러납니다. 나는 이처럼 패배를 거부하는 것이야말로 인간의 기본적인 '자유'에서 나온다고 봅니다. 그것은 자치와 자연의 회복에 의해서만 가능한 일이기도 합니다. 따라서 이 소설은 자유-자치-자연에 대한 희구입니다.

만년의 헤밍웨이가 미국으로 거주지를 옮긴 것은 쿠바 혁명을 싫어해서가 아니라 병이 악화되었기 때문이었습니다. 그는 구정권이 부패하여 국민에게 궁핍을 초래했기 때문에 카스트로를 지지했습니다.

아프리카

1952년에 『노인과 바다』를 출판하고 이듬해에 헤밍웨이는 아프리카 사파리를 떠납니다. 세 번째 아프리카 여행이었지요. 헤밍웨이에게 아프리카의 원시는 서양 문화의 속박, 특히 성적 속박으로부터의 해방을 추구하는 것이었습니다. 두 번째 여행 뒤에 쓴 『여명의 진실 True at First Light』에서는 헤밍웨이가 미개인이 되기 위해 자기 변혁을 시도하는 곳이 원시 세계로 나타납니다.

헤밍웨이가 두 번의 아프리카 여행에서 본 것은, 무엇보다도 유럽 식민지 지배의 폐해에 의해 그의 이상향이 붕괴 위기에 처한 현실이었습니다. 다음은 『아프리카의 푸른 언덕』의 4부 마지막에 나오는 아프리카의 비참한 현실에 대한 양심의 고발입니다.

한 대륙은 일단 우리가 가기만 하면 빨리 늙어버린다. 토착민들은 그것과 조화를 이루고 살고 있는 것이다. 그러나 외국인 파괴자들은 나무를 찍어내고 물을 말려서 급수가 바뀌고 얼마 되지 않아 흙은 뗏장을 뒤집기 때문에 겉으로 노출되고 다음에는 바람에 날려가는 것이다. 모든 오랜 나라의 흙이 그렇고 캐나다에서도 흙이 바람에 날리는 것을 본 일이 있다. 대지는 착취에 지쳐 있는 것이다. *

그 파괴 요인은 다양하지만 그중 가장 큰 것은 종교적 요인입니다. 그 종교는 『아프리카의 푸른 언덕』에서는 이슬람교이고 『여명의 진실』에서는 기독교입니다. 두 가지 모두 외국 침입자에 의해 도입되어 원주민의 독자적인 생활 습관과 풍습, 생존방식, 신념까지도 변화시켰습니다.

아프리카에서 두 차례 비행기 사고를 당한 헤밍웨이는 남은 생의 대부분을 병과 함께 지냅니다. 1954년에 노벨문학상을 수상했지만, 시상식에 나가지 못했지요. 1959년에는 아이다호주 케첨에 집을 샀으니 말년에 사고 후유증으로 인해 우울증에 시달렸고 집필 활동도 점차 막히기 시작했습니다. 그리고 1961년 7월, 마침내 헤밍웨이는 자살로 삶을 마감합니다. 그의 나이 62세였습니다. 당

---

* 어니스트 헤밍웨이, 정병조 옮김, 『아프리카의 푸른 언덕』, 휘문출판사, 1967, 188쪽.

시 그는 세계에서 가장 유명한 작가였습니다. 그가 사망했다는 소식이 전해지자 백악관은 물론 크렘린에서도 애도 메시지가 쇄도했습니다.

루이스 세풀베다의 노년

『연애 소설 읽는 노인』(1989)은 칠레 출신 20세기 소설가 루이스 세풀베다(Luis Sepúlveda, 1949~2020)의 대표작입니다. 세계적인 환경운동가이자 아마존의 수호자인 치코 멘데스에게 헌정한 작품이지만, 동시에 헤밍웨이에게 바친 소설이기도 합니다. 세풀베다는 2000년에『소외』라는 책을 냈습니다. 그중「천사의 방문을 받은 파파 헤밍웨이」는 헤밍웨이가 자살하고 35년이 지나 그의 손녀가 자살한 날에 쓴 글입니다. 그 글에서 세풀베다는 어린 시절부터 헤밍웨이와 함께 있었다고 말합니다.

『연애 소설 읽는 노인』의 주인공은 칠십 대 노인 안토니오 호세 볼리바르입니다. 그는 아마존 밀림 속에 사탕수수로 엮어 만든 오두막에 삽니다. 크기는 열 평 남짓, 가구는 거의 없습니다. 그곳에서 살며 필요에 따라 사냥하거나 강에서 새우 등을 잡아먹으며 사는 삶에 만족하는 그는 "연인들이 사랑으로 인해 고통을 겪지만 결국은 해피엔딩으로 끝나는 연애 소설" 읽기를 좋아하지요. 그에게 책 읽기는 "늙음이라는 무서운 독에 대항하는 해독제"입니다(세풀베다, 75쪽).

하지만 그가 처음부터 아마존 밀림에서 살았던 것은 아닙니다. 그곳에 오기 전 그는 어릴 적부터 잘 알던 여성과 결혼해 가난한 농부로 살다가 아마존 유역 개발 사업에 참여합니다. 그리고 그곳

원주민인 수아르족을 만나 자연과 더불어 사는 기술을 익히고는 매일 거의 벌거벗은 몸으로 다닙니다.

그러나 수아르족이 아닌 그는 그들과 헤어져 밀림에 혼자 살면서 연애 소설을 읽게 됩니다. 그것은 꼭 잃어버린 자유에 대한 향수이거나 그가 찾은 새로운 '자유'처럼 보입니다.

그러던 어느 날, 암살쾡이에 살해당한 것으로 보이는 불법 수렵꾼의 시체가 떠내려옵니다. 노인은 암살쾡이와 처절한 싸움을 벌이기 위해 밀림 속으로 들어가지만, 진실을 알게 됩니다. 수렵꾼이 먼저 암살쾡이의 새끼들을 쏴 죽였고, 암살쾡이는 그에게 복수한 것뿐이었지요.

노인은 그 짐승이 스스로 죽음을 찾아 나섰음을 알았습니다. 그 죽음은 인간과 물러섬 없이 싸운 뒤에 스스로 선택하여 죽는 것이었습니다. 결국 노인이 짐승을 죽이는 것으로 싸움은 끝납니다. 눈물과 빗물에 흠뻑 젖은 얼굴로 암살쾡이의 시체를 강물에 떠나 보내며, 노인은 이 모든 비극을 시작한 백인과 인간들에게 저주를 퍼붓습니다. 그러고는 나뭇가지로 몸을 지탱하며 오두막으로 돌아가지요. 그곳은 세상의 아름다운 언어로 인간의 야만성을 잊게 해주는 연애 소설이 있는 곳입니다.

필립 로스의 노년

미국의 유대계 소설가 필립 로스(Philip Milton Roth, 1933~2018)는 항상 자서전적인 성격이 짙은 소설을 썼습니다. 구체적인 삶과 추상적인 관념의 대립이라는 주제를 평생 추구했지만, 관념이 삶을 압도하는 비극을 그린 청장년 전반기의 작품들과 달리 삶이 관념을 압도하는 후반기 노년의 작품들은 노년 소설의 전형으로 볼 수 있습니다. 우리가 관심 있게 보려 하는 대상은 그의 후반기 노년 소설이지만, 그것을 이해하기 위해서는 그의 전반기 소설부터 살펴보아야 합니다.

그가 26세에 발표한 『굿바이, 콜럼버스Goodbye Columbus』(1959)나 36세에 발표한 『포트노이의 불평Portnoy's Complaint』(1969)은 기성 사회의 성적 억압에 압도된 젊은이들의 비극을 다루었습니다. 『굿바이, 콜럼버스』에서는 빈부라는 관념적 한계를 벗어나지 못하고 실패하는 젊은 남녀의 사랑을 볼 수 있습니다. 『포트노이의 불평』은 아마 역사상 자위행위 묘사가 가장 많이 등장하는 작품일 것입니다. 이 소설에서 자위행위는 열광과 두려움을 동시에 수반하여 주인공인 33세 변호사를 섹스중독에 빠뜨립니다. 주인공은 부모로 상징되는 두려움에 자위로 저항하지만 끝내 실패합니다.

부모라는 권위에 짓눌리는 청춘의 이야기는 당연히 비단 로스만의 주제는 아닙니다. 하지만 그 권위에 섹스를 통해 저항한다는 점에서, 그러나 결국은 실패한다는 점이 특이합니다. 가부장적인 부모의 권위는 유대인인 로스가 추구하는 유대인성(Jewishness)의 본질이기도 하지만, 동시에 한국을 비롯한 모든 가부장 사회의 공통점이기도 합니다. 내가 로스를 읽는 이유는 우리 문학에서는 가부장 사회에 대한 그처럼 철저한 비판을 보기 어렵기 때문인지도 모릅니다. 뒤에서 보듯이 한국문학은 여전히 가부장적 사고가 지배합니다.

동시에 로스를 읽는 이유는 가부장 사회에 대한 비판이 그것에 대한 부정만으로 나타나지 않고 복잡한 자기모순으로 나타난다는 점입니다. 가령 『미국의 목가American Pastoral』(1997)에서 주인공 메리 레보브는 아메리칸드림의 표상인 아버지를 파괴하고 베트남전은 물론 자본주의에 반발하는 좌파지만, 사실 삶의 진실을 외면하고 이론에만 빠진 관념주의자이고, 말더듬증으로 인한 열등감을 극단적인 반미 운동이나 반자본주의 운동으로 극복하려는 얼치기 좌파일 뿐입니다. 그래서 로스는 좌파로부터 우파라는 비난을 받기도 하지만, 로스의 문학이 위대한 점 중 하나가 바로 그런 비판에 있을 것입니다.

로스는 67세가 된 2000년에 『휴먼 스테인Human Stain』이라는 소설을 발표합니다. 작중 71세 콜먼 실크 교수는 은퇴 직전 강의에서 수업에 전혀 나오지 않았던 학생들을 '유령들'이라는 뜻의 '스푸크(spooks)'라고 불렀다가 인종차별을 했다는 혐의를 쓰고 사직하게 됩니다. 그리고 대학에서 청소부로 일하는 서른넷의 포니아 팔리와 교제하는데, 이를 알게 된 동료 여교수로부터 비난과 협박이 담긴 쪽지를 받지요. 권력을 가진 나이 많은 남성이 어리고 약한 여자를 성적으로 착취했다는 것이지요. 그러나 실크와 팔리의 사랑은 그런 착취와는 무관합니다. 결국 실크와 팔리는 팔리의 난폭한 남편에게 교통사고를 당해 죽습니다.

『죽어가는 짐승The Dying Animal』*은 로스가 68세였던 2001년에 발표한 소설입니다. 제목은 W. B. 예이츠(William Butler Yeats)의 시 「비잔티움으로 가는 배에 올라Sailing to Byzantium」에서 따온 것

---

*   이 소설은 벤 킹슬리와 페넬로페 크루즈가 주연한 영화 〈엘레지〉(2008)로 만들어졌습니다.

입니다. 하지만 "그것은 노인을 위한 나라가 아니다"라는 첫 구절로 유명한 그 시는 노년을 불멸의 영혼과 예술을 추구하는 여정으로 노래한 반면, 로스의 소설은 70세 노년 교수 데이비드 케페시와 32세 여제자 콘수엘라 카스틸로의 사랑을 묘사합니다. 작품의 에피그램으로 인용되는 에드나 오브라이언(Edna O'Brien, 1930~2024)의 "몸도 두뇌만큼이나 많은 이야기를 간직하고 있다"는 말은 이 소설이 몸의 이야기임을 예상하게 합니다. 로스는 오브라이언을 '현재 영어로 글을 쓰는 가장 재능 있는 여성'이라고 찬양했습니다. 하지만 성생활을 솔직하게 그린 오브라이언의 소설들은 모국인 아일랜드에서 출판 금지당했습니다.

케페시와 카스틸로는 팔 년 전 만나 일 년 반 동안 사랑하고 헤어졌습니다. 그리고 다시 육 년 반 뒤 유방암에 걸린 카스틸로가 찾아옴으로써 사랑은 부활한다는 이야기입니다. 교수가 매혹되었던 제자의 아름답고 큰 가슴은 이제 암 수술로 제거될 것입니다. 로스의 소설이 다 그렇듯이 유방이 상징하는 섹스를 중심으로 이야기는 이어집니다. 그래서일까요, 주인공 화자는 말합니다. 섹스보다 큰 힘은 없다고요, 오직 그때에만 가장 깨끗하게 자기 자신으로서 살아 있을 수 있다고요.

케페시에게 섹스는 죽음에 이르게 할 늙음에 대한 복수입니다. 그러나 노년의 섹스는 당연히 젊음의 그것과는 차이가 있습니다. 케페시는 자신의 늙음을 고통스럽게 느끼지만, 노년을 상상할 수 없고, 하지도 않았다고 말합니다.

우리는 노년을 곧 마주치게 될 것을 압니다. 그러나 그걸 피할 도리가 없습니다. 노년은 질투하고 불안해합니다. 여자의 나이가 자기 나이의 거의 삼분의 일밖에 안 되어 그런다고 하지만, 그것은 나이 탓이 아니라 사랑 때문입니다. 그러나 로스는 나이 탓이라고 합니다.

두 사람의 사랑은 케페시가 카스틸로의 석사 학위 취득을 기념하는 파티에 초대받고도 불참하는 것으로 끝납니다. 카스틸로의 부모 친척 앞에서 그저 친절한 스승인 척하기에 자신은 너무 늙었다고 케페시는 말합니다. 그리고 육 년 반 뒤 카스틸로는 유방암에 걸린 채 돌아옵니다. 케페시는 말합니다. "나는 아이의 삶이 이제는 성적인 삶이 아님을 알았어(로스, 162쪽)."

로스의 또 다른 소설 『에브리맨Everyman』(2006)의 주인공도 60대 노인입니다. 그는 그저 그런 보통의 존재, 특별하지 않은 '한 남자'일 뿐입니다. 그는 은퇴 후 고향에 돌아와 어릴 적 꿈이었던 그림을 다시 그리지만 은퇴자들이 사는 고향에서 그는 여전히 특별한 존재가 아닙니다. 노인의 삶은 서글프고 막막하지만 늙음은 누구나 맞이하는 일이며 모두가 피할 수 없는 삶의 일부입니다. 노년, 질병, 죽음 앞에서도 로스는 삶의 열정 자체를 부정하거나 폄하하지 않았습니다. 그는 말합니다. 노년은 가차 없는 전투, 아니 대학살이라고요.

그 다음 해에 나온 『유령 퇴장Exit Ghost』(2007)은 『에브리맨』과 마찬가지로 노년과 죽음에 대한 처절한 명상입니다. 주인공 네이선 주커만(Nathan Zuckerman)은 71세 노인입니다. 그는 로스가 1979년에 쓴 『유령 작가The Ghost Writer』(1979)에 23세 청년으로 처음 등장한 이후 삼십여 년 동안 여러 작품에 나왔습니다. 『유령 퇴장』에는 『유령 작가』에 등장했던 은둔 작가이자 주커만이 정신적 아버지로 생각했던 로노프(E. L. Lonoff)와 에이미 벨레트(Amy Bellette)도 다시 등장합니다. 에이미는 로노프의 제자이자 주커만이 풍부한 상상력을 발휘해 벨젠(Belsen)과 아우슈비츠(Auschwitz)의 인간 학살 현장에서 살아남은 안네 프랑크(Anne Frank)로 둔갑시킨 인물입니다. 로노프는 이미 생을 달리한 유령이 되었고 에이미는 매혹적인 젊은 여성이 아니라 뇌종양으로 죽음을 눈앞에 둔 75세 노인으로 등장합니다.

주커만은 벽촌에 있는 작은 오두막에서 11년간 혼자 지냈습니다. 대개 밤늦게까지 글을 쓰며 하루 대부분을 보냈지요. 하지만 전립선암 제거 수술을 받은 후에는 성적 불능과 요실금으로 병원 치료를 받아야 했지요. 그래서 그는 제이미 로건(Jamie logan)과 빌리 데비도프(Billy Davidoff) 부부와 서로 주거 공간을 바꾸기로 합의합니다. 마침 그들 부부는 9·11 테러 이후 뉴욕에서의 삶에 공포를 느끼고 있었습니다. 따라서 치료를 위해 뉴욕에 머물러야 했던 주커만으로서는 버크셔에 있는 자신의 집과 이 젊은 부부의 아파트를 교환한다는 것이 매우 실용적인 방안이었습니다.

주커만은 젊은 여성 작가인 제이미에게 강한 성적 매력을 느낍니다. 부드럽고 고상하며 크림 같은 피부를 가진 제이미는 『유령 작가』에 등장한 매력적인 에이미의 창백한 버전입니다. 소설 속 〈그와 그녀He and She〉라는 희곡에 드러난 것처럼, 주커만은 다시 한 번 자신의 젊음과 작가로서의 열정을 되찾고자 하지만 현실은 그렇게 호락호락하지 않습니다. 결국 주커만은 작가로서 삶의 진실을 규명하지 못하고 스스로 퇴장합니다.

『유령 퇴장』에서 주커만은 부시 행정부가 자기 이득을 취하려고 상처받은 국민들의 애국심을 이용하고 있다고 비판합니다. 주커만은 부시 대통령이 공허한 수사적 도발로 미국 시민의 진정한 애국심을 악용하여 전쟁을 유발하는 어리석은 왕임을 역설하며, 9·11 테러 전후 대통령의 진정한 리더십 부족을 개탄합니다. 주커만은 미국이 자유와 평등의 민주적 원칙들을 지키기 위해 상상할 수 없는 수많은 폭력을 인내해왔음을 상기합니다.

켄트 하루프의 노년

『밤에 우리 영혼은 Our Souls At Night』(2014)은 20세기 미국 소설가 켄트 하루프(Kent Haruf, 1943~2014)가 71세에 죽고 난 뒤에 발표된 유작입니다. 주인공 애디는 과거 고등교육을 받고 사회활동을 했던 평범한 중산층 여성 노인입니다. 지금은 남편과 사별하고 아들과도 떨어져 혼자 살면서 가끔씩 여성 친구들을 만나는 낙으로 살고 있지요. 그런 그녀가 어느 날 이웃에 자신처럼 홀로 노년기를 살아가고 있는 남성 노인 루이스를 찾아가 자신과 함께 이야기를 나누면서 밤을 보내자고 제안합니다.

"가끔 나하고 자러 우리 집에 올 생각이 있는지 궁금해요."
"뭐라고요? 무슨 뜻인지?"
"우리 둘 다 혼자잖아요. 혼자 된 지도 너무 오래됐어요. 벌써 몇 년째예요.
난 외로워요. 당신도 그러지 않을까 싶고요. 그래서 밤에 나를 찾아와 함께 자줄 수 있을까 하는 거죠. 이야기도 하고요." (하루프, 9쪽)

루이스는 호기심을 보이는 한편 경계합니다. 그러자 애디는 섹스를 하자는 의도가 아니라고 합니다. 잠을 자려고 수면제를 먹거나 늦게까지 책을 읽으면 다음 날 하루 종일 피곤해 아무것도 할 수 없는데, 누군가와 함께 침대에 누워서 대화를 나누다 보면 자연스럽게 잠들 수 있을 것 같다는 이야기라고요.

애디는 특별히 주체성이 강하거나 자율적인 삶의 태도를 지닌 사람이 아닙니다. 게다가 평생 처음 해보는 제안이었으니 대단한 용기가 필요했을 것입니다. 수없이 망설였겠지요. 애디의 제안은 한국 사회보다 훨씬 개방적인 미국 사회에서도 파격적인 행동이었기에 루이스는 당황합니다. 애디는 대화 상대로서 적합하다고 생각하여 루이스를 선택했지만, 루이스는 그런 생각 자체를 해본 적이 없었지요. 하지만 루이스도 아내와 사별한 후 홀로 노년의 시간을 견뎌내고 있었기에 애디의 제안을 받아들입니다. 하지만 애디보다 남의 눈치를 심하게 보게 되는 것은 어쩔 수 없었지요. 물론 두 사람 모두 지역사회와 가족의 눈총에 괴로워합니다.

애디나 루이스를 한국의 남녀 노인들보다는 자율적이고 주체적이라고 평가할 수 있겠습니다. 특히 보통 여성에게 일방적으로 희생을 강요하는 한국과 달리 두 사람은 서로 보살피고 보살핌받는 유대관계를 유지하기 위해 고정된 성 역할에서 벗어나 있습니다. 여하튼 두 사람은 밤마다 만나 정서적으로 공감하고, 서로에게 위안을 줍니다. 그러다 성관계도 맺게 되는데, 그들의 성관계는 젊은 시절의 그것과는 사뭇 다릅니다. 다음은 이들이 처음으로 성관계를 맺는 장면에 대한 묘사입니다.

애디는 엉덩이와 아랫배에 살이 너무 붙은 늙은 몸뚱어리를 개탄한다. 루이스도 배가 불룩 튀어나오고 팔다리는 노인처럼 가늘어져버렸다고 하며 발기가 유지되지도 않는다. 그러나 그것은 사랑하는 두 사람에게 문제가 안 된다. (하루프, 166~168쪽)

결국 두 사람은 가족들과의 문제로 헤어지게 됩니다. 하지만 서로 멀리 떨어져 살면서도 밤마다 전화 통화를 하며 사랑을 이어갑니다. 『밤에 우리 영혼은』은 2017년 리테시 바트라가 감독하고 로버트 레드포드와 제인 폰다가 연기한 동명의 영화로도 만들어졌습니다.

진 코헨의 노년

20세기 미국의 노년학자 진 코헨은 『머처 마인드Mature Mind』*에서 "역사적으로 서구사회에서 발전한 과학과 문화는 모두 노령화의 부정적인 측면에만 초점을 맞춰왔고, 노령화의 긍정적인 부분들은 간과해왔다"고 합니다(6쪽). 코헨은 지그문트 프로이트나 장 피아제도 마찬가지였다고 비판합니다. 프로이트는 "나이 오십이 되면 일반적으로 심리치료를 가능하게 하는 정신과정의 탄력성이 결여된다. 늙은 사람들은 더 이상 새로운 것을 배울 수 없다"고 했지만, 이렇게 말했을 때 그는 51세였습니다. 그는 65세 이후에도

---

* 이 책은 원저명을 번역하지 않고 영제 그대로 사용합니다. 책 안에서는 '오래된 젊음'이라고 번역하지만, 이상합니다. 직역하자면 '성숙된 마음' 정도겠으나 우리말의 '나이 듦'이나 '나이 먹기'로 볼 수도 있겠습니다.

몇몇 저서를 집필했고, 그의 이론에 원용된 소포클레스의 『오이디 푸스』도 저자가 71세에 쓴 것입니다. 피아제도 형식적 조작 단계 라는 지적 발달단계는 십 대에 성숙하고, 그 뒤로는 퇴화한다고 했습니다(8~9쪽).

이와 반대로 코헨은 삶의 후반부에서 일어나는 심리적 발달을 '내적 충동(inner push)'에 따라 중년의 재평가 시기(midlife revaluation), 해방기(liberation pace), 회고기(summingup), 앙코르기(encore) 로 설명합니다. 재평가기는 탐색과 전환의 시기로, 40세에서 60세 사이에 자기 삶을 진지하게 재평가하는 과정을 말합니다. 해방기는 새로운 것을 실험하거나 종래의 것을 혁신시키기 이전의 제한과 금지된 것에서 자신을 자유롭게 놓아주는 시기로 오십 대 후반에서 칠십 대에 이릅니다. 회고기는 삶의 중요한 부분을 회고하고 결의를 다지고 지나온 삶을 정리하는 시기로 육십 대 후반에서 팔십 대에 이르는데, 타인에게 베푸는 봉사와 인류애를 발휘합니다. 마지막 앙코르기는 고난과 상실에도 불구하고 끝까지 삶에 대한 열정을 유지하면서 창의성과 적극적인 사회활동을 펴는 시기입니다. 이러한 변화 속에서 "인간의 뇌기능은 나이가 들수록 저하하기는커녕 도리어 계속 고도화한다"고 코헨은 말합니다(10~12쪽).

나아가 코헨은 성숙해짐에 따라 '발전적 지성'이 증진된다고 하면서 그것을 세 가지 사고 형태 유형으로 요약합니다. 즉 지식은 절대적인 것이 아니라 상대적인 것임을 깨닫는 상대주의적 사고 (relativist thiking), 겉보기에 양립할 수 없을 것 같은 상호 대립되는 모순을 발견하고 해결하는 능력인 변증법적 사고(dialectical thinking), 현상을 전체적으로 보는 체계적 사고(systematic thiking)입니다(13쪽).*

코헨은 노화의 이미지를 노쇠에서 창조로 바꾸었습니다. 그는 노년이 높은 수준의 창의성과 지적 엄격성으로 기능할 수 있다고 보았습니다. 코헨이 노인 연구를 시작한 1970년대에 미국 의학계는 노화를 대체로 질병처럼 취급했지만, 코헨은 자신의 연구를 바탕으로 뇌가 새롭고 도전적인 지적 활동에 참여하는 한 어느 나이에서나 새로운 세포를 계속 생성할 것이라고 주장했습니다. 노화에 대한 여러 연구에서 그의 작업은 이러한 믿음을 뒷받침했습니다. 일례로 2002년 연구에서는 삶의 후반기에 예술에 참여하면 질병과 부상이 발생할 확률이 낮아진다고 했습니다. 그래서 사람들에게 정신을 건강하게 유지하기 위해 약과 허브를 쓰는 대신 새로운 것 배우기를 목표로 삼는 '지적인 땀흘림'에 의지하라고 조언했지요.

* 뒤의 두 가지를 13, 65쪽에서는 '이중적 사고'와 '종합적 사고'로 각각 번역하지만 적절하지 않습니다.

17
현대 한국의 노년

현대 동아시아의 노년

아시아의 인구는 세계 다른 어떤 지역보다 더 빠르게 고령화되고 있습니다. 동시에 출산율과 사망률도 비정상적으로 빠르게 감소하는 중입니다. 2020년 기준 아시아 인구는 45억 명(이 중 중국과 인도의 인구는 각각 10억이 넘습니다)으로 세계 전체 인구의 절반이 넘습니다. 65세 이상 아시아인은 4억 1400만 명으로 추산되며, 이는 미국 전체 인구(3억 4700만 명)보다 약 이십 퍼센트 많습니다. 2060년까지 65세 이상 아시아인이 12억 명이 넘을 것으로 예상되는데, 이는 전 세계 인구 열 명 중 한 명이 아시아인 고령자가 된다는 것입니다. 아시아 중에서도 동아시아의 고령화가 가장 빠릅니다. 동아시아 인구의 33.7퍼센트가 2060년까지 65세 이상이 될 것으로 예상됩니다. 반면 남아시아와 서아시아는 각각 전체 인구의 18.6퍼센트, 17.9퍼센트가 65세 이상이 될 것으로 보입니다.

아시아의 고령화는 출산율과 사망률이 과거에는 높았다가 최근에 와서 급격히 낮아졌기 때문입니다. 사망률이 낮아진 것은 생활 수준이 높아지고 위생 및 의학이 발전했기 때문이라고 할 수 있지만, 출산율이 낮아진 이유는 그런 이유만으로 설명할 수 없습니다. 특히 동아시아의 출산율이 낮은데, 세계 238개국의 합계 출산율(2021년 기준)을 낮은 순으로 열거하면, 세계 10위권 내에 홍콩(1위·0.75명), 한국(2위·0.88명), 싱가포르(5위·1.02명), 마카오(6위·1.09명), 대만(7위·1.11명), 중국(10위·1.16명) 등 6개국이 포함되어 있습니다. 세계 평균 '합계 출산율(15~49살 가임기 여성 1명이 낳을 것으로 기대되는 아이 수)'은 2.3명이지만 동아시아 주요국은 1명을 넘기기가 쉽지 않아 보입니다. 상위 20위권 안의 국가는 동아시아 7개국, 유럽 3개국(우크라이나·이탈리아·스페인)을 빼면 대부분 군소도서 국가들입니다. 전 세계가 산업화되며 공통적인 저출생 현상을 겪고 있지만, 동아시아 국가들이 유독 더 심각합니다. 반면 같은 아시아에서도 가톨릭 국가인 필리핀의 출산율은 2.75명이고, 불교 국가인 베트남은 1.94명입니다. 이슬람 국가인 말레이시아(1.80명), 인도네시아(2.18명) 등도 비슷한 수준입니다. 힌두 문화권인 남아시아의 인도(2.03명), 이슬람 국가인 파키스탄(3.47명), 중앙아시아의 카자흐스탄(3.08명), 우즈베키스탄(2.86명) 등도 2~3명대에 이릅니다.

높은 교육비와 집값 같은 경제적 요인뿐 아니라, 동아시아 지역의 공통된 전통인 유교 문화가 낮은 출생률의 원인이라고 보는 견해도 있습니다. 즉 성에 관한 도덕적 엄숙주의, 엄격한 성 역할 구분으로 여성에 집중되는 육아 부담, 사회적 성취를 중시하는 입신양명 문화, 과거제 전통으로 인한 학력주의, 삶의 만족도보다 근면성실을 강조하는 사회 분위기 등이 근본적인 문제점이라는 것이지요. 중국이나 일본에서는 일찍부터 동아시아 유교 전통에 대한 비판이 나타났으나, 한반도에서는 여전히 이 전통이 뿌리 깊습니다.

한국의 고령화

한국은 물론 범세계적으로 노인의 비율이 점점 더 높아가며 이른바 고령화 시대로 접어들고 있습니다. 국제연합에서는 65세 이상 인구가 전체 인구의 7퍼센트 이상이면 고령화사회(aging society), 14퍼센트 이상이면 고령사회(aged society), 20퍼센트 이상이면 초고령사회(super aged society)로 구분합니다. 2000년을 기점으로 전 세계 65세 이상 노인 인구가 총인구의 7퍼센트를 넘어 세계 전체가 고령화사회에 진입했습니다.

통계청에 따르면 한국은 1970년 3.1퍼센트, 1980년 3.8퍼센트, 1990년 5.1퍼센트로 늘어나다가 2000년에 7.2퍼센트가 되어 고령화사회에 진입했습니다. 이후 2006년에는 9.5퍼센트, 2010년에는 11퍼센트, 2012년에는 11.8퍼센트, 2018년에는 14.3퍼센트로 계속 증가해왔고, 2025년에 노인 인구 20.6퍼센트에 도달해 초고령 사회에 진입할 전망입니다. 그리고 2030년에는 24.3퍼센트, 2050년에는 38.2퍼센트로 급증할 것으로 예상됩니다.

65세 이상 고령 인구가 7퍼센트에서 14퍼센트에 도달하기까지 18년, 다시 14퍼센트에서 20퍼센트가 되기까지 칠 년이 걸렸습니다. 이처럼 한국은 가장 빠르게 고령화가 진행되는 국가여서 불과 약 이십 년 후면 일본을 제치고 세계에서 제일 고령화될 것으로 전망하기도 합니다.

한국의 고령화가 다른 나라에 비해 유독 빠른 이유는 저출산 고

착화, 기대 수명 증가, 평균 3년 정도인 다른 국가들에 비해 너무나 길었던 1955년 이후 이십여 년간의 베이비 붐(Baby boom, 출생률의 급상승기)에 따른 인구 구조 변화의 특이성에서 찾을 수 있습니다. 1950년대 후반부터 1982년까지 25년 넘는 동안 대부분의 해에 약 팔십만 명의 아이가 태어났는데, 그다음부터 출생수가 감소하기 시작하여 오십 년 만에 사분의 일까지 줄었습니다.

한국의 고령화는 노인의 빈곤과 건강상 어려움, 사회적 역할 상실, 고독감 등 여러 가지 문제를 야기합니다. 노인 빈곤율은 OECD 주요 국가 은퇴 연령층의 상대적 빈곤율 통계(중위 소득 50퍼센트 이하, 2019)에 따르면 한국이 43.2퍼센트로 가장 높습니다. 선진국이라 할 수 있는 국가(프랑스 4.4퍼센트, 캐나다 12.3퍼센트, 네덜란드 5.2퍼센트, 영국 15.5퍼센트, 스위스 18.3퍼센트)들의 평균 노인 빈곤율은 14퍼센트 선인 데 비해 한국의 노인 빈곤율이 그 세 배 이상으로 월등하게 높습니다. 2020년의 66세 이상 은퇴 연령층 소득분배 지표가 상대적 빈곤율 40.4퍼센트, 지니계수 0.376, 소득 5분위 배율 6.62배로 2016년 이후 모든 지표에서 개선되고 있음에도 불구하고 그렇습니다.

노후 준비를 묻는 질문에 긍정적인 답변을 한 비율이 2021년 56.7퍼센트로 2011년의 40.1퍼센트보다 높아졌으나, 반수 정도가 여전히 부정적입니다. 노후를 준비하는 방법으로는 국민연금이 48.4퍼센트로 제일 많고 그다음으로는 예금 및 적금 17.1퍼센트, 직역연금 11.1퍼센트, 부동산 운용 9.9퍼센트 순입니다. 그러나 2022년 국민연금 평균 수급액은 월 57만 원 정도여서 기본생활비도 충당하기 어려운 수준입니다.

생활비를 마련하는 방법에 대한 응답으로는 본인과 배우자 부담이 65퍼센트, 자녀 등 친척의 지원이 17.8퍼센트, 정부 및 사회단체 17.2퍼센트 순이었습니다. 개인의 부담이 압도적이고 공적 부조는 낮습니다. 본인 및 배우자가 생활비를 마련하는 방법으로는 근로 사업소득이 48.3퍼센트, 연금 및 퇴직금이 35.1퍼센트입니다. 그러나 공공형 노인 일자리의 임금은 월 27만 원이어서 형편없이 낮습니다. 취업을 원하는 이유로는 '생활비를 보태기 위해서'가 53.3퍼센트로 '일하는 즐거움 때문에' 37.3퍼센트보다 월등히 높습니다.

한편 한국의 기대 수명은 2021년 84.5세로 삼십 년 전인 1990년의 70.7세에 대비해 14세가 연장되었습니다. 2020년 현재 65세의 기대여명은 21.5년, 75세의 기대여명은 13.3년으로 경제협력개발기구(OECD) 평균 대비 남자는 1.4년, 여자는 2.4년 더 높은 수준입니다. 65세 여자의 기대여명은 23.6년으로 남자보다 4.4년 더 긴 것으로 나타났습니다. 이러한 경향이 지속되면 우리나라가 세계 최장수국이 될 가능성이 있습니다. 노인 의료비 지출 규모도 빠르게 증가하고 있어 전체 의료비 지출의 40퍼센트 이상을 차지합니다. 기대 수명 증가로 인한 인구 고령화에 따라 노인 건강 증진과 질병 관리가 중요한 국가적 정책과제가 되었습니다. 2021년 65세 이상 고령자 장기 요양 인정 비중은 10.3퍼센트였고 인구 고령화에 따라 지속적으로 증가하는 추세입니다. 60대는 1.7퍼센트, 70대는 7.1퍼센트임에 비해 80세 이상이 28.5퍼센트로 나이가 많을수록 증가하고 있습니다. 2021년 65세 이상 고령자 중 전반적인 인간관계에 만족하고 있다고 응답한 비중은 44퍼센트였으며, 28.7퍼센트는 사회단체 참여 경험이 있으나 전체 연령층의 참여율(35.8퍼센트)보다 낮았습니다.

문정희의 노년

현대 한국에서 노년은 '타자'이자 '이질적인 종' '비인간'입니다. 사회의 소위 정상적인 삶에서 배제된 노년은 소모적인 권태, 쓸쓸하고 굴욕적인 쓸모없음의 감각, 자신들에게 무관심한 세상 속에서 외로움에 처하게 됩니다. 현대 한국 시인들의 작품 중에 노년을 다룬 것이 많지만, 내 기억에 남는 작품은 문정희의「안개 노인」뿐입니다.

> 안개 벗어나니 또 안개
> 이윽고 아름다움도 위험도 없는 허허벌판이다
> 영원한 잠이 바짝 쫓는 것 말고는 급할 것이 없다
> 걸어온 길에 대해 할 말은 좀 있지만
> 노동력 없는 무산자 계급으로 그만 입 다물기로 했다
> 무릎과 치아의 통증에다
> 핏빛 네온 휘황한 자본주의를 칙칙하게 만든 죄로
> 그늘에서 어슬렁거린다
> 그래도 정체불명의 이름 어르신이라 어르며
> 지하철과 고궁이 두루 공짜 아닌가
> 장수 시대 알토란같은 의료보험을 잘라먹는다고
> 한쪽에선 폐기물 보듯 하지만
> 파고다공원을 차지한 이도 있다 한다

까짓것! 오늘 점심에는 식판을 들고 굽은 어깨로
절이나 교회의 무료 급식대 앞에 줄이나 서 볼까
공동묘지 비슷한 색깔의 검버섯 핀 얼굴로
얻어먹는 한 끼의 선심은 얼마나 새로운 맛일까
언제부터 나이가 곧 늙음이 되고
늙음은 곧 나쁜 것이 되었을까
갈수록 배울 것 많고 난생처음 아닌 곳도 없다

안개나 허허벌판은 노인들의 현실을 비유합니다. 죽음 이외에는 급할 것도 없습니다. 다 그렇지야 않겠지만 노인들은 대부분 노동력 없는 무산자 계급으로 자본주의의 적입니다. 의료보험을 망친다는 비난은 덤입니다.

노년은 전형적인 인간, 즉 젊고 건강하고 이성애자와 같은 사회의 규범적 시민과 근본적으로 다르다고 여겨집니다. 이는 자기기만이지만 노인과 동일시하려는 의지의 부족은 노인에 대한 억압을 유지하는 데 기여합니다. 노인들이 당하는 배제는 너무 만연해서 우리의 미래 자아에도 영향을 미칩니다. 그 결과 스스로를 노인과 동일시하는 것을 거부하지요. 심지어 노인 자신도 스스로를 타자화합니다. 가령 뒤에서 볼 박완서의 소설 「마른 꽃」에서 주인공인 노년 여성은 자신의 늙은 몸을 보고 절망하여 새로운 삶에 대한 희망을 포기합니다. 그래도 소설의 주인공은 죽지 않지만, 자신이 놓인 현실에 절망하여 스스로 생을 마감하는 노인 자살률이 세계에서 가장 높은 곳이 한국입니다. 소설보다 더 소설 같은 극단이 지배하는 곳이 지금 한국입니다.

때때로 노인들은 다른 사람들이 부정적으로 인식하는 특성, 예를 들어 엄격하고, 투덜거리고, 인색하고, 징징거리는 특성을 발달시키기도 합니다. 하지만 이러한 특성을 무력감을 느낄 때 권력에 대항하는 전략으로 볼 수도 있습니다.

남성이 여성보다 늙어감을 더 심하게 경험하는 경향이 있습니다. 그 이유는 그들이 늙어가는 것에 더 많이 놀라기 때문입니다. 반면 여성은 노년에 접어들기 훨씬 전부터 타자가 되는 경험을 해왔습니다. 노인이 된다는 것은 '단지' 또 다른 타자가 되는 것뿐이지요. 즉 이미 경험하던 성차별에 나이 차별이 더해질 뿐이니 충격이 덜하다는 것입니다. 그러나 페미니스트 철학자 메리 울스턴크래프트가 '아름다움이라는 독재'라고 부른 것 아래에서 평생을 살아야 하는 여성이 노년이 되어 받는 절망감은 남성보다도 더 심각할 수 있습니다.

박완서의 노년

현대 한국에서 노인 문제에 깊이 천착한 작가가 다수 있지만 그 가운데 박완서(1931~2011)는 소설가로 등단한 1970년대부터 삶을 마감하는 순간까지 노년 소설을 45편이나 창작한 특이한 작가입니다. 여기서는 그의 노년 소설 중에서 노인 재혼 문제를 다룬 「마른 꽃」(1995)과 「그리움을 위하여」(2001), 부부애를 다룬 「너무도 쓸쓸한 당신」(1997)을 살펴보려 합니다.

「마른 꽃」의 화자 '나'는 남편과 사별하고 혼자 살아가다가 우연히 만난 대학교수 출신 홀아비와 연애 감정을 갖게 되지만, 거울에 비친 자신의 볼품없는 몸을 보고 스스로 '연애 감정은 젊었을 때와 조금도 다르지 않은데 정욕이 비어 있는' '마른 꽃'임을 자각한 후 재혼을 단념하고 미국으로 떠난다는 이야기입니다. 먼저 자기 몸에 대한 묘사를 보겠습니다.

> 몸에서 물이 떨어져 발밑에 타월을 깔고 뻣뻣이 서서 전화를 받다 말고 나는 하마터면 아니 저 할망구가 누구야! 하고 비명을 지를 뻔했다. 〔중략〕 쌍둥이까지 낳은 적이 있는 배꼽 아래는 참담했다. 볼록 나온 아랫배가 치골을 향해 급경사를 이루면서 비틀어 짜 말린 명주 빨래 같은 주름살이 늘쩍지근하게 처져 있었다. 어제오늘 사이에 그렇게 된 게 아니련만 그 추악함이 충격적이었던 것은 욕실 안의 김 서린 거울에다 상반신만 비춰보면 내 몸도 꽤 괜찮았기 때문이다.
>
> (박완서, 34쪽)

주인공은 늘어지고 주름진 자신의 몸을 '멸시'하고 '생명'을 생산하는 기능이 없어진 자궁을 비롯한 육체가 신성할 수 없다고 봅니다. 인간의 몸은 언제나 변하는 것이고 그 변화가 실체라고 보지 않고, 늙은 몸은 더 이상 가치가 없고 오로지 젊은 몸만이 가치 있다는 것입니다. 따라서 새로운 이성 교제도 불가능하다고 생각합니다. 자기 몸만이 아니라 상대방의 몸에 대해서도 상상 속에서 경멸하기 때문입니다.

> 아무리 멋쟁이라고 해도 어쩔 수 없이 닥칠 늙음의 속성들이 그렇게 투명하게 보일 수가 없었다. 내복을 갈아입을 때마다 드러날 기름기 없이 처진 속살과 거기서 우수수 떨굴 비듬. 〔중략〕 그런 것들을 아무

렇지도 않게 견딘다는 것은 사랑만 있다고 되는 것은 아니다. 적어도 같이 아이를 만들고, 낳고, 기르는 그 짐승스러운 시간을 같이한 사이가 아니면 안 되리라. 겉멋에 비해 정욕이 얼마나 아름다운 것인지 이제야 알 것 같다. (박완서, 44쪽)

나이 든 몸에 대한 부정적 생각은 "아이를 만들고, 낳고, 기르는" 종족 보존을 중시하는 남성 중심의 성 인식으로, 여성 노년에게 성은 점잖지 못한 행위로 여겨집니다. 그래서 소설의 성관념은 매우 보수적인 것으로 보입니다.

한편 「너무도 쓸쓸한 당신」에서 노년 여성은 별거하던 남편과 성관계를 시도하는 점에서 「마른 꽃」의 화자와는 반대됩니다. 그러나 샤워를 마치고 나온 남편의 하체를 본 그는 '닭살이 돋을 것처럼' 강한 혐오감을 느낍니다. 「마른 꽃」의 화자가 자기 몸에 혐오감을 느끼는 것과 같습니다.

오늘 남편을 여기까지 유인한 것은 섹스에 대한 기대가 있어서는 아니었다. 이제 그럴 나이도 아니었지만 한창 나이일 때도 둘 다 그런 쾌락을 밝히는 부부는 아니었다. 〔중략〕하다못해 스킨십조차 없는 완전한 남남이었다. 스킨십이라도 있었다면 남편의 정강이가 그렇게 꼴보기 싫지는 않았을 것이다. (박완서, 176쪽)

화자는 잠든 남편이 감기에 걸리지 않게 덮개를 덮어주려다가 모기 물린 자국이 있는 정강이를 자세히 보게 됩니다. 그리고 남편에 대한 연민이 목구멍으로 뜨겁게 치받쳐 그 모기 물린 자국을 가

만히 어루만지기 시작했다는 묘사로 소설은 끝납니다.

소설 앞에서 화자는 가족을 부양해야 한다는 남편의 '고독한 책무'에 대해 언급하며 시골 소학교* 평교사였던 남편이 교감이나 교장으로 출세하려고 권력에 추종하고 '조회 설 때마다 늘어놓는 장광설의 내용도 물론 그 최고권력자의 어록에서 따왔을 것'이라고 말합니다. 아내에게만이라도 그걸 힘겨워하는 기색을 보였다면 어떻게든 위로해주었을 텐데, 남편은 위로를 필요로 하는 사람이 아니었습니다. 화자는 남편의 체질적인 체제 순응에서 본질적인 무매력을 느꼈기에 그와 헤어졌고, 절대로 다시 합칠 수도 없다고 말합니다.

「마른 꽃」에서는 대학교수 출신 홀아비의 출세욕에 대해서는 아무런 언급이 없고 자신의 육체 혐오로 헤어지게 되는 반면, 「너무도 쓸쓸한 당신」에서는 남편의 출세욕에 대한 혐오가 별거의 사유가 되고 있습니다. 하지만 나로서는 이러한 별거 사유가 이해되지 않습니다. 소설에 나오는 남편과 같은 교사나 교장, 교감 또는 대학교수는 1950~1990년대 한국에 가장 흔한 사람들이었습니다. 교육계에서뿐만 아니라 모든 직업에서 가장 흔한 사람들이었지요. 그 아내들도 대부분 그렇게 살았습니다. 그래서인지 「너무도 쓸쓸한 당신」에서는 묘한 엘리트주의가 느껴집니다.

「그리움을 위하여」의 화자인 '나'는 남편과 사별한 후 어렵게 사는 사촌 동생에게 여러 가지 경제적 도움을 주었습니다. 그런데 사

---

* 소학교란 일제강점기의 초등학교 이름인데 박완서가 1970년대의 초등학교를 소학교라고 해서 놀랍습니다.

촌 동생이 홀아비 선장과 재혼하려고 하자 충격을 받지요. 그는 남편이 긴 병을 앓는 내내 최선을 다해 끝까지 수발했고 죽어가는 남편으로부터 사랑한다는 말까지 들었다며 자랑했기에 더더욱 이해되지 않았습니다. 하지만 사촌 동생은 도리어 그러했기에 재혼에 부끄러움이 없습니다. 그러다가 사촌 동생과 상대 남성이 죽은 배우자들 이야기를 서슴없이 나누고, 서로 배우자 제사를 함께 챙겨주기로 했다는 이야기를 듣고는 사촌 동생에 대해 평소의 "상전의식을 포기한 대신 자매애를 찾았다"고 말합니다.* 이는 노년의 사랑에 대한 새로운 깨달음으로 보이지만, 「그리움을 위하여」라는 제목처럼 그리움에 사는 화자가 주체적으로 살아가리라고 기대하기는 힘들 것 같습니다.

결국 박완서의 세 작품 속 주인공 '나'는 노화된 몸을 인식하고 성적 행동을 함에 있어서 1990년대 한국의 부정적인 사회 통념들을 내면화하고 수용하는 태도였다면, 앞에서 본 켄트 하루프의 작품을 비롯한 서양 현대문학 속 주인공 노년 여성은 부정적인 노년 현실에 맞서며 자율적 의지로 삶의 가치를 새롭게 추구해 나간다는 점에서 상당히 다릅니다. 박완서는 스스로를 진보적인 작가이자 페미니스트 소설가로 인식했지만, 노년의 재혼이나 재결합에 반대하는 소설들을 보면 의문이 듭니다.

---

* 박완서, 「그리움을 위하여」 『그리움을 위하여』, 문학동네, 2013, 43쪽.

김훈의 노년

김훈의 『화장』(2004)은 화장품 회사를 다니는 주인공이 병든 아내를 간호하면서 그녀의 죽어가는 몸과 젊은 여인의 몸을 비교하고 아내가 죽어 화장하면서도 젊은 여인의 몸을 생각한다는 이야기입니다. 이상문학상을 받았고 임권택에 의해 영화화되기도 했습니다. 두 여성의 몸은 작가와 그의 분신인 남자 주인공의 눈을 통해서만 묘사되고 여성들은 스스로 발언하지 않습니다. 따라서 여성의 몸은 주체가 아니라 대상으로 타자화, 객체화될 뿐입니다. 그리고 남성의 관음증적 눈은 윤리적 보수주의를 보여주지요. 게다가 여성들은 성적인 존재가 아니라 출산을 위한 존재로 묘사되고, 생명은 자손을 통해 이어진다는 유교적 인식 위에 서 있습니다. 그러면서도 소설의 전체 맥락은 몸과 젊음과 삶이 정신과 늙음과 죽음을 압도하는 것입니다. 다음은 아내의 몸에 대한 묘사입니다.

> **죽은 아내의 몸은 뼈와 가죽뿐이었다. 엉덩이 살이 모두 말라버려서 골반뼈 위로 헐렁한 피부가 늘어져서 매트리스 위에서 접혔다. 간병인이 아내를 목욕시킬 때 보니까, 성기 주변에도 살이 빠져서 치골이 가파르게 드러났고 대음순은 까맣게 타들어가듯 말라붙어 있었다. 나와 아내가 그 메마른 곳으로부터 딸을 낳았다는 사실은 믿을 수 없었다. 간병인이 사타구니의 물기를 수건으로 닦을 때마다 항암제 부작용으로 들뜬 음모가 부스러지듯이 빠져나왔다. 그때마다 간병인은 수건을 욕조 바닥에 탁탁 털어냈다.** (김훈, 12쪽)

젊은 여자를 상상하는 장면의 묘사는 이와 대조적입니다.

당신의 가슴의 융기가 시작되려는 그곳에서 당신의 빗장뼈는 당신의 가슴뼈에서 당신의 어깨뼈로 넘어가고 있었습니다. 그 빗장뼈 위로 드러난 당신의 푸른 정맥은 희미했고, 그리고 선명했습니다. 내 자리 칸막이 너머로 당신의 빗장뼈를 바라보면서 저는 저의 손으로 저의 빗장뼈를 더듬었지요. 그때, 당신의 몸을 생각했습니다. 당신의 몸속의 깊은 오지까지도 저의 눈에 보이는 듯했습니다. 여자인 당신, 당신의 깊은 몸속의 나라, 그 나라의 새벽 무렵에 당신의 체액에 젖는 노을빛 살들, 그 살들이 빚어내는 풋것의 시간들을 저는 생각했고, 그 나라의 경계 안으로 제 생각의 끄트머리를 들이밀 수 없었습니다. (김훈, 27쪽)

「화장」을 읽으면서 나는 김훈이 어느 인터뷰에서 "여자들한테는 가부장적인 것이 가장 편안한 거야. 여자를 사랑하고 편하게 해주고. 어려운 일이 벌어지면 남자가 다 책임지고. 그게 가부장의 자존심이거든. 난 남녀가 평등하다고 생각 안 해. 남성이 절대적으로 우월하고, 압도적으로 유능하다고 보는 거지. 그래서 여자를 위하고 보호하고 예뻐하고 그러지" "인종 사이의 혐오감이란 어쩔 수가 없는 거지"라고 했던 말을 떠올렸습니다.

맺음말

이 책을 쓰는 마지막 기간, 연일 열폭탄과 물폭탄이 교대로 터진 2024년 여름, 평소 건강하던 93세 어머니가 꼼짝을 못하게 되어 병원에 입원했습니다. 몇 군데 병원에서 치료를 거부당하고 집에서 멀리 떨어진 병원에 겨우 입원했는데, 처음부터 이런저런 여러 가지 검사를 당해야 했습니다. 병원에 갈 때마다 느끼는 것이지만 저런 검사들이 과연 꼭 필요한 것인지 모르겠습니다. 며칠 동안 고통스러워하면서 계속하신 말씀은 '집에 가겠다'는 것이었으나, 치료가 끝날 때까지는 어쩔 수 없었습니다. '보호자'라는 이름을 가진 자식들은 의사, 간호사, 심지어 매일 몇만 원씩을 지불해야 하는 간병인의 밥이었습니다. 몇 년 전 아버지 장례식에서도, 화장장에서도, 49재를 올리는 절에서도 그랬습니다. 부모의 병과 죽음 앞에서 자식은 무조건 죄인이고 불효자입니다. 그리고 병원, 의사, 간호사, 장의사, 종교인 등은 남의 불행을 이용해 돈을 버는 악덕 장사꾼들입니다. 죽음만이 그들에게서 벗어나게 합니다.

나는 '죽어도 병원에 가지 않을' 생각입니다. 그러나 한국에서는 집에서 죽을 수 없다고 합니다. 병원에서 의사가 사인을 밝혀주지 않으면 경찰이 수사를 해야 하기 때문입니다. 나는 수십 년간 매달 수십만 원씩 의료보험료를 냈지만 그 혜택을 거의 얻지 못했습니다. 그런데도 죽었을 때 죽었다는 마지막 증명조차 의사 없이는 할 수 없다니 기가 찹니다. 가까운 일본만 해도 집에서 죽을 수 있고, 죽기 전에 집에서 의사나 간호사, 간병인의 치료를 받을 수 있으며, 본인 부담은 전체의 십 퍼센트 정도라고 합니다. 우리는 왜 그게 안 되는가요? 왜 매달 의료보험료를 내면서도 부모가 아프면 병원에서 스스로 24시간 간호하거나 간병인을 써야 하는가요? 왜 일본처럼 할 수 없는가요? 자식이 부모에게 효도하는 것이 옳다는 동방예의지국이기에 그런 '왜놈식'은 안 된다는 것인가요?

아버지는 주무시던 중 돌아가셨습니다. 어머니도 그렇게 되기를 바랐습니다. 나도 그러길 바랍니다. 우리 모두 그러길 바랍니다. '나는 병원이 아니라 내 집에서 죽고 싶다. 그러니 의사, 간호사, 간병인은 모두 집으로 와라. 내가 평생 낸 엄청난 의료보험료를 그들에게 주라. 그리고 죽어가는 모든 사람 집에 방문할 수 있도록 의사, 간호사, 간병인의 수를 늘리고 그들의 월급을 노동자 평균임금 수준으로 내려라. 그리고 진찰실에 앉아 환자 얼굴은 보지도 않고 컴퓨터 화면만 들여다보면서 몇 초만에 약이나 처방해주는 진료로 떼돈을 벌려고 하지 말고 왕진 가방을 챙겨서 환자들의 집을 방문하라. 의사란 자들이 그런 반성과 그런 새 각오 없이 병원에 앉아서 또는 텔레비전에 나와서 헛소리를 하지 마라. 참된 의사는 저 죽음의 집인 병원을 박차고 나와서 환자를 만나는 의사다. 먹고사는 게 문제라서 병원에서 나오지 못하면 무의촌에라도 가서 봉사하라!'

나이 든 부모들은 대부분 현명하고 이타적이고 훌륭한 노인들입니다. 세상에는 이상하고 나쁜 부모나 노인들도 없지 않지만 대부분은 훌륭합니다. 누구나 그렇듯이 그들은 힘들게 살았습니다. 마지막 가는 길은 힘들지 않아야 하는데 의사들이 의료라는 명목으로 힘들게 한다면 그것은 사기입니다. 노인들의 소원은 편하게 살다가 죽는 것입니다. 나도 그렇게 죽기를 바랍니다. 내 집에서 조용히 죽고 나면 한 줌 재로 날려 보내주기를 바랍니다. 내가 바라는 것은 그것뿐입니다.

출생률 증진과 노인복지 향상을 위한 경제적 투자가 국가정책으로 추진되지만, 돈을 퍼부어도 나아지기는커녕 오히려 더욱 나빠지고 있습니다. 그래도 노인학 또는 노년학이라는 새로운 학문도 생기고 그것을 전공하는 학과도 생겨났습니다. 노인학이나 노년학이란 Gerontology를 번역한 말인데, 그것은 본래 '일생에 걸친 나이 듦(aging, '나이 먹음'이라고 할 수도 있다)에 관한 과학적 연구'를 목적으로 하는 것이므로 이를 '노인의 의학적 문제를 해결하는 학문'이라는 뜻의 노년학이나 노인학이라고 번역함에는 문제가 있습니다. 그러나 달리 적절한 번역어가 없으므로 이 책에서도 노년학이라고 칭하겠습니다.

그런데 한국의 여느 학문이나 정책이 미국의 경향을 따르는 탓인지, 노년학 또한 경제적으로 접근하려는 경향이 강합니다. 가령 노인들에게 일자리를 많이 제공하면 된다고 하는 식입니다. 그러나 모든 노인이 일할 수 있는 상태이거나 일하고 싶어 하는 것은 아닙니다. 한국인의 실질 은퇴 연령은 72.1세로 OECD 평균인 64.3세보다 7.8세나 높습니다. 노인의 경제활동 참가율도 34퍼센트로 OECD 평균인 16퍼센트의 두 배 이상입니다. 한국의 노인들은 어떤 나라 노인보다도 일을 더 오래하고 더 많이 합니다. 죽을 때까지 일하는 것입니다. 어려서는 죽도록 공부하고, 그 뒤로 죽기 직전까지 열심히 일해야 하는 삶. 여기서 공부와 일은 다르다고 할 수도 있겠지만, 한국에서는 공부나 일이나 모두 스스로 즐겁게 하는 것이 아니라 강제된다는 점에서 다를 바 없습니다. 그러니 그게 제대로 될 리가 없지요.

그렇게 열심히 일함에도 노인은 가난합니다. 나아가 외모지상주의·경쟁지상주의·출세지상주의 국가인 한국에서 노인은 늙어서 추하고 힘이 없는 존재로 비추어집니다. 그래서 철저히 무시, 소외됩니다. 늙지 않게 하는, 소위 안티에이징 산업이 부상하면서 늙음은 아름다움과는 정반대, 추악함으로 여겨집니다. 범국가적으로 신체의 쇠퇴를 혐오하고 극단적인 반감을 보이는 가운데, 사람들은 돈을 써 늙음을 막으려고 합니다.

오늘날 시대적 화두로 '공감'이 제시되곤 하지만, 노인에 대한 공감만큼 부족한 것은 없습니다. 노인에 대한 학문적 논의는 물론 대중적 담론도 노인을 오로지 '밖에서'만 바라보며, 노인 당사자들의 목소리는 아예 들으려 하지도 않습니다. 노인의 문제를 '노인 문제'라 뭉뚱그립니다. 마치 노인이 되는 것 자체가 문제라는 듯합니다. 노인은 더 이상 같은 사회 구성원으로 간주되지 않는 듯합니다. 이제 노인은 '그들'이자 '남'이고, 노인의 문제에 대한 결정권은 노인이 아닌 자들에게 있습니다. 그리고 그들은 노인들이 가능한 한 오래 노년을 주체적으로 잘 보낼 수 있도록 하기보다는, 그들이 가능한 한 더 오래 일하고 더 많이 소비해서 사회에 이익을 주도록 하는 데 초점을 맞춥니다. 노인이 사회에 해를 끼쳐서는 안 된다는 것이지요.

노년학 외에도 여타 기존 학문과 예술 등의 노인 담론이라는 것도 '더욱 건강한 노인'이나 '더욱 성공하는 노인' '더욱 유식한 노인'을 이상으로 삼습니다. 이러한 경향은 사실 오래된 전통입니다. 유사 이래 노년 문제가 없었던 적이 없으나, 언제 어디서든 반수 이상의 노인은 가난한 노예거나 농노, 노동자여서 기존의 노년 담론에서 제외되었습니다. 물론 지금도 마찬가지입니다. 사실 저출생과 고령화로 인한 문제는 유교 전통이 강한 동아시아에서 가장 심각하고, 그중에서도 한국이 제일 심각합니다. 그래서 공자가 죽어야 아기가 태어나고 노인도 행복해진다는 주장도 나올 법 한데, 이상하게도 전혀 없습니다. 학자들은 그저 공부하라 명령하고, 소설가들은 늙은 몸을 부끄러워하라고 윽박지릅니다.

그들 소위 지식인이라 하는 자들은 지금까지 이렇게 말해왔습니다. '공자나 소크라테스 같은 사상가들이 거룩하게 말씀하셨듯이 노년은 본래 인생의 완성기로서 긍정되었으나, 소위 근대화 이후 부정적인 방향으로 변했다. 공자 왈 마흔이 되어 천명을 알고, 쉰이 되어 유혹되지 않고, 예순이 되어 남들이 말하는 이치를 고분고분 듣고, 일흔이 되어 마음대로 행동해도 법도에 맞는다고 했는데 그런 게 근대화 이후 없어졌다. 공자와 마찬가지로 소크라테스도 현명한 노인들이 세상을 다스려야 한다고 제자 플라톤을 통해 말했는데, 그런 것도 근대 이후 사라졌다.' 그러니 다시금 공자나 소크라테스처럼 현명한 노인이 되면 모든 문제가 해결된다는 것입니다. 노인들이 '너 자신을 알면' 가난도, 자살도 극복할 수 있다고 합니다. '너 자신을 몰라'서 빈곤하고 자살하는 등 문제가 생기는 것이라고 합니다.

그러나 나는 이 책에서 다음과 같이 말합니다. 노인이 존중받은 시기는 공자나 소크라테스보다 훨씬 앞선 선사시대 혹은 원시시대의 일부에 그치고(물론 그 시간은 수백만 년이라는 길고 긴 세월이었습니다), 공자나 소크라테스가 살아 있던 예나 지금이나 잘 먹고 잘사는 극소수들은 소년기든 노년기든 즐겁게 보냈으나, 나머지 대다수는 먹고사는 것조차 힘들어 즐겁기는커녕 죽지 못해 사는 지경이었다고요. 그러니 공자나 소크라테스의 말씀은 축복받은 극소수 노년을 위한 이야기에 불과한데도, 아직까지 그들을 들먹이는 자들은 아주 나쁜 지적 사기꾼들이라고요. 게다가 공자나 소크라테스를 오늘날에 되살리자는 것은 근대라는 것을 파괴하고 과거로 되돌아가자는 이야기인데, 그런 말은 하지 않아 이상합니다. 그게 불가능하다는 걸 알면서도 그런 소리를 하니 더 이상한 것이지요. 결국 철학이니 사상이니 예술이니 인문학이니 하며 난해하게 떠드는 자들은 잘 먹고 잘사는 극소수이거나 그들에게 아첨하는 자들에 불과하며, 그러니 아예 무시하는 것이 옳다고 생각합니다.

소크라테스와 공자는 각각 71세, 72세에 죽었습니다. 이는 그들이 살았던 시대에는 특별하게 장수한 사례로, 지극히 예외적인 특수 케이스입니다. 소크라테스가 살았던 시대보다 뒤인 로마 시대 기대 수명은 25세였습니다. 나아가 1900년까지 세계 평균 기대 수명인 30세(피시먼, 26쪽)보다 두세 배나 더 오래 살았던 것입니다. 한반도의 사정도 비슷했을 것입니다. 원효와 퇴계는 69세에 죽었습니다. 한반도 역사상 최초로 조사된 1926년의 평균수명이 33.7세였으니 신라는 물론 고려나 조선의 평균수명도 30세보다 짧았을 것입니다(이런 주장을 '식민지 근대화론' 따위로 덮어씌우지 말기를 바랍니다). 소크라테스와 공자는 물론 원효나 퇴계도 왕이나 재벌은 아니었지만 가난하지도 않았습니다. 퇴계의 집에는 노비가 삼백여 명이나 있었고 보유한 토지는 육십만 평에 이르렀으니 당시에는 엄청난 부자에 속했을 것이고, 지금으로 쳐도 거의 준재벌급입니다. 나는 부자인 퇴계의 학문이 아무리 훌륭하다고 해도 그의 책을 읽거나 존경할 생각이 없습니다.

2023년 한국의 노인 빈곤율이 40.4퍼센트로 OECD 38개 국가 중에서 압도적인 1위였는데, 인구의 반 이상이 노비였던 조선시대의 노인 빈곤율은 훨씬 더 높았을 것입니다. 그렇다면 지금은 그나마 과거보다는 나아졌으니 다행이라며 기뻐해야 할까요? 퇴계 집안 노비들의 후손도 지금은 다 의젓한 시민들이니 좋아졌다고 해야 할까요? 반드시 좋아할 일은 아닐지도 모릅니다. 그들은 지금도 여전히 가난할지 모르고, 노예나 노동자나 그게 그거라고 볼 수도 있기 때문입니다. 세상은 그리 쉽게 바뀌지 않습니다.

지식인들은 또 이렇게 말합니다. 노인 빈곤율이 높아도 수명만은 대폭 늘어나지 않았느냐고요. 그러나 실제로 늘어난 것은 노년의 비참함이라고 하는 것이 정확할지 모릅니다. 늘어난 수명만큼 병도 많아지고 앓아 누워 있는 시간도 길어지기 때문입니다. 예외로 평생 건강한 노인도 있겠습니다만, 대부분은 그렇지 않겠습니까? 나는 약 사십 년 전 『병원이 병을 만든다』는 책을 번역한 적 있습니다. 그 책은 "의학은 장애와 치매를 만드는 기계가 되었다(브뤼크네르, 30쪽)"고 말하는데, 이제 나는 그 말에 공감합니다. 선진국에서는 유아용 기저귀보다 노인용 기저귀가 더 많이 팔린다고 합니다. 노인의 불편이 대단한 돈벌이가 되는 것이지요. 그래서 나는 말합니다. 이미 늙어서 수명이 다 된 생명을 이삼십 년 더 살린다고 하면서 그것을 대단한 의학의 발전이라 찬양하는 것은 사기요, 학대, 얄팍한 상술에 불과하다고요.

그렇다고 노인 자살률이 세계 최고인 나라에 살며 니체처럼 노인에게는 자살이 명예로운 일이라며 부추길 생각은 전혀 없습니다. 더욱이 노쇠한 민족에게는 전쟁만이 명예라고 하는 니체의 말을 따를 생각은 추호도 없습니다. 세계에서 최고로 높은 노인 자살률과 전쟁 가능성을 자랑하는 한국에서 니체가 인기가 있다는 것은 이해 못 할 일이 아니지만, 몹시 못마땅합니다. 지난 반반세기 이 땅에서 65세 이상이 매년 오천 명씩, 십만 명이 자살한 것은 대개 가난 때문이지 명예 따위와는 아무 상관이 없습니다. 자신은 미처 마지막 11년을 의사와 가족의 배려 속에서 억지로 살았으면서 늙음은 오로지 무의미하니 자살하라고 권한 니체는 이 땅에서 추방하는 것이 옳지 않을까요? 그가 말한 초인은 젊음이며, 늙음과는 무관합니다. 늙기 전에 자살해야 초인입니다. 그러니 자살하기 싫은 노인은 니체를 버리고, 초인이 되고 싶은 청년은 늙는다는 느낌이 들면 즉각 자살하는 것이 교조인 니체의 초인교 교리에 맞는 일입니다. 그러니 초인교 선교사들이여! 늙기 전에 자살할 생각이 없다면 아예 그 입 다물라!

지식인들은 또한 말합니다. 노년 문제를 해결하기 위해 정년을 늘려 노동하게 하고 급변하는 세상에 적응할 수 있게 교육받게 하기를 그들의 평생토록 하자고. 그러나 나는 반대합니다. 지금과 같은 노동이나 교육은 노인들에게는 물론이고 청년들에게도 더 이상 시켜서는 안 됩니다. 지금과 같은 직장이나 학교는 더 이상 존재해서는 안 됩니다. 노년은 물론 청년도 작금의 학교와 직장에서 해방되어야 합니다. 그래서 모두 하고 싶은 공부를 하고, 하고 싶은 일을 해야 합니다. 공자처럼 남의 말에 신경 끄기 위해 환갑까지 꾹 참고 기다릴 필요 없습니다. 일흔이 아니라 일곱 살에도 마음대로 행동해도 좋습니다.

마찬가지로 소크라테스처럼 지나가는 사람 붙잡고 '너 자신을 알라'며 시비를 거는 노망난 짓은 할 필요가 없습니다. 그런 것을 철학의 출발이라 하면서 소크라테스를 철학의 할아버지로 섬기는 짓도 할 필요 없습니다. 그나마 소크라테스는 평생 아테네에서 살았지만, 공자는 31세부터 60대까지 후반생을 벼슬 구걸하러 세상을 유랑했는데요, 그것도 노망난 짓이니 따를 필요 전혀 없습니다. 국내외에 늙어서 정치하겠다고 설치는 자들 중 꼴불견이 얼마나 많습니까? 기껏 공공장소에 나와 군사 독재자나 검찰 독재자를 숭상하는 언사를 내뱉으며 돈 몇 푼에 태극기를 흔들고 극우 집회에 참석해 고래고래 욕을 해대는 꼴을 좀 보십시오! (정치란 반드시 젊을 때나 해야 한다는 말이 아닙니다.) '장유유서'라는 유교적 미명하에 꼭 자기가 소크라테스라도 된 것마냥 지하철에 앉은 젊은이들에게 '네 나이를 알라'고 고래고래 고함을 질러대는 소위 '테스형' 노인들의 추태는 또 어떻습니까?

그런 것들이 동아시아 유교 문화의 잔재라면 그야말로 하루빨리 청산해야 합니다. 입신양명의 과거제에서 비롯된 학력주의와 경쟁주의, 출세주의 따위가 빚은 교육 과열, 남녀역할주의와 성 엄숙주의 등의 가부장적 도덕주의와 그 확대판으로서의 국가주

등이 모두 공자로부터 비롯되었다면 이제 그것은 청산되어야 합니다. 소크라테스는 그 정도는 아니었지만 민주주의가 싹튼 당대 유럽에서 유일하게 비민주적인 스파르타를 이상 국가로 본 점에서 공자와 크게 다르지 않았습니다.

이 책은 공자나 소크라테스 같은 사람들의 주장을 비판하고, 그들의 주장과는 다른, 노년에 대한 새로운 이야기를 들려주고자 합니다. 물론 사상사를 톺아보면 오늘날 우리에게 참된 가르침을 주는 사람들도 있습니다. 가령 다산 정약용은 나이 칠십에 비로소 중국 글에서 벗어나 조선 글을 쓰게 되었다고 기뻐했음을 앞에서 보았습니다. 중국 시를 지을 때 필요한 규범을 어기면 조선 시가 되는 것인지, 한글이 아니라 한자로 지어도 조선 시라고 할 수 있는지는 알 수 없지만* 내가 여기서 강조하고자 함은 '붓 가는 대로 미친 말을 마구 씀'입니다. 정약용은 당시의 관습이나 풍습, 특히 지식인들의 사대주의적인 학문을 칠십 세가 되어 벗어나게 되었다며 기뻐합니다. 나아가 자신이 평생 이룩한 학문적 성취에 대해서도 회의합니다. 늙은 그에게는 『목민심서』도 『경세유표』도 『흠흠신서』도 우스웠을지 모릅니다. 이처럼 그는 나이 칠십에 전통이나 관습에서 벗어난, 자유로운 비타협의 참된 지식인이 되었습니다. 미국의 노년정신의학자 진 코헨은 "나이가 들면서 내면의 자유와 자신감이 충만해지고, 사회의 속박으로부터 해방된 느낌이 든다.

---

* 정약용은 한글 시를 짓지 않았습니다. 그보다 이백 년 앞에 태어난 허균이 최초의 한글소설 『홍길동전』을 쓰고, 125년 먼저 태어난 김만중이 『구운몽』과 『사씨남정기』를 한글로 썼는데 말입니다. 정약용은 한글을 어떻게 생각했을까요? 대부분의 조선 사대부처럼 언문이라며 무시했을까요?

그래서 대담하고 기이한 행동도 할 수 있다"고 말했습니다. 정약용은 그러한 노년의 특징을 누구보다도 여실히 보여줍니다. 그런 파격의 노인이라는 점에서 나는 정약용을 좋아합니다.

정약용은 앞서 본 시를 쓰고 사 년 뒤인 1836년 74세로 죽었습니다. 궁금해집니다. 그가 더 오래 살았다면 오늘날 우리가 한반도 최고의 지성으로 받드는 그의 유교 경전 해석이나 정책적 학문이 그 자신에 의해 부정될 수도 있었을까요? 그것과 다른 새로운 학문을 만들 수 있었을까요? 자신은 물론 후학들도 조선 시를 더 많이 짓게 되고 그에 따라 조선 시가 발전했을까요? 만일 그랬다면 (이라는 가정은 참으로 무의미합니다만) 우리 역사는 달라졌을 것입니다. 1868년 명치유신보다 훨씬 빨리 조선유신, 조선혁명이 터지고 동학혁명은 물론 식민지화도 없었을지 모릅니다. 그래도 정약용이 노년에 얻은 깨달음이 무의미했다고 할 수는 없습니다. 늙어서 정신을 차렸지만 새롭게 뭔가를 해보기도 전에 죽어버렸고, 그가 죽고 반세기 정도가 지나 결국 조선은 망했지만, 그의 노년 각성은 소중합니다. 정약용의 노년 각성은 그가 죽고 구십 년 뒤인 1922년 42세 신채호의 아나키스트로서의 각성으로 반복되어 조선혁명선언으로 나타났습니다. 그리고 다시 한 세기가 지났습니다. 이제 정약용과 신채호의 노년 각성을 부활시키고 그들이 꿈꾼 새로운 세상을 만들어야 합니다. 정약용과 신채호처럼 노인들이 혁명에 앞장서야 합니다.

무엇보다 노예제 및 과거제 폐지를 비롯한 입신양명 학력주의의 철폐, 남녀평등을 이제는 반드시 실현해야 합니다. 노예제는 폐지되지 않았는가, 할지도 모르지만 현대판 노예제라고 할 수 있는 소유와 노동의 차별은 여전히 존재합니다. 과거제 역시 폐지되었지만, 그 현대판이라 할 수 있는 학력주의가 건재합니다. 정약용은 유교 전통에 따른 노인 공경을 중시했지만 그 수준은 공자 시대와 크게 다르지 않았습니다. 지금 우리에게 긴요한 모든 노년에 대한 사회보장과는 엄청난 거리가 있다는 말입니다. 따라서 이 책은 노년 사회보장의 확립을 전제로 한 노년의 창조성 앙양을 주장합니다. 먹고살 만해야 창조성도 생기는 법입니다. 굶주리고 병들어 죽지 못해 겨우 살아가는 형편에 창조성 따위는 있을 수 없습니다.

나는 정약용보다 1400여 년이나 앞서 살았던 도연명의 노년을 내가 따라야 할 아나키 유토피안 노년의 모범으로 삼습니다. 그는 가난하게 태어나 벼슬을 집어치우고 고향에 돌아가 죽을 때까지 농사를 지었습니다. 농민들과 벗하면서 자연 속에 살았고, 왕도 귀족도 장군도 없이 모두가 농사지어 자급자족하는 도화원을 이상 사회로 꿈꾸었습니다. 그래서 농사를 거부하고 농민을 멸시한 공자의 유교를 비판했음은 물론, 세상을 혐오한 불교나 도교와도 거리를 두었습니다. 그런 도연명의 아나키 유토피아는 19세기 러시아의 톨스토이와 20세기 미국의 헤밍웨이에서도 찾아볼 수 있습니다.

나는 15세기 독일의 성직자 마르티누스 폰 비베라흐(Martinus von Biberach, 미상~1498)가 쓴 것으로 알려진 '비문'이라는 제목의 시를 좋아합니다.

**살아 있지만 얼마나 살지 모르고
죽을 것이지만 언제일지 모르고**

가고 있지만 어디인지 모르니
얼마나 행복한지 모른다.*

이는 독일어 원문을 번역한 것인데 프랑스어로는 다음과 같이 약간 다르게 옮겨집니다.

어딘지 모를 곳에서 와서
누구인지 모를 자로서 살며
언제인지 모를 때 죽고
어딘지 모를 곳으로 가는데도
나 이토록 즐거우니 놀랍지 않은가 (브뤼크네르, 97쪽)

나의 독일어 번역이 옳다고 말할 생각은 추호도 없지만, 두 번역은 내용상으로는 큰 차이가 없습니다. 위 시는 16세기 독일의 종교개혁가 마르틴 루터가 다음처럼 수정한 것을 비롯하여 많은 사람들이 바꾸어 노래하기도 했습니다.

신이 원하시는 만큼 살고

---

*

Ich leb und ich waiß nit, wie lang
Ich stirb und waiß nit wann
Ich far und waiß nit, wahin
Mich wundert, daß ich froelich bin.
(https://en.wikipedia.org/wiki/Martinus_von_Biberach, 2024. 7. 8 검색)

신이 원하실 때 죽고
가면서 어디로 가는지 확실히 알아
조금도 슬프지 않다*

비베라흐는 종교개혁 이전의 가톨릭 수사이지만 삶과 죽음을 신의 의지로 보지 않고 죽으면 어떻게 될지 모른다고 한 반면, 루터는 신의 의지로 노래하고 우리가 죽으면 천국이나 지옥에 간다고 믿었습니다. 기독교인들은 루터의 노래를 더 좋아할지 모르지만, 신이 있는지 없는지, 천국이나 지옥이 있는지 없는지 전혀 모르는 불가지론자인 나는 비베라흐의 노래가 더 좋습니다. 비베라흐에 의하면 삶에는 아무런 의미가 없습니다. 얼마나 살고 죽을지, 죽으면 어디로 갈지 모르지만, 그럼에도 멋지고 아름답고 행복하고 즐겁다고 하니 놀랍습니다.

비베라흐와 루터는 같은 독일 사람들이지만 다릅니다. 마찬가지로 같은 독일 사람인 쇼펜하우어와는 너무나 다르지요. 루마니아 출신의 20세기 철학자인 에밀 시오랑(Emil Cioran, 1911~1995)은 쇼펜하우어의 영향을 받고 그처럼 태어나지 않는 것이 인간에게 최선이라고 믿었습니다. 그렇기에 평생 독신으로 살았지요. 니체

---

*

Ich lebe, so lang Gott will,
Ich sterbe, wann und wie Gott will,
Ich fahr und weiß gewiß, wohin,
mich wundert, daß ich traurig bin!
(Martin Luther, Gesammelte Werke, hg. von Kurt Aland, Bd. 8, S. 153 = Weimarer Ausgabe Bd. 37, S. 328 f.)

와 도스토옙스키도 스승으로 삼은 시오랑은 나치주의자가 되었습니다.

시오랑의 말과 달리 태어나는 것은 인간 마음대로 결정할 수 있는 일이 아닙니다. 물론 자녀를 낳지 않기 위해 독신으로 사는 것이야 가능하겠지요. 나도 한때는 그렇게 생각했으니까요. 그러나 사랑은 나도 모르는 사이에 찾아오고, 자녀들도 태어납니다. 그것을 나의 의지로 막을 수는 없습니다.

이 책을 쓰면서 10월 2일이 '노인의 날'이라는 것을 처음 알게 되었습니다. 나는 어버이날이나 스승의 날에 카네이션 받는 것을 정말 싫어했기에 노인의 날이라는 것도 무엇을 받아보기는커녕 그런 날이 있는 것조차 모르고 지낼 정도로 무관심했습니다. 그런데 과거 왕조시대에 70세 이상 노인들에게 지팡이를 주던 전통을 살려 그날 100세가 되는 노인에게 정부가 지팡이를 준다고 하더군요. 도대체 그런 짓이 작금의 심각한 노년 문제를 해결하는 데 무슨 도움이 된다는 말입니까? 너무나 황당해 죽도록 웃었습니다. 21세기인 지금도 한국의 노인 보호는 왕조시대 수준에 머물고 있습니다.

가령 일본에서 2000년부터 실시하고 있는 개호보호법과 같은 법이 한국에는 없었습니다. 그러다 2024년 3월부터 치매로 거동이 어려운 경우 집에서 의료서비스를 받을 수 있게 했으나, 재택 의료 서비스에 대한 의료기관의 무관심 등으로 인해 그 실효성이 의문시되고 있습니다. 한국에는 돈이 많아서 좋은 시설에 들어가는 소수 노인과 가난해서 변변치 않은 시설에 들어가거나 불편한 집에서 가족과 힘겹게 견디는 다수 노인이 공존하는데, 후자는 의료서

비스를 전혀 받지 못합니다. 그러니 사실 앞서 본 시「비문」의 마지막 행에 나오는 '행복'이란 말은 한국의 대다수 노인들에게는 해당하지 않을 것입니다.

그래도 나이가 들면 늙는 게 당연하니 늙음을 조금도 불편해하지 맙시다. 늙었다고 의식하지도 말고요. 가능하면 빨리 직장을 집어치우고, 편하게 살다가 자연스럽게, 아무런 두려움 없이 죽기로 합시다. 젊음을 부러워하거나 그렇게 되려고 하지 맙시다. 그 누구든 남들을 신경 쓰지 맙시다. 특히 공자나 소크라테스, 니체 같은 사람들을 흉내 내거나 닮으려고 하지 맙시다. 전혀 그럴 필요 없습니다. 생긴 대로 살다가 죽으면 그만이지요. 태어나고 싶어 태어난 것도 아니고 죽고 싶어 죽는 것도 아닙니다. 그냥 태어나 그냥 살다가 그냥 죽는 것이니 슬퍼하지도 기뻐하지도 맙시다. 하루하루 즐겁게 사는 그것으로 충분하지 않겠습니까? 물론 쉬운 일은 아닐 것입니다. 그러나 아파도 웃읍시다. 슬퍼도 웃읍시다. 괴로워도 웃읍시다. 그리고 조용히 함께 죽음의 강을 건너기로 합시다.